Jakob Kilgenstein

Die Gotteslehre des Hugo von St. Victor

nebst einer einleitenden Untersuchung über Hugos Leben und seine hervorragendsten

Werke

Jakob Kilgenstein

Die Gotteslehre des Hugo von St. Victor
nebst einer einleitenden Untersuchung über Hugos Leben und seine hervorragendsten Werke

ISBN/EAN: 9783743620940

Hergestellt in Europa, USA, Kanada, Australien, Japan

Cover: Foto ©ninafisch / pixelio.de

Manufactured and distributed by brebook publishing software (www.brebook.com)

Jakob Kilgenstein

Die Gotteslehre des Hugo von St. Victor

Die Gotteslehre

des

Hugo von St. Victor

nebst einer einleitenden Untersuchung

über

Hugos Leben und seine hervorragendsten Werke.

Eine von der theol. Fakultät der Universität Würzburg
gekrönte Preisschrift.

Von

Dr. Jakob Kilgenstein,
Priester der Diöcese Würzburg.

Würzburg
Andreas Göbel's Verlagsbuchhandlung.
1897.

Seinem hochverehrten Lehrer

Hrn. Edm. Behringer

k. Gymnasialrektor zu Aschaffenburg, Comthur des päpstl. St. Gregoriusordens,
Ritter des k. bayer. Verdienstordens vom hl. Michael

zur

Feier des 70. Geburtstages

in

dankbarer Hochachtung gewidmet

vom

Verfasser.

Tantum de veritate quisque potest videre,
quantum ipse est. Hugo a. S. Vict.

Vorwort.

Als die theologische Fakultät der Universität Würzburg für das Jahr 1895 „Die Gotteslehre des Hugo von S. Viktor" als Preisfrage ausschrieb, war gerade ein umfangreiches Werk über diesen Gegenstand im Erscheinen begriffen[1]). Abbé Mignon nahm in seinen Untersuchungen über „die Anfänge der Scholastik" den berühmten Begründer der Viktorinerschule zum Ausgangs- und Mittelpunkt, um von ihm aus als einem geeigneten Geistescentrum die Entwicklung der mittelalterlichen Theologie nach rückwärts und nach vorwärts zu überschauen.

Eine solche Auffassung und Darstellung ist durchaus berechtigt. Denn in Hugo von S. Viktor concentrierte sich thatsächlich die Wissenschaft seiner Zeit, und in seinem Gefolge befindet sich eine zahlreiche Jüngerschaft von höchster geistiger Bedeutung. Es ist bekannt, dass die speculative Mystik den Viktoriner unter ihre ersten hervorragenden Vertreter zählt, aber auch der grösste Scholastiker des Mittelalters, Thomas von Aquin, verehrte in Hugo seinen Lehrer. Eine systematische Erforschung der mittelalterlichen Theologie wird also den Einfluss des grossen Viktoriners niemals verkennen dürfen.

Um aber diesen Einfluss genau bestimmen und allseitig würdigen zu können, scheint mir eine rein äusserliche Gegenüberstellung und Vergleichung der Lehren Hugos mit den Lehrmeinungen seiner grossen Vorgänger und Nachfolger durchaus unzureichend. Denn nicht die Summe der Erkenntnisse,

---

[1]) Les origines de la Scolastique et Hugues de Saint-Victor par l'abbé A. Mignon. Paris 1895.

nicht das tote Kapital äusserlich aufgenommener und mechanisch zusammengefügter Wahrheiten ist es in erster Linie, was anregend, befruchtend und darum einflussreich auf den menschlichen Geist wirkt, sondern es ist die **persönliche** Durchdringung, Belebung und Verwertung der Wahrheit, es ist die **selbstständige** Originalität und Schöpferkraft, welche wahrhaft geistiges Leben in sich schliesst, und deshalb dieses Leben auch in anderen hervorbringen kann. Das innere Leben eines Schriftstellers aber, sein leitender Gedanke, seine originelle Bedeutung enthüllt sich uns nur durch eingehende Erforschung und selbstständige Würdigung seines Systems. Und eine solche eingehende und zusammenhängende Darstellung ist besonders bei den **mittelalterlichen** Theologen doppelt notwendig, weil gerade hier die Urteile aus leicht begreiflichen Gründen gewaltig auseinandergehen. Wenn die nachstehende Abhandlung zur gerechteren Beurteilung der mittelalterlichen Theologie einen wenn auch bescheidenen Beitrag liefern könnte, so wäre das ein schöner, leider kaum zu erwartender Gewinn. Hugo von S. Viktor, der freie deutsche Grafensohn, der um höherer, idealer Güter willen die Rechte seiner Geburt und seines Standes dahingab, um als armer Mönch sein Leben dem Dienste der Wissenschaft zu widmen, bildet jedenfalls eine sonderbare Illustration zum Vorwurfe der Geistesknechtschaft und Geistesfinsternis, den sich nun einmal das Mittelalter aus dem Munde undankbarer Epigonen gefallen lassen muss.

Doch nicht zunächst um äusserer, apologetischer Zwecke willen verdient der Viktoriner unsere Beachtung; er ist **in sich** bedeutend genug, um das Interesse des Gebildeten, vor allem des Theologen auf sich zu ziehen. Denn für die positive Theologie bildet er ein kostbares Glied in der Reihe der grossen Lehrer, die von der Apostel Zeiten her das unveräusserliche Glaubensgut überliefert, erklärt, begründet und verteidigt haben. Als das Haupt einer hochgefeierten Schule hat er in der kirchlichen Wissenschaft eine Richtung angebahnt, die weithin ihre Wellen schlug und vielleicht bis auf den heutigen Tag sich verfolgen lässt; als der erste unter den Scholastikern, welcher die christliche Lehre, wie er sie in den Werken der Väter fand oder in eigener lebendiger Glaubensüberzeugung festhielt, zum vollständigen Systeme vereinigte, steht er gewissermassen im

Brennpunkte der patristischen und scholastischen Theologie. Ferner ist er einer der letzten grossen Theologen vor der Einführung der aristotelischen Philosophie in die theologische Spekulation und vielleicht mehr als alle anderen geeignet, uns über den Stand der Theologie, hier speciell der Gotteslehre, in der Zeit nach Anselm von Canterbury aufzuklären.

Solche und ähnliche Gesichtspunkte wurden in der nachstehenden Abhandlung nach Möglichkeit berücksichtigt und boten bei der Mannigfaltigkeit und Subtilität der zu behandelnden Fragen, bei dem fast gänzlichen Mangel brauchbarer Vorarbeiten und bei dem wahrhaft beklagenswerten Zustande der Ausgaben Hugonischer Werke für einen jungen Theologen immerhin ihre Schwierigkeiten. Doch welches auch die Ergebnisse der vorliegenden Arbeit sein mögen, sie wurden in den Mussestunden, welche das pflichtgemässe Studium übrig liess, mit Hingabe zusammengestellt, und mit Liebe werden sie geboten.

Würzburg, am Feste des hl. Augustinus. 28. August 1897.

Der Verfasser.

Litteratur.

Die vorliegende Abhandlung gründet sich im wesentlichen auf folgende Werke:

(Alphabetische Reihenfolge.)

P. Abaelardi, Abbatis Rugensis, Opp. omnia ed. Migne Patrol. lat. 178.
Natalis Alexander, Historia ecclesiastica tom. XIII. Bingii 1783.
Joh. Alzog, Handbuch der allgem. Kirchengeschichte 10. Aufl., Mainz 1882.
S. Anselmi Opp. omnia, Migne P. l. 158.
S. Aurel. Augustini De Trinitate ll. XV, Migne P. l. 42, 821—1098.
J. Bach. Dogmengeschichte des M.-A., II. Teil. Wien 1875.
Caesar Baronius, Annales ecclesiastici tom. XII. Mainz 1608.
Robert Card. Bellarmin. De Scriptoribus ecclesiasticis; Opp. omn. tom. VI. Neapoli 1862.
Friedrich Böhringer, Die Kirche Christi und ihre Zeugen. Zürich 1854. II. Bd. 1 und 2.
Caesar Egassius Bulaeus, Historia Universitatis Parisiensis, Paris 1665 tom. II.
Remy Ceiller. Histoire générale des auteurs sacrés et ecclésiastiques. Paris 1758.
H. Denifle und Franz Ehrle, Archiv für Litteratur- und Kirchengeschichte des M.-A. III. Bd. Berlin 1887.
S. M. Deutsch, Peter Abaelard, ein kritischer Theologe des 12. Jahrhunderts. Leipzig 1883.
J. G. V. Engelhardt, Richard von St. Viktor und Johannes Ruysbroek, Erlangen 1858.
Joh. Eduard Erdmann, Grundriss der Geschichte der Philosophie, 3. Aufl. I. Bd. Berlin 1878.
J. Alb. Fabricius, Bibliotheca med. et infimae aetatis, Hamburgi 1735, lib. VIII.
Fr. Ambr. Gietl, Die Sentenzen Rolands, Freiburg i. B. 1891.
J. Goerres. Die christliche Mystik I. Bd. Regensb. u. Landsh. 1836.
A. Harnack, Lehrbuch der Dogmengeschichte III. Bd. Freiburg i. B. 1890.
B. Hauréau. Histoire de la philosophie scolastique, I. partie. Paris 1872.
 - - Les oeuvres de Hugues de Saint-Victor. Paris 1886.
A. Hausrath, Peter Abaelard, Leipzig 1893.
J. B. Heinrich, Dogmatische Theologie. Mainz 1873.
A. Helfferich, Die christliche Mystik, I. Teil. Gotha 1842.
J. Hergenröther, Handbuch der allg. Kirchengeschichte, I. Bd. Freiburg i. B. 1876.
J. Hettwer, De fidei et scientiae discrimine et consortio juxta mentem Hugonis a Sancto Victore. Vratislaviae 1875.

Inhaltsverzeichnis.

	Seite
Vorwort. Litteraturangabe	V

Einleitung.

§ 1. Vorbemerkung. Interesse und Zweck der vorliegenden Arbeit . .	1
„ 2. Allgemeiner Stand der Gotteslehre zur Zeit Hugos von St. Viktor	4
„ 3. Hugos Leben und Charakter	8
„ 4. Hugos Werke	20
Quellen und System von Hugos Gotteslehre . . .	29

I. Kapitel.
Erkennbarkeit Gottes.

§ 1. Möglichkeit und Arten der Gotteserkenntnis	37
„ 2. Hugos Anschauung über das natürliche Wissen überhaupt und über die natürliche Gotteserkenntnis insbesondere	40
„ 3. Wesen des Glaubens	47
„ 4. Einheit der natürlichen und übernatürlichen Gotteserkenntnis . .	51

II. Kapitel.
Hugos Gottesbeweise.

§ 1. Charakter und System von Hugos Gottesbeweisen	57
„ 2. Hugos Gottesbeweis aus der Existenz und Beschaffenheit der menschlichen Seele	61
„ 3. Hugos Gottesbeweis aus der Geschöpflichkeit der Weltdinge im allgemeinen	66
„ 4. Teleologische Argumente	69

III. Kapitel.
Hugos Bestimmung des göttlichen Wesens.
Die Eigenschaften des göttlichen Seins.

§ 1. Wesensbestimmung Gottes im allgemeinen	78
„ 2. Einheit und Einfachheit des göttlichen Wesens	81
„ 3. Einheit Gottes in der Zeit — Gottes Ewigkeit	88
„ 4. Einheit Gottes im Raume — Gottes Unermesslichkeit	91
„ 5. Einheit Gottes im unwandelbaren Vollbesitze jeglicher Güte — Gottes Unveränderlichkeit	102

IV. Kapitel.
Hugos Trinitätslehre.

§ 1. Erkennbarkeit der Trinität; Hugo und Abälard. 114
„ 2. Ursprung und innerer Zusammenhang der drei Principien in Gott . 132
„ 3. Personendreiheit in der Wesenseinheit; Hugo und Gilbert de la Porrée 140
„ 4. Folgerungen aus dem Trinitätsdogma, insbesondere für das menschliche Erfassen und den begrifflichen Ausdruck desselben . . . 149

V. Kapitel.
Eigenschaften des göttlichen Wirkens und Gottes Verhältnis zur Welt als deren Schöpfer, Erhalter und Ziel.

§ 1. Hugos Lehre über das göttliche Erkennen Prädestination . . . 162
„ 2. Hugos Lehre vom göttlichen Willen. Theodicée 194
„ 3. Hugos Lehre von der göttlichen Macht. Verhältnis derselben zum göttlichen Erkennen und Wollen. Gott und Welt 212

Über die Bedeutung von Hugos Gotteslehre . . 224

Einleitung.

§ 1.

Vorbemerkung. Interesse und Zweck der vorliegenden Arbeit.

Die Kulturentwicklung der alten Welt, die schliesslich im römischen Weltreiche ihren Abschluss und ihre Centralisation fand, war nach dem Plane der göttlichen Vorsehung der fruchtbare Boden, in welchem der himmlische Same des Christentums Wurzeln schlagen sollte, um von da ab in der Menschheit aller folgenden Zeiten die herrlichsten Blüten und Früchte hervorzubringen. Deshalb finden wir beim Zusammenbruche der römischen Herrschaft die christliche Religion nicht nur in der damals bekannten und beachteten Welt verbreitet und begründet, sondern auch im Kampfe mit menschlichen Irrtümern innerlich gekräftigt und ausgebaut.

Zwar hatte die Offenbarung Gottes mit der Incarnation und gottmenschlichen Wirksamkeit der ewigen Weisheit ihren endgiltigen Abschluss erreicht; aber die Erfassung dieser Wahrheitsfülle wie die Sicherstellung derselben gegenüber menschlicher Schwachheit und Verkehrtheit, das ist eine Aufgabe, welche Gott der eigenen, allerdings von der Gnade unterstützten Kraft des Menschen zugewiesen hat.

Wenn nun auch diese Aufgabe, weil es eine Lebensaufgabe der Kirche und der Menschheit ist, in diesem Leben der Entwicklung niemals so gelöst werden kann, dass die nachfolgenden Generationen der selbstständigen, angestrengtesten Geistesarbeit überhoben würden[1], so ist es doch das unschätzbare und unsterbliche Verdienst der so hoch entwickelten griechisch-römischen

---

[1] S. Anselmi lib. de fid. trin. et inc. verbi Migne 158, 201: Veritatis ratio tam ampla tamque profunda est, ut a mortalibus nequeat exhauriri; et Dominus in Ecclesia sua, cum qua se esse usque ad consummationem saeculi promittit, gratiae suae dona non desinit impertiri.

Bildung, dass sie unter dem Schutze des hl. Geistes, im Dienste gottbegnadeter Lehrer die himmlischen Wahrheiten, die funkelnden Edelsteine aus einer höheren Welt, in den Goldreif menschlicher Begriffe gefasst und mit erleuchtetem Verständnis von den Glasperlen irdischer Scheinweisheit geschieden hat, kurz, dass sie der christlichen Wissenschaft eine feste Terminologie, der christlichen Wahrheit einen bestimmten, unzweideutigen Ausdruck gegeben hat.

Diese klare Formulierung der christlichen Hauptwahrheiten vollzog sich jedoch nicht nach einem bestimmten Systeme, sondern war von Fall zu Fall veranlasst durch das Entstehen von Irrlehren, welche gerade gegen die Grunddogmen des Christentums, gegen den Begriff des dreieinigen Gottes, gegen die gottmenschliche Persönlichkeit Christi und gegen die christliche Anschauung über das Verhältnis des Menschen zu Gott ihre Angriffe richteten. In diesen langwierigen und schweren Kämpfen mussten die Väter naturgemäss ihre Kräfte auf die zunächst bedrohten Punkte der Glaubenslehre concentrieren, und so konnten sie gewissermassen nur Bausteine sammeln für den Tempel der christlichen Wissenschaft, dessen Ausbau friedlicheren Zeiten überlassen werden musste.

Aber in diesen Hafen des Friedens gelangte die christliche Wissenschaft erst nach grossen, welterschütternden Kämpfen. Die alte Kulturwelt, in ihrer sittlichen Erschlaffung schon lange dem Untergange geweiht, hatte ihre providentielle Aufgabe erfüllt und musste nun einem anderen Geschlechte weichen, das in jugendfrischer Kraft und Naturwüchsigkeit nicht nur das Gute zu erkennen, sondern auch mit höchster Energie im öffentlichen wie im privaten Leben zu verwirklichen vermochte. Doch wie lange dauerte es, bis der neue Völkerzweig mit dem alten Stamm zu lebensfrischer Einheit sich verbunden hatte, wie lange währte es, bis der christliche Sauerteig den germanischen Geist vollständig durchdrungen hatte! Aber nachdem einmal die grosse Idee des einen, universalen Gottesreiches im Bewusstsein dieses thatkräftigen Volkes Wurzel gefasst hatte, da wurde sie auch im politischen und socialen Leben mit aller Entschiedenheit durchgeführt und erhielt endlich auch ihren wissenschaftlichen Ausdruck dadurch, dass die einzelnen Glaubenswahrheiten, wie sie durch die Schrift und die Väter gelehrt worden waren und im

Schoosse der Kirche fortlebten, in den gewaltigen Summen des Mittelalters zu einem einzigen Gottesbaue vereinigt wurden. So „fiel dem Mittelalter vornehmlich die Aufgabe zu, die Errungenschaften der patristischen Zeit zu sammeln, methodisch zu ordnen und systematisch auszugestalten."[1])

Der Erste nun, welcher diese Riesenarbeit der systematischen Ordnung und Begründung der gesamten christlichen Offenbarungslehre geleistet hat, ist das Haupt der Viktorinerschule, Hugo von S. Viktor. Zwar ist es hier nicht unsere Aufgabe, auf den hohen Wert einer solchen Systematisierung im Allgemeinen oder auf die Vortrefflichkeit von Hugo's System im Einzelnen näher einzugehen, da wir nur einen Teil seiner Theologie, die Gotteslehre, zu behandeln haben; aber gerade für die Lösung dieser Aufgabe sind Hugo's Summen von wesentlicher Bedeutung, einerseits weil die Gotteslehre in der Theologie eine so dominierende Stellung einnimmt, dass mit der richtigen Erfassung und allseitigen Würdigung des christlichen Gottesbegriffes auch alle anderen Fragen der Dogmatik principiell gelöst sind, andererseits weil Hugo durch seine systematische Behandlung der gesamten Theologie genötigt war, über alle wesentlichen Punkte der Gotteslehre, wie er sie in den Schriften der Väter oder in der zeitgenössischen Litteratur vorfand, sich zu verbreiten. Die Betrachtung von Hugo's Gotteslehre wird uns daher nicht nur die Gedanken enthüllen, die ein grosser Geist, wie es das Haupt jener hochgefeierten Schule unstreitig gewesen ist, über den höchsten Gegenstand des menschlichen Forschens gehegt hat, sondern uns auch einen Einblick gewähren in die theologische Richtung, deren Begründer und hauptsächlichster Vertreter Hugo gewesen ist; sie wird uns ferner Aufschlüsse erteilen über die Behandlung unserer Frage in der ersten Hälfte des zwölften Jahrhunderts und uns die Fortentwicklung derselben unter den folgenden grossen Theologen bis zum Engel der Schule und

---

[1]) Kihn, Encycl. u. Meth. d. Theol. S. 50 n. 72. — Wohl hat auch das Altertum versucht, die christliche Lehre im Zusammenhang darzustellen, so besonders Origenes, De Principiis; S. Aug., Enchiridion, Doctrina christ., De Civitate Dei; Joh. Damascenus, Πηγὴ γνώσεως; aber in diesen Sammelwerken finden wir theoretische Darstellung und praktische Anwendung, geoffenbarte Glaubenswahrheit und philosophische Meinung vielfach noch vermischt und den inneren Zusammenhang der Glaubenslehren nur selten angegeben.

schliesslich bis herab auf unsere Tage einigermassen verstehen lehren. Zu einer solchen möglichst allseitigen Würdigung des Gegenstandes ist es jedoch notwendig, wenigstens im Allgemeinen auf die Quellen hinzuweisen, aus denen Hugo schöpfte, auf die Gegensätze, die er bekämpfte, auf den Einfluss, den er bei Mit- und Nachwelt ausübte. Da aber solche Ausblicke mit grösserem Nutzen und Verständnis bei und nach Behandlung der einzelnen Punkte angestellt werden können, so werden wir in der Einleitung nur einige Orientierungsfragen erledigen, indem wir:

   a) den Stand der Gotteslehre zur Zeit Hugos im Allgemeinen uns vorführen,
   b) die äusseren Lebensumstände des Autors in's Auge fassen,
   c) die Werke Hugos, soweit sie für unseren Gegenstand in Betracht kommen, auf ihre Authenticität untersuchen.

§ 2.
Allgemeiner Stand der Gotteslehre zur Zeit Hugos von S. Viktor.

Wie in der griechisch-römischen Culturwelt, so stellt sich auch unter den germanischen Völkern der Sieg des Christentumes dar als die Folge eines angestrengten geistigen Kampfes zwischen Monotheismus und Vielgötterei, eines Kampfes, der diejenigen, welche ihn mit redlicher Absicht auf der Wahlstatt des eigenen Herzens führten, zugleich überwand und erhob: überwand, indem er sie zwang, ihre althergebrachten, naturalistischen Anschauungen als vernunftwidrig aufzugeben, erhob, indem er ihr gesamtes geistiges und sittliches Leben läuterte und veredelte. Für die Germanen bedeutete ausserdem die Annahme des Christentums den Eintritt in die Cultur, nicht nur insofern als dieses ihnen innere, sittliche Umgestaltung und Erhebung brachte, sondern indem es ihnen auch aus der antiken Bildung, die es sich bereits dienstbar gemacht hatte, die entsprechenden Denk- und Lebensformen vermittelte. Freigebig und neidlos teilte die Kirche den bildungsfähigen Barbaren mit, was sie aus dem ungeheuren Ruin der Völkerwanderung hatte retten können, gläubig und vertrauensvoll nahmen dieses alles entgegen, sowohl die schlichte, einfache Botschaft des Evangeliums, wie die tiefsinnigen Speculationen der Väter, wie auch die stolzen Gebilde der weltlichen Philosophie, die allerdings bis zur Mitte des zwölften Jahrhunderts nur höchst bruchstückartig aus Uebersetzungen des Boethius und einiger anderen bekannt waren.[1]) Die höhere Wissenschaft, die besonders seit Karl dem Grossen in den zahlreichen Klosterschulen des weiten Frankenreiches gepflegt wurde, basierte ausschliesslich auf den Werken der Väter, und so waren es auch in der Gotteslehre hauptsächlich die hohen Gedanken eines hl. Augustin, die in den gelehrten, theologischen Werken des früheren Mittelalters zu einem mehr oder minder vollkommenen Ausdrucke kamen. So kann auch der Prädestinationsstreit des neunten Jahrhunderts, die einzige, bemerkenswerte Leistung dieser Zeit auf unserem Gebiete, wesentlich als eine Controverse über die richtige Interpretation des hl. Augustin aufgefasst werden, und ist insofern eine unmittelbare Fortsetzung der patristischen Theologie, welche gerade in diesem Punkte von dem Aussturme der germanischen Völkerflut überrascht worden war.

Übrigens war der neue Völkerzweig, der sich nun zum Träger der christlichen Cultur emporgeschwungen hatte, viel zu selbstständig und lebenskräftig, um allzulange in althergebrachten Bahnen sich zu bewegen oder immerdar in der Rolle der Copisten sich zu gefallen. Sobald die Kirche unter ihrem streitbaren Vorkämpfer Gregor VII. sich einigermassen aus den Fesseln des weltlichen Despotismus und der simonistischen Zügellosigkeit befreit hatte, suchte auch die kirchliche Wissenschaft zu einer gründlicheren und selbstständigen Erfassung der Glaubenslehre vorzudringen, indem sie mit dem Lichte der Vernunft an die

---

[1]) Prantl, Gesch. d. Logik, Leipzig 1861. II. Band S. 99. Die aristotelische Philosophie kam erst in der Zeit Hugos zur allgemeineren Verbreitung, besonders durch Uebersetzungen des Clerikers Jakob v. Venedig .... aber die dialektischen Kenntnisse wurden immer noch vorzugsweise aus den Werken des Boethius geschöpft. Cf. Kraus, Lehrb. der K. G. 3. Aufl. Trier 1887. S. 348. Erst seit 1128 verbreitete sich die Kenntnis der Analyt. u. Topica des Aristotoles, seit 1200 die der metaphisischen Schriften des Stagiriten. — Specht, Gesch. des Unterrichtswesens in Deutschl. S. 123. Die dialektischen Kenntnisse schöpfte man im früheren Mittelalter aus den Schriften des Martianus Capella, Boethius, Cassiodor, Isidor und dem echten und falschen Augustinus. Anderweitige Quellen waren bis zum zwölften Jahrhundert nicht bekannt.

Offenbarungswahrheiten herantrat, um diese zu erläutern, zu stützen und zu verbinden.

Für diese vernunftgemässe, systematisierende Behandlung der Glaubenswahrheit war besonders die Gotteslehre im engeren Sinne ein reiches und ergiebiges Feld. Denn als Fundament der einzig wahren und vollkommenen Religion schliesst ja der christliche Gottesbegriff notwendig auch die natürlich wahre Gotteserkenntnis ein und wirkt so auf das vernunftgemässe Denken erleuchtend und anregend, wenn er auch auf der anderen Seite die Würde des Christentums als übernatürlicher Religion nicht verleugnet, indem er, vor allem durch das Mysterium der Trinität, die Vernunft ihrer Endlichkeit überführt und zur Anerkennung einer höheren Autorität nötigt. Während so die aufblühende Scholastik den christlichen Gottesbegriff mit dem Lichte der Vernunft zu durchdringen suchte, konnte sie sich durch Auffindung von Gottesbeweisen, durch Erläuterung und planmässige Verbindung der einzelnen göttlichen Eigenschaften, durch genauere Darstellung des Verhältnisses Gottes zur Welt als des allmächtigen Schöpfers, allweisen Lenkers, allgütigen Endzieles grosse Verdienste um die theologische Wissenschaft erwerben und die Errungenschaften der Väter wesentlich bereichern und ergänzen. Wie weit sie in dieser ihrer Aufgabe schon vor dem Bekanntwerden der aristotelischen [1]) Schriften, also vor der zweiten Hälfte des 12. Jahrhunderts vorgedrungen war, das wird uns die Betrachtung der Hugonischen Gotteslehre des Näheren zeigen.

Aber so gut auch die Absicht und so bewunderungswürdig der Fleiss jener ersten Scholastiker war, ihre wissenschaftliche Vorbildung und insbesondere ihre Bekanntschaft mit der alten Philosophie war doch viel zu gering, als dass es bei dieser Verschmelzung von natürlicher und übernatürlicher Wahrheit nicht zu bedeutenden und folgenschweren Verirrungen hätte kommen müssen. Zwar hatte bereits das Genie eines Anselm von Canter-

---

[1]) Zwar hatten auch schon griechische (besonders die Antiochener) und syrische Väter die aristotelische Philosophie als wertvolles Hilfsmittel für die theologische Speculation erkannt und angewendet (vgl. Kihn, Theodor v. Mopsuestia S. 207 ff.); aber diese Werke waren der Frühscholastik fast gänzlich unbekannt, und boten auch an sich nur mehr oder minder unvollkommene Bruchstücke, welche die echten aristotelischen Schriften nicht ersetzen konnten.

bury in seinem bekannten Grundsatze: „Credo, ut intelligam" [1]) den einzig richtigen Standpunkt bezüglich des Verhältnisses von natürlicher und übernatürlicher Erkenntnis gefunden, aber abgesehen davon, dass der Stolz so mancher Dialektiker sich gegen diese Demut der christlichen Wissenschaft aufbäumte, wurde dieses Princip auch von jenen, welche es annahmen, doch nicht immer in der richtigen Weise durchgeführt, und so gab es bald keinen Punkt der Gotteslehre mehr, in welchem nicht die Kirche sich gegen die Spitzfindigkeiten kühner Neuerer zu verteidigen genötigt gesehen hätte. Neben Johannes Skotus Erigena, dessen Pantheismus noch nachwirkte, waren es am Ende des elften und Anfange des zwölften Jahrhunderts namentlich Roscellin, Abälard, Gilbert de la Porrée, welche durch ihre falsche Dialektik die Reinheit des christlichen Gottesbegriffes gefährdeten und die ganze, entstehende Scholastik in Verruf brachten. Männer von ernsterer Geistesrichtung sahen bald ein, dass durch spitzfindige Redewendungen und eitle Wortgefechte der Erforschung der Wahrheit wenig gedient sei, und ihrem frommen Sinne entsprechend suchten viele von ihnen wahre Weisheit unmittelbar aus dem ewigen Urquell jeder Erkenntnis zu schöpfen, dem sie in einem zurückgezogenen Leben der Ascese und hl. Betrachtung sich zu nähern fortan bestrebt waren.

Diesem edlen Zuge der Geister, welcher als sog. Mystik das ganze Mittelalter durchweht, verdankt denn auch die Abtei S. Viktor ihr Entstehen, die in der aufblühenden Metropole mittelalterlicher Gelehrsamkeit lange Zeit hindurch ein Hort echt kirchlicher Wissenschaft werden sollte.

Wilhelm von Chambeaux, ein gefeierter Lehrer zu Paris, „dessen Universität er eigentlich begründete", [2]) zog sich

---

[1]) S. Anselmi, Proslogion cap. 1. Migne 158 col. 227 c. „Neque enim quaero intelligere, ut credam, sed credo, ut intelligam." — Allerdings ist dieser Gedanke auch der Patristik nicht fremd, vgl. z. B. S. Augustin, Sermo 43 n. 4 Migne V. col. 255: dicit mihi homo, intelligam, ut credam; respondeo, crede, ut intelligas! Aber diesen Grundsatz mit Entschiedenheit aufgegriffen und zum Ausgangspunkt der ganzen folgenden Glaubenswissenschaft erhoben zu haben, ist Anselms Verdienst.

[2]) Kraus, K. G. S. 349. Über die Gründung der Schule von S. Viktor s. Bulacus: Hist. univ. Par. tom. II, pag. 24. 25. Hugonin in der Vorrede zu Hugos Werken Migne 175 XIV. Luchaire, Louis VI. le Gros; Annales de sa vie et de son règne 1081—1137, Paris 1890.

im Jahre 1108, der fortwährenden Anfeindungen von seiten des ehrgeizigen Abälard müde, an einen einsamen Ort ausserhalb der Mauern von Paris zurück, wo bereits früher eine dem hl. Viktor geweihte Kapelle stand, und nahm mit mehreren seiner treuen Schüler das Kleid der regulierten Chorherren des hl. Augustin. Anfänglich beabsichtigte er, sich ganz dem beschaulichen Leben hinzugeben; aber auf die inständige Bitte seiner ehemaligen Schüler nahm er in seinem Kloster den Unterricht wieder auf, nicht aus eitler Ruhmsucht, sondern, wie ihm ein befreundeter Bischof schrieb, um durch Mitteilen sowohl sein eigenes Wissen zu erhalten und zu vermehren als auch seinen Mitmenschen dadurch Freude und Nutzen zu bereiten.[1]) Als er im Jahre 1112 zum Bischof von Châlons erhoben worden war, führten seine Schüler Gilduin als Abt und Thomas als Prior und Vorstand der Klosterschule das Werk des Meisters in dessen Sinne fort, und bald strömten aus allen Ländern wissbegierige Jünglinge zu dieser neuerrichteten Freistätte der Wissenschaft, die von Ludwig VI. auch mit äusseren Mitteln reichlich ausgestattet war. Unter den Ersten, die hier Anleitung zur Wissenschaft und Tugend suchten, war auch der später so berühmt gewordene Lehrer dieser Schule, Hugo v. S. V.

§ 3.
Hugos Leben und Charakter.

„Durch ihn wissen wir Vieles, über ihn Weniges", dieses geistreiche Wort König Ludwigs I. von Bayern, das er einem berühmten älteren Zeitgenossen Hugos, dem Chronisten Lambert von Hersfeld auf sein von ihm zu Aschaffenburg errichtetes Denkmal setzte, könnte man in einem etwas übertragenen Sinne auch auf den Lehrer der Viktorinerschule anwenden. Denn er, der „zweite Augustinus", den die hervorragendsten Geister des Mittelalters in dankbarer Verehrung nur den „Lehrer" schlechthin nannten, er, dessen Name nach dem Zeugnisse des Johannes Trithemius „gross war in seinem Jahrhunderte, und der seinen

---

[1]) Bulaeus l. c. pag. 25; Migne 175, XVIII. G. W. Leibnitz, Accessiones hist. tom. II. praef. ad Alberici chronicon; Michaud, Q. de Chambeaux et les écoles de Paris au XIIe siècle; Helyot, histoire des ordres monastiques t. II. p. 149; vgl. Mignon, Les origines de la scolastique p. 13.

Ruhm durch zahlreiche, ausgezeichnete Werke für alle Zeit begründet hat",¹) er ist trotz der eifrigsten Nachforschungen vieler Gelehrten in seinen äusseren Lebensumständen noch so wenig bekannt, dass man nicht nur über seine Herkunft, sein Geburts- und Todesjahr und seinen Entwicklungsgang im Einzelnen die widersprechendsten Angaben findet, sondern selbst über seine Heimat, ja sogar über seinen Namen bis zum heutigen Tage noch streitet.

Abbé Hugonin ²) weist in seiner Vorrede zur Migneschen Ausgabe der Werke Hugos auf eine Angabe des Humanisten Winnigstadius hin, der nach dem jüngeren Meibom ³) aus alten Handschriften von Halberstadt und Quedlinburg geschöpft hat, wornach „Hugo" nur eine Entstellung des deutschen, ursprünglichen Namens „Hermann" wäre, und Leibnitz, ⁴) von der Erwägung ausgehend, dass der Name Hugo zu jener Zeit in Deutschland unbekannt oder doch sehr selten gewesen sei, will den in Sachsen gebräuchlichen Namen Haymo als eigentlichen Taufnamen dem Viktoriner zuschreiben. Doch wie stark oder schwach auch die Gründe sein mögen, welche diese Gelehrten zu ihren Hypothesen veranlasst haben, ausgeschlossen ist es nicht, dass ein deutscher Graf in der immerhin geistig schon hochentwickelten Zeit der fränkischen Kaiser seinem Sohne einen Namen gab, der unter den höheren Ständen des benachbarten Frankreich so gebräuchlich war, und hätte auch der Viktoriner in Deutschland einen anderen Namen geführt, so müsste er doch zu Paris, an der eigentlichen Stätte seines Wirkens und Ruhmes wohl sofort in die Änderung desselben eingewilligt haben, da man ihn hier weder anders als „Hugo" nannte, noch auch — aller Wahrscheinlichkeit nach — kannte.

Aber stammte unser Hugo denn wirklich aus Deutschland? — Bis in die Zeit des französischen Geschichtsforschers Johannes

---

¹) „Magnum fuit saec. XII. nomen Hugonis de S. Victore, claruitque sub Henrico V., at famam suam plurimis in omne aevum extendit." (cit. von H. Meibom jun. Rer. Germ. tom. III. pag. 429.) Die ausgedehnte Litteratur über Hugos Herkunft ist zum grössten Teil angeführt von A. Liebner, Hugo von S. Viktor S. 16 ff. und Hugonin, Migne 175 Proleg XL ss.

²) Migne 175, XL.

³) H. Meibomius jun. l. c. pag. 431.

⁴) Gottfr. Wilh. Leibnitz: Accessiones historicae, Hannover 1698. tom. II. pag. 4.

Mabillon herrschte hierüber nur eine Stimme: Hugo galt allgemein als Niedersachse, wie dies seine Grabschrift, die beständige Überlieferung des Klosters S. Viktor, die Chronik von Halberstadt bezeugten und die Geschichtsschreiber dieses langen Zeitraumes, nicht nur die deutschen, sondern auch die französischen und italienischen, unbedenklich zugaben.[1]) Erst der grosse Mauriner glaubte von dieser allgemeinen Annahme abweichen zu müssen; denn er entdeckte in einer anonymen, aber sehr alten Handschrift der Auchiner Bibliothek eine Notiz über Hugo, nach welcher dieser im Territorium von Ypern, einer flandrischen Stadt, geboren sei, aber schon in früher Jugend seine Heimat verlassen und nach Sachsen sich begeben habe.[2])

Indem er nun diesen Bericht noch mit dem Zeugnisse eines dem Viktoriner fast gleichzeitigen Schriftstellers, des Robert von Torigny zu stützen sucht, erscheint ihm die flandrische Abkunft Hugos fasst unbestreitbar. Auch in der Abtei von Marchienne haben nachträglich Martène und Durand[3]) eine ebenso alte Handschrift gleichen Inhaltes entdeckt, die aber mit dem Anchiner Manuskript so auffallend, selbst im Wortlaute übereinstimmt, dass sie mit dieser nur als eine einzige Quelle angesehen werden kann. Ebenso besitzt die Stelle des Robert von Torigny wenig Beweiskraft, da sie Hugo nur ganz allgemein einen Lothringer nennt, und schon eine Handschrift aus dem Kloster von Jumiège[4]) sucht diese Angabe mit der sächsischen Abstammung Hugos in der Weise zu vereinbaren, dass die Bezeichnung „Lothringen" vielleicht von Robert für ganz Germanien gebraucht worden sei, eine Meinung, welche ebenso glaubhaft ist als jene andere von

---

[1]) Meib. jun. l. c. p. 429: Hunc magnum virum Saxonem fuisse plures asseruerunt, idque constanter creditum fuit, non a Germanis tantum, sed Gallis quoque et Italis.

[2]) Mabillon, Veterum analecticorum tom. I. Paris 1675 pag. 133: Qui ex Iprensi territorio ortus a puero exulavit. Seine fremde, d. h. nichtfranzösische Abstammung bezeugt Hugo selbst wiederholt z. B. Didasc. IV, 20: Ego a puero exulavi; Epistola I. ad Ranulphum, Migne 176 col. 1011: Peregre profectus eram et veni ad vos in terram alienam.

[3]) Edm. Martène et Urs. Durand: Thes. nov. anecdot. tom. V. Paris 1717 pag. 885.

[4]) Histoire littéraire de la France, Paris 1869, tom. XII. pag. 2: Hugo Lothariensis dictus a confinio Saxoniae.

Leibnitz,[1]) nach welcher man die Stelle auch dahin deuten könne, dass Hugo auf seiner Reise von Sachsen nach Frankreich sich einige Zeit in der Gegend von Ypern aufgehalten habe. Durch diese Ansicht liesse sich auch die allerdings sehr alte Anchiner Nachricht notdürftig erklären.

So schwerwiegend übrigens auch die Autorität eines Schriftstückes sein mag, dessen Verfasser zeitlich und räumlich Hugo so nahe steht, so ist doch unleugbar, dass die gegenteilige Ansicht nicht nur ungleich zahlreichere, sondern auch in sich gewichtigere Gründe für sich hat. Allerdings reicht eine von Meibom veröffentlichte Grabschrift, in welcher Hugo als „Sachse von Geburt" bezeichnet wird,[2]) nur bis in das Jahr 1335 zurück und auch die Annalen des Mönches Alberich,[3]) welche die sächsische Herkunft Hugos als die gewöhnliche, landläufige Meinung bezeichnen, sind erst ungefähr ein Jahrhundert nach dem Tode des Viktoriners verfasst; aber was mir diese Ansicht fast als unerschütterlich erscheinen lässt, das ist die Tradition des Klosters von S. Viktor, wo doch gewiss die Person und die Lebensumstände des gefeierten Lehrers stets der Gegenstand regen Interesses waren. Und diese Tradition ist uns erhalten im Memoriale[4]) historiarum des Johannes von S. Viktor aus dem 14. Jahrhunderte. Dieser bemerkt zum Jahre 1127: „Hugo war ein Sachse von Geschlecht und Geburt, aus sehr mächtiger Verwandtschaft; er brachte zum Kloster des hl. Viktor auch seinen Oheim Hugo mit, auf dessen Kosten fasst die ganze Klosterkirche erbaut wurde." Nicht nur als Lehrer, sondern auch als indirekter Begründer ihres Gotteshauses war also Hugo den Viktorinern teuer und des ewigen Andenkens würdig. Übrigens findet sich in den zahlreichen Werken Hugos kein einziger Anhaltspunkt für die flandrische Abstammung, wohl aber erwähnt er selbst, dass er in einem sächsischen Kloster, nämlich in

---

[1]) Leibnitz: Praef. ad Chron. Alberici. Access. hist. tom. II.

[2]) Meib. l. c. pag. 430; cf. hist. litt. d. l. France XII. p. 6: „Hugo sub hoc saxo jacuit, vir origine Saxo."

[3]) Alberici Chronicon ed. Leibnitz: Access. II. p. 264. „Dicunt eum natum fuisse de Saxonia."

[4]) Cas. Ouidini Comment. de Script. eccl. Lips. 1722 tom. II. p. 1140: „Joh. de S. Victore: Hugo fuit Saxonicus genere et ortu, praepotenti parentela etc."

Hamersleben, längere Zeit sich aufgehalten habe. Sendet er doch von Paris aus den dortigen Mönchen sein Soliloquium de arrha animae ¹) als ein „Andenken", und wenn er sie auch in seiner kurzen Widmung nicht alle aufzählen kann, so ist er doch mit einigen so bekannt, dass es ihm genügt, sie mit den Anfangsbuchstaben ihrer Namen zu bezeichnen. In der That konnte sich neben diesen guten Mönchen nur noch Ludwig VII. ²) von Frankreich rühmen, von dem „zweiten Augustinus" ein Werk gewidmet erhalten zu haben. Woher also bei Hugo die Anhänglichkeit und Verehrung gegenüber einem sächsischen Kloster? „Wie kam der junge Hugo, so fragt Liebner ³) mit Recht, aus Flandern in das damals unberühmte" und wir dürfen hinzusetzen, von den Wirren des Investiturstreites aufgeregte „Sachsen und besonders in das noch unberühmtere, kaum eingerichtete Kloster Hamersleben, das nach dem Berichte des Winnigstadius erst durch einen Oheim Hugos, den Bischof Reinhard von Halberstadt gegründet worden war?" Mehr als wahrscheinlich ist also die von den meisten Gelehrten immer noch vertretene Ansicht, dass Hugo in der That von Geburt ein Sachse gewesen sei, eine Meinung, mit der die Entdeckung des älteren Meibom übereinstimmt, ⁴) nach welcher Hugo aus dem gräflichen Hause von Blankenburg und Regenstein stammen soll. Da nun das Stammschloss dieser Familien nur drei Millien von dem ehemaligen Kloster Hamersleben an den Abhängen des Harzgebirges ⁵) lag, so ist es ganz natürlich, dass Hugo gerade hieher zu seiner ersten Ausbildung geschickt wurde.

Wenn man demgegenüber die Stelle Hugos aus dem vierten Buche seines Didascalicon ⁶) geltend zu machen sucht, wo der

---

¹) Vgl. den Prolog dieses Werkes Migne 176, 951.
²) Expos. in Hierarch. coelest. S. Dion. ad Ludov. fil. Lud. Grossi. Migne 175, 923.
³) Liebner: Hugo v. S. Victor, Leipzig 1832, S. 20.
⁴) Meib. jun. l. c. pag. 429: Avus meus in notis ad Gobelini Personae Cosmodromium eum (sc. Hugonem) Saxoniae huic inferiori et quidem viciniae nostrae asseruit, Natalesque illustres ex Blankenburgicorum Comitum ad silvam Hartzicam familia assignavit, nactus sine dubio notitiam illam alicubi ex Monasteriorum, quorum plurima lustravit, antiquis monumentis.
⁵) Ibid.
⁶) Erud. did. lib. IV. cap. XV. Migne 176 col. 778 B: Ego a puero exulavi, et scio, quo moerore animus arctum aliquando pauperis tugurii

Viktoriner von sich sagt, er sei bereits als Knabe in die Fremde gekommen und wisse, mit welchem Schmerze das jugendliche Gemüt selbst den engen Raum einer armen Hütte verlasse, so wird man zwar diese Ausdrucksweise nicht leicht mit Liebner als relative fassen können; den zwischen einer armen Hütte und der Residenz eines sächsischen Dynasten nach der glänzenden Ottonenzeit mag doch ein grosser Unterschied selbst für den bestanden haben, der sich an die mittelalterliche Herrlichheit der französischen Hauptstadt gewöhnt hatte. Wir können also nur annehmen, dass Hugo unter seiner Wanderung ins Exil die Reise versteht, welche er als achtzehnjähriger Jüngling auf Anordnung seines bischöflichen Oheims nach Frankreich unternahm.[1]) Damals verliess er in der That eine liebe aber arme Hütte, seine traute Zelle, die er sich, wie die Chronisten ausdrücklich bemerken, nicht mit Schmerz, sondern gegen den Willen seiner Eltern erwählt hatte, allerdings ohne dadurch der Heimat im eigentlichen Sinne zu entsagen. Nachdem er aber auch noch auf dieses Gut Verzicht geleistet hatte, dann erst konnte er in vollständiger Freiheit und Unabhängigkeit des Geistes den ewigen Wahrheiten sich hingeben und selbst „marmorne Häuser und getäfelte Wohnungen", d. h. alle Bequemlichkeiten und Ehren der ihn bewundernden Weltstadt verachten. So scheint mir gerade die Geringschätzung der weltlichen Güter, die Hugo als eine Frucht seines Verzichtes auf die Heimat darstellt, ein deutlicher Hinweis darauf zu sein, dass er in der Heimat diese Güter thatsächlich besessen hat, und bei aller Ehrfurcht gegenüber den zahlreichen und gewichtigen Autoren, welche eine gegenteilige Ansicht vertreten, dürfen wir doch, wie mir scheint, mit vollem

---

fundum deserat, qua libertate postea marmoreos lares et tecta laqueata despiciat.

[1]) Dieselbe Ansicht vertritt, wie mir nachträglich bekannt wurde, Mignon: Les origines de la scolastique I. part. p. 9.

Neben Johann Mabillon erwähne ich als Hauptvertreter der flandrischen Abstammung: Du Pin, Nouv. bibl. des auteurs eccl. Paris 1697 tom. IX. pag. 217; die Benedictiner in Hist. litt. de la France VII. pag. 2; Kaulich, die Lehren des Hugo und Rich. v. S. V. Prag 1864 S. 3; Hergenröther, Kirchengeschichte Freib. 1876 I. S. 946; Denifle, Arch. f. Litt. u. K.-G. III. Bd. Berlin 1887 S. 634. — Auffallend ist hiegegen, dass gerade die französischen Forscher, wie Hugonin und Mignon, sich in neuerer Zeit überwiegend für die deutsche Abstammung Hugos aussprechen.

Rechte den grossen Begründer und Lehrer der Viktorinerschule als einen deutschen Landsmann für uns in Anspruch nehmen.

Die Zeit dieses für die Entwicklung der mittelalterlichen Theologie so einflussreichen Lebens war im Vergleich zu seinen gewaltigen Leistungen äusserst kurz bemessen. In einem Alter, in welchem der gewöhnliche Mensch erst zur Vollkraft seiner geistigen Entwicklung gelangt, war Hugos Laufbahn bereits abgeschlossen. Die französischen Benediktiner[1]) berechnen aus einer Angabe des Mönches Osbert, dass er am 11. Februar 1141, und zwar im Alter von 44 Jahren gestorben ist. Er war also im Jahre 1097 geboren, wie dies auch die meisten Schriftsteller annehmen, und selbst jene, die bald aus dem einen, bald aus dem anderen Grunde hievon abweichen, divergieren mit den angegebenen Daten nur um ein oder höchstens zwei Jahre, sodass also in diesem Punkte eine eigentliche Schwierigkeit nicht entstehen kann. Anders ist es jedoch mit den äusseren Lebensschicksalen Hugos. Jene Richtung, der wir uns bereits aus guten Gründen angeschlossen haben, lässt ihn nach seiner ersten Ausbildung im Kloster Hamersleben mit seinem Oheim dem Archidiakon von Halberstadt zur Vervollständigung seiner Studien oder auch zum sofortigen Verzicht auf Heimat und Ehrenstellen ins Ausland gehen.[2]) Während dieser Zeit nun müsste auch sein von Leibnitz vermuteter, längerer Aufenthalt in Flandern stattgefunden haben; doch ist ein Grund, der ihm gerade die Gegend von Ypern besonders empfehlenswert erscheinen lassen könnte, durchaus nicht einzusehen. Etwas besser verbürgt ist durch den Auctor vitae Hugonis die Reise beider nach Marseille in das Mutterkloster von S. Viktor, von wo sie Reliquien des hl. Viktor nach Paris mitgebracht haben sollen. Das rege wissenschaftliche Streben, das im Pariser Viktorinerkloster unter Leitung des gelehrten Thomas, Nachfolgers Wilhelms von Chambeaux sich entwickelte, und die ungeheuchelte Frömmigkeit, welche der sittenstrenge Abt Gilduin der jungen Genossenschaft einzuflössen wusste, sagte den edlen Sachsen so sehr zu, dass beide an dieser Stätte des Friedens sich für immer niederzulassen beschlossen.

---

[1]) Hist. litt. de la France XII. pag. 5 und 6.

[2]) Hugos Biograph sagt hierüber in der Vorrede zu Hugos Werken (ed. Garzonius Mainz 1617): Ubi decimum octavum aetatis annum attigit, saeculi fugam meditari coepit, id communicat patruo etc.

Der ältere Hugo baute mit seinem reichen Besitztum dem Kloster eine prachtvolle Kirche und soll nach Hugonin [1]) hier in Frieden gestorben sein. Nach anderen aber wurde er noch nach dem Tode seines inzwischen berühmt gewordenen Neffen von Innocenz II. nach Rom berufen und zum Cardinalbischof von Tusculum erhoben. [2]) Der jüngere Hugo aber verlegte sich mit glühender Liebe und mit seltenem Erfolge auf das Studium der hl. Wissenschaft, zu dem er die denkbar besten Vorbedingungen, einen offenen Blick, einen klaren Verstand, ein edles Gemüt und eine gediegene Vorbildung mitbrachte. Hatte er ja schon als Knabe, wie er selbst erzählt, „nichts gering geachtet, was zur Bildung dienen konnte, und auch Manches gelernt, was anderen Scherz und wahnwitziger Zeitvertreib schien." Gerade diese gründliche Allseitigkeit befähigte ihn, eine für seine Zeit einzigartige Encyclopädie des Wissens zu schreiben und als der Erste ein vollständiges System der theologischen Wissenschaft durchzuführen, das in seinem tiefdurchdachten Grundplane Muster und Richtschnur für all' die grossen Summen der Folgezeit bildete und an Glanz und Anmut der Sprache die meisten derselben weit überstrahlt. Wenn wir die Zahl, die Mannigfaltigkeit, die Gediegenheit seiner Schriften erwägen, die sich über weltliches und geistliches Wissen, über Scholastik und Mystik, über Dogmatik, Moral und Exegese verbreiten und überall von hoher, zum Teil bahnbrechender Bedeutung sind, dann staunen wir über den gewaltigen Geist, der in einem schwächlichen, dem frühen Tode geweihten Körper so unsterbliche Werke schuf, dann begreifen wir aber auch, wie dieses Leben ganz der Wissenschaft geweiht sein musste und fern vom Geräusche der Welt im Dienste überweltlicher Wahrheiten aufging.

In der That ist uns aus der ganzen Zeit seiner glanzvollen Lehrthätigkeit, die er als Nachfolger des Priors Thomas bis zu seinem Tode entfaltete, nur eine Thatsache bekannt, die ihn einigermassen in äusserer Wirksamkeit darstellt. Ludwig VII.

---

[1]) Migne 175 proleg. XLII B.
[2]) Cf. Natalis Alexander, Hist. eccles. Bingii 1783 pag. 241. Erud. did. lib. VI. cap. III. Migne 176 col. 799 D. Ego affirmare audeo, nihil me unquam, quod ad eruditionem pertineret, contempsisse, sed multa saepe didicisse, quae aliis joco aut deliramento similia viderentur.

beauftragte ihn im Jahre 1140[1]) zugleich mit dem Bischof von Arras und dem Abte von Rebais die in Unordnung geratenen Verhältnisse des Klosters von Morigny zu ordnen und daselbst eine notwendig gewordene Abtswahl zu leiten. Im Übrigen haben wir keine einzige glaubwürdige Nachricht, dass Hugo neben der Leitung der Viktorinerschule noch anderswie in oder ausser dem Kloster hervorragend thätig gewesen wäre. Die Abtswürde,[2]) die ihm Trithemius zuspricht, hat er sicher nicht bekleidet, da er nicht in der vollständig erhaltenen Liste der Viktorineräbte aufgeführt ist; aber auch die ihm von mehreren späteren Schriftstellern beigelegte Stellung eines Priors ist mehr als zweifelhaft. Die von Ferdinand Ughellus ihm zugesprochene Ehre eines Cardinalbischofs von Tusculum kann höchstens für den Oheim des Viktoriners, der ihn nach Paris begleitet hatte, in Anspruch genommen werden. Die ausschliessliche Hingabe an sein segensreiches Lehramt, die rührende Bescheidenheit, die uns in all' seinen Werken entgegentritt, und vielleicht auch seine zarte Körperconstitution hinderten ihn an kraftvoller äusserer Thätigkeit. Dass er jedoch von der Aussenwelt sich nicht ängstlich abschloss, dass er vielmehr an dem Wohl und Wehe der Kirche innigsten Anteil nahm, das beweisst sein Brief an den Erzbischof von Sevilla,[3]) in welchem er demselben bittere Vorwürfe macht wegen einer Glaubensverleugnung, welche dieser in einer maurischen Verfolgung sich hatte zu schulden kommen lassen, und mit den eindringlichsten Vorstellungen zur Busse und zum Widerruf seines unseligen Schrittes mahnt. Wie innig seine Beziehungen zum Heros seines Jahrhunderts, dem hl. Bernhard waren, davon zeugt noch ein uns erhaltener Brief des Heiligen an den Viktoriner.[4]) Seine eigentliche Wirksamkeit aber blieb auf die engen Mauern des Viktorinerklosters beschränkt, allerdings eine dieses grossen Mannes nicht unwürdige Stätte. Denn hier sammelte sich aus allen Ländern der christlichen Welt die wissbegierige Jugend, hier sog sie von den Lippen des zweiten Augustinus den lauteren Quell der himmlischen Weisheit und

---

[1]) Chronicon Mauriniacense lib. III. ed. Recueil des Historiens des Gaules et de la France, Paris 1781; tom XII pag. 86 b.
[2]) Hist. littér. de la France XII. p. 5.
[3]) Baronius, Annal. ad ann. 1136. Mainz 1608 p. 309.
[4]) Migne 182 col. 1031—1046.

erwärmte sich an seiner reinen Begeisterung, an seinem edlen Gemüte.

Denn „ein Augustinus an Gelehrsamkeit war er, wie Schrödl sagt, ein Johannes an Liebe." Nirgends in seinen Schriften finden wir gehässige Polemik, nirgends rohe Ausfälle gegen litterarische Gegner; bei aller Entschiedenheit, mit welcher er seine Meinung vertritt, verkennt er doch nicht das Gewicht entgegenstehender Gründe. „Deshalb die Lobsprüche, die ihm von allen Seiten gespendet wurden und deren Concert so vollständig war, dass auch nicht eine übelwollende Stimme es zu stören wagte." [1]) Wie zart sein Gemüt, wie innig seine Frömmigkeit war, zeigt uns folgender rührende Zug aus seinen letzten Augenblicken, den uns sein treuer Ordensbruder Osbert überliefert hat: [2]) „Nachdem Hugo die hl. Wegzehrung erhalten hatte, verlangte er ein in der Nähe stehendes Crucifix und als er sich mit demselben ehrfurchtsvoll bezeichnet und es fromm an sich gedrückt hatte, legte er die Füsse des Gekreuzigten an seine Lippen und verharrte lange in dieser Stellung, gleich als wollte er mit seinem Munde das Blut auffangen, das aus der Wunde des Heilandes herniedergeronnen war; wie ein Kind an der Mutterbrust, so sog er den Quell des Heiles ein unter einem Strom von Thränen."

So entsprach seiner zarten Körperconstitution auch die Zartheit seiner Empfindung; aber wie die eine ihm leicht die Herzen aller gewinnen musste, so machte die andere ihn untauglich, sich der strengen Ascese jener Zeit in dem Masse hinzugeben, wie man es eigentlich von einem Ordensmanne damals verlangte. Und diesen Mangel konnte ihm das strenge Volksbewusstsein auch nach seinem Tode nicht verzeihen, ohne ihn wenigstens einigermassen dafür sühnen zu lassen. Daher entstand die Erzählung von einem Geisterbesuche, den Hugo nach seinem Tode einem seiner Ordensgenossen abgestattet und bei dem er sich über harte Fegfeuerstrafen beklagt habe. „Einer seiner Mitbrüder, so erzählt Thomas Cantipratanus, [3]) beschwor ihn, da er noch lebte, ihm womöglich nach seinem Tode zu er-

---

[1]) Hist. litt. de la Fr. XII. pag. 4.
[2]) Den Brief Osberts über Hugos Tod s. Martène et Durand, Thesaurus nov. anecdot. tom. V. Paris 1717 pag. 885—87.
[3]) S. Bulaeus: Historia Univ. Par. tom. II. p. 159.

scheinen, Hugo versprach dies, und in der That zeigte er sich wenige Tage nach seinem Tode dem Mönche und fragte ihn nach seinem Begehr. Voll Furcht und Freude zugleich sprach dieser zu ihm: „Wie befindest du dich jetzt, teurer Freund?" Hugo entgegnete: „Jetzt ganz gut, aber weil ich während meines Lebens mich geweigert habe, harte Busse auf mich zu nehmen, haben fasst alle Teufel der Hölle mich gar heftig geschlagen, da ich den Reinigungsort passierte." Aber nichtsdestoweniger erkennt der Chronist an, dass nicht Mangel des notwendigen Bussgeistes, sondern Schwäche des Körpers ihn von den strengen ascetischen Uebungen abhielt.

Übrigens haben schon seine Zeitgenossen der Wissenschaft und Frömmigkeit des grossen Viktoriners alle Gerechtigkeit widerfahren lassen. Ich verweise nur auf die würdige Grabschrift,[1]) die ihm sein Ordensgenosse Simon setzte, und die ihn nach beiden Richtungen hin mit herrlichen Worten preist. Spätere Generationen haben sein Andenken mit Wundern umgeben. Das Bekannteste darunter, das auch der deutsche Chronist Gobelinus Persona[2]) aufgenommen hat, bezieht sich wiederum auf seine Sterbestunde. „In den letzten Zügen liegend, bat Hugo die Brüder, ihm die letzte Wegzehrung zu reichen. Da er aber keine Speise mehr fassen konnte, und andererseits die Brüder ihn nicht durch fortwährende Weigerung betrüben wollten, reichten sie ihm eine unconsekrierte Hostie. Er aber, vom hl. Geiste erleuchtet, rief aus: „Gott sei euch gnädig, meine Brüder, warum wolltet ihr mit mir eueren Scherz treiben? Das ist nicht mein Herr, was ihr da tragt." Erstaunt und bestürzt wollten sie ihm nun den Leib des Herrn reichen; da er aber fühlte, dass er ihn nicht mehr nehmen konnte, sprach er mit erhobenen Händen: „Es steige der Sohn zum Vater, und der Geist zu dem, der ihn gemacht hat; unmittelbar darauf hauchte er seine Seele aus, und sofort verschwand der Leib des Herrn."

Wenn nun auch Erzählungen, wie die vorstehende in das Reich der frommen Dichtung zu verweisen sind, so beweisen

---

[1]) Conditus hic tumulo doctor celeberrimus Hugo; Quem brevis eximium continet urna virum! Dogmate praecipuus, nullique secundus in orbe Claruit ingenio, moribus, ore, stylo.

[2]) Gobelini Personae Cosmodromium ed. Meibom jun. Rer. Germanic. tom. I. pag. 269.

sie doch die Liebe und Verehrung, welche die Nachwelt vor der hehren Gestalt des edlen Viktoriners hatte.[1]) Zwar hat die Kritik der neueren Zeit mit diesen Wundergeschichten gründlich aufgeräumt, aber der Name des bescheidenen Mönches wird auch heutzutage noch von allen mit Achtung und Ehrfurcht genannt, die seine Schriften studiert haben. Ich will hier nicht darauf hinweisen, dass der grosse Thomas ihn als seinen Lehrer betrachtete; denn wir werden im Folgenden gar oft die Wahrnehmung machen, wie der Aquinate seinen Spuren folgt; auch nicht auf das Zeugnis des Humanisten Trithemius,[2]) der ihn ebenso verehrungswürdig nennt durch seine Sitten wie durch seine Bildung: ich berufe mich nur auf den Protestanten Albert Liebner, der, wenn auch geblendet durch die bedauerlichen Vorurteile des neuen Glaubens und der neuen Philosophie, dennoch es über sich brachte, einem Vertreter des finsteren Mittelalters, dem Lehrer so viele „Finsterlinge", die „ganze Liebe" seines aufgeklärten Herzens zu schenken, und der dann „nach einem vollkommen bestimmten und zugleich lange geprüften Eindrucke seiner ganzen Erscheinung" über den Viktoriner folgendes Urteil fällt:[3]) „Es scheint ihm im Wesentlichen jene glückliche Organisation eigen gewesen zu sein, bei der alle Geisteskräfte in gleich hohem Grade vorhanden, auch gleichmässig neben einander stehen, so dass wenigstens keine die andere in herrschender Einseitigkeit überwiegt. So standen bei ihm klarer Verstand, tiefes, inniges Gefühl, lebendige Phantasie und ausdauernder Wille beisammen.... Das Schönste in Hugo aber bleibt immer jene Lauterkeit, Einfalt und Geradheit, da er mit ganzer aufrichtiger Seele, dem nachstrebte, was er wollte, das sagte, was er dachte.... Er genoss auch die allgemeine Achtung und Liebe

---

[1]) Selbst Hauréau, der schärfste mir bekannte Kritiker Hugos, gesteht zu, dass er vor dem hl. Thomas der „angesehenste unter den neueren Theologen" gewesen sei. — Les oeuvres d. H. d. S. V. Paris 1886; Avant propos pag. V.

[2]) S. Migne 175 proleg. L.

[3]) Liebner, Hugo v. S. V. Leipz. 1832; Vorrede S. III. Ib. S. 29—33. — Sonderbarer Weise wendet sich Liebner in den schärfsten Ausdrücken gegen Scholastik und Mystik im allgemeinen (vgl. u. a. S. 242 ff.), während des Scholastikers und Mystikers Hugo Lehre zuweilen herrlich gepriesen wird (vgl. S. 348). Die speciellen Urteile beruhen eben auf Studium, die allgemeinen scheinen mir Vorurteile.

seiner Zeitgenossen, und die ihm erteilten Ehrennamen: „alter Augustinus, lingua Augustini" sollten wohl nicht blos seine Wissenschaft, sondern auch seinen Charakter bezeichnen. Er fand bisweilen im fernen Lande eine Liebe, die ihn überraschte und tief rührte. Niemand störte, soviel wir wissen, durch offene oder dauernde feindliche Angriffe seine klösterliche Ruhe bei aller Parteiwut der damaligen gelehrten Welt."

§ 4.

Hugos Werke.

Während Hugos Lehre bisher nur sehr unvollständig und mangelhaft gewürdigt wurde, hat sich über die Echtheit bezw. Unechtheit seiner Werke seit mehr als drei Jahrhunderten eine reiche Litteratur gesammelt. Aber das traurige Endresultat dieser mannigfachen Kritik hat Hauréau[1]) sehr richtig mit den Worten ausgesprochen: „So gross ist die Zahl der bestrittenen Werke Hugos, dass man geneigt ist, sie alle für zweifelhaft zu halten und dass man für keinen Punkt mehr die Autorität dieses Lehrers anzurufen wagt."

Es wäre gewiss ebenso zeitraubend als nutzlos, wollten wir uns allzusehr in diese weitgehende und doch oft ergebnislosen Erörterungen einlassen. Da die hier zu behandelnde Frage wesentlich dogmatischer Natur ist und sich dementsprechend auf diese Art von Werken der Hauptsache nach beschränken muss, so werden wir von vorneherein die mehr als zweifelhaften Verdienste, die sich unser Hugo auf dem Gebiete der Naturgeschichte und der Chronographie[2]) erworben haben soll, beiseite lassen und uns ausschliesslich mit seinen religiösen, vor allem mit seinen dogmatischen Werken beschäftigen.

1. Hier ist es nun zunächst das Werk „über die Geheimnisse[3]) des christlichen Glaubens: De Sacramentis christianae fidei", welches von allen Schriften, die unter dem Namen Hugos überliefert sind, sowohl was Umfang, als was Bedeutung betrifft, in erster Linie genannt zu werden verdient. Es ist eine nach Inhalt und Form durchaus selbstständige Darlegung der ge-

---

[1]) Hauréau: Les oeuvres de H. d. S. V., Paris 1886 pag. VII.
[2]) Ceillier, Hist. génér. Paris 1758, XXII. pag. 209.
[3]) Bei Migne Patr. lat. CLXXVI col. 173—618.

samten Glaubenswahrheit, ein Werk, von welchem selbst Hauréau[1]) urteilt, es sei dem grossen Ruhme seines Verfassers am meisten würdig und welchem Cramer[2]) das ehrenvolle, aber nicht übertriebene Zeugnis ausstellt: „Wenn irgend ein Werk, das alle damaligen theologischen Lehrsätze zusammenzufassen sucht, des Namens eines Systemes würdig war, so verdient ihn das seinige. Alles was er vorträgt, folgt in einer gewissen und bestimmten Ordnung aufeinander; die Bahn, die er sich vorgezeichnet hat, verlässt er nie und schweift nicht auf Nebenwege aus; er bleibt den meisten Hauptbegriffen und Grundsätzen getreu, die er einmal angenommen hat; an diesen Faden knüpft er alles Übrige auf eine so natürliche und wenig künstliche Art an, als man in diesen Zeiten kaum von einem selbstdenkenden Geiste zu erwarten berechtigt ist. Zudem bedient er sich eines eigentlichen, leichten und bestimmten Ausdrucks; und doch bemerkt man darin weder eine ermüdende Weitschweifigkeit, noch eine Dunkelheit, die zurückschreckt, noch einen schweren Vortrag, der verdriesslich macht, Anstrengung fordert und dennoch die Mühe derselben nicht belohnt, stets ein Philosoph, der richtig zu erklären und bündig zu schliessen sucht, ohne mit Spitzfindigkeiten und dialektischen Kunstworten prangen zu wollen. Man findet sich bei ihm in keiner dürren Wüste, sondern auf einem angenehmen und furchtbaren Felde."

2. Doch so vortrefflich auch die Schrift nach dem Massstabe jener Zeit inhaltlich und formell sein mag, so liegt es doch in der Natur eines Compendiums, und als solches müssen wir das erwähnte Werk Hugos immerhin betrachten, dass es bei der Reichhaltigkeit des Stoffes die einzelnen Gegenstände unmöglich erschöpfend zu würdigen vermag, und deshalb müssen wir gar oft, um Hugos Verdienste richtig zu schätzen, nach anderweitigen Werken, welche dieselben Gebiete zum Gegenstande haben, uns umsehen. Dies wird uns umso leichter, da

---

[1]) Hauréau l. c. pag. 75.
[2]) Cramer, Fortsetzung zu Bossuets Weltgeschichte. Leipzig 1785; Band VI. S. 845. — cf. Tennemann: Scholast. Philos. Leipzig 1810; VIII, 1 S. 207: „Hugos System der Theologie, welches den nicht bequemen Titel: De Sacramentis christianae fidei führt, ist bei aller Kürze doch ebenso umfassend, in einer nicht schlechteren Ordnung und viel deutlicher abgefasst, als die Sentenzen des Lombarden."

unter Hugos Namen noch ein zweites allerdings kürzeres Sammelwerk, die Summa Sententiarum[1]) überliefert wird. Zwar finden wir hier nicht die speculative Gründlichkeit des erstgenannten Werkes, aber dafür erregt dieses unser hohes Interesse durch die reichliche Angabe und Gegenüberstellung von Väterstellen, deren selbstständige Auswahl, Anordnung und Beurteilung hinwiederum die Meinung und das Talent des Verfassers ungeschmälert hervortreten lassen. Aber gerade gegen diese Schrift richtet sich in neuerer Zeit die schonungslose Kritik. Ihre Gründe sind jedoch meistens nur indirekte, und es genügt, sie anzuführen, um ihre Mangelhaftigkeit und Unstichhaltigkeit zu erkennen.

a) Vor allem, und das scheint das eigentliche Motiv zu sein, warum man nach positiven Gründen für die Unächtheit dieses Werkes sucht, findet man es unwahrscheinlich, dass ein und derselbe Autor bei seiner kurzen Lebenszeit zwei vollständige Darstellungen der gesamten Theologie geschrieben habe. Aber Hauréau macht demgegenüber mit Recht darauf aufmerksam, dass diese Thatsache im Mittelalter durchaus nicht einzig dastehen würde, dass vielmehr die Schüler wiederholt ein und denselben Lehrer um derartige kurze Zusammenstellungen des gesamten Unterrichtsstoffes angingen. Übrigens müssen wir betonen, dass die Summa Sententiarum nicht etwa, wie Hauréau[2]) vorauszusetzen scheint, ein Auszug aus dem grösseren Dogmatikwerke ist, sondern sich zu demselben verhält wie die historische Vorarbeit zur selbstständigen Durchführung. Nur dadurch, dass Hugo in seiner Summa Sententiarum, oder wie er sie einmal selbst citiert, in seinen Sententiae majorum[3]) die Lehre der

---

[1]) Bei Migne l. c. col. 41—173.

[2]) Hauréau l. c. pag. 73: Le moyen-âge nous a laissé beaucoup de ces rédactions abrégées. Nous constatons le fait sans en rechercher toutes les causes. Il suffit de rappeler que les écoliers les demandaient eux-mêmes à leurs maitres.

[3]) QQ. in ep. I. ad Cor. Migne 175, 524: In Sacramentis enim et in Sententiis majorum haec diligentius prosequimur. — Wenn Denifle (Archiv f. Litt. u. K.-G. des M.-A. III. S. 640) auf eine Variante aufmerksam macht, die statt „prosequimur" die Form „prosequuntur" liest, so scheint mir das ganz bedeutungslos. Denn, abgesehen von der ungeheueren Überzahl der anderen Lesearten, wo in aller Welt gibt es einen selbstständigen und gewissenhaften Autor, welcher nach einer willkürlich aufgeworfenen Frage ohne jeden

Väter über die einzelnen Glaubenspunkte zusammenstellte, war es ihm möglich, in seinem Hauptwerke bei aller Eigentümlichkeit des Stiles und bei aller Selbstständigkeit der Speculation, doch stets auch im Sinn und im Ausdrucke der wahren Lehre der Kirche vollständig gerecht zu werden, eine Aufgabe, an welcher sein von gewisser Seite so hochgerühmter Zeitgenosse Abälard trotz seines guten Willens bekanntlich so gründlich gescheitert ist.

b) Übrigens zeigen die beiden Werke in ihrer Anlage, in den behandelten Objekten, ihren Resultaten und selbst in den einzelnen Ausdrücken so mannigfache Berührungspunkte und zum Teil eine so auffallende Aehnlichkeit, dass Hauréau mit Recht sagen kann:[1] „Man hätte dieses Werk mit dem grossen Traktate über die Sakramente vergleichen müssen, und dann hätte man sogleich erkannt, dass die beiden Werke für einander berechnet sind, dass in allen wichtigen Punkten die nämlichen Endscheidungen in den gleichen Ausdrücken wiederkehren, und dass das kürzere einen unverschämten Plagiator zum Verfasser haben müsste, wenn nicht beide von demselben Autor wären."

c) Dasselbe möchte ich auch gegen Denifles[2] Bedenken einwenden, welche er an eine Stelle des Robert von Melun

---

eigenen Lösungsversuch seine Leser einfach auf fremde Werke verweist, die noch dazu, nach Denifles Annahme schon fast ein ganzes Jahrhundert vorher geschrieben und demzufolge von neueren Werken, insbesondere den Sentenzenbüchern des Lombarden, entschieden überholt und zurückgedrängt wurden? Gerade der kurze Hinweis auf die beiden Schriften ohne irgendwelche nähere Bezeichnung oder irgendwelche Angabe der Verfasser erscheint mir als das sicherste Zeichen, dass das Citat nur auf Werke des Autors sich beziehen kann, zumal die fragliche Sentenzensammlung bald weder die einzige, noch auch die berühmteste ihrer Art war. Wenn man nun aber auch mit Bulaeus (Hist. Univ. Par. II. p. 64) annehmen darf, dass von diesem Werke „die späteren Summisten und Summen Ursprung und Namen haben," so bleibt ihm doch noch in ganz besonderem Sinne der Name „Sententiae majorem", da es, im Unterschiede von „De Sacramentis" fast ganz aus Aussprüchen (sententiae) der Väter sich zusammensetzt, eine Eigentümlichkeit, die zwar der eigene Verfasser hervorheben konnte, nicht aber ein späterer Autor, da wir nichts lesen, dass dieser Name irgend einmal als authentischer Titel des Werkes gegolten habe.

[1] L. c.
[2] Archiv f. Litt. u. K.-G. d. M.-A. Berlin 1887. III. S. 638.

knüpft, wo dem Werke De Sacramentis fidei ein Traktat: De fide ac caritate als von einem anderen Verfasser gegenübergestellt wird. Denn, wenn es auch wahr ist, dass manchmal in dem einem Werke eine Frage verhältnismässig mehr oder weniger ausführlich behandelt ist als im anderen, so werden wir doch, wenn wir die für die Gotteslehre wichtigen Traktate beider Werke vergleichen, niemals in die Lage kommen, gleich Robert von Melun [1]) zeigen zu müssen, „dass die scheinbaren Differenzen beider Werke sich zu einer Einheit verbinden lassen, und dass, was man dort für schroffe Gegensätze hält (allgemein! creduntur), in Wahrheit nur unbedeutende Unterschiede seien, welche auf dasselbe hinauslaufen."

d) Noch weniger kann für die Unechtheit geltend gemacht werden, in vielen Handschriften fehle Hugos Name. „Thatsache ist, sagt Denifle, [2]) dass mehr Handschriften anonym sind als den Namen Hugos tragen, und zwar Handschriften des zwölften Jahrhunderts", und Gietl, der jüngste, mir bekannte, Verteidiger der Echtheit, [3]) gesteht dies unumwunden zu, auch verschweigt er nicht, dass einige wenige Handschriften einen gewissen Otho als Verfasser nennen; aber auf der anderen Seite macht er auch geltend, dass immerhin eine bedeutende Anzahl von Handschriften und darunter auch solche, die dem 12. Jahrhundert angehören, den Namen Hugos tragen. Daneben aber führt er eine ganze Reihe von Zeugnissen aus dem 12. und 13. Jahrhundert an, welche die Autorschaft Hugos unzweideutig darthun. Dass ein Magister Otho nicht als Verfasser des Werkes angenommen werden kann, hat Hauréau [4]) eingehend gezeigt und Denifle [5]) selbst „legt auf diese Nachricht keinen Wert."

e) Mit wie wenig Grund vollends Beaugendre in seiner Ausgabe des Hildebert von Lavardin diesem einen Teil der Summa Sententiarum unter dem Namen: Tractatus theologicus

---

[1]) Cit. v. Denifle a. a. O. ... ea, quae in illis differentia videntur, hic in unitate quadam convenire monstrentur, et quae ibi adversitate sibi obviare creduntur, hic sola diversitate sibi consona distare ostenduntur.

[2]) L. c. pag. 637.

[3]) A. M. Gietl, Die Sentenzen Rolands. Freiburg i. B. 1891; pag. XXXV—XL.

[4]) L. c. pag. 71 u. 72.

[5]) L. c. 637.

zuspricht, das hat nicht erst Hauréau ¹) erkannt, wie er zu behaupten scheint, auch nicht Liebner, wie Denifle ²) sagt, sondern dieser wurde nach seinem eigenen Geständnis ³) hierauf schon aufmerksam gemacht durch eine Bemerkung Tennemanns ⁴) in seiner Geschichte der Philosophie: „Unter den Werken des Hugo von S. Viktor findet sich eine aus sieben Traktaten oder Büchern bestehende Summa Sententiarum, deren drei erste Bücher von Wort zu Wort mit dem Tractatus theologicus des Hildebert übereinstimmen."

Indem wir daher ganz unbedenklich dieses Werk als eine echte Schrift des Viktoriners betrachten und benützen, haben wir uns einen notwendigen Schlüssel und wesentlichen Commentar zu den in Hugos Hauptwerk enthaltenen Darlegungen der Gotteslehre gerettet, ohne welchen uns manche Punkte, besonders Hugos System der Trinitätslehre, sowie seine Anschauungen über die Prädestination und den göttlichen Willen überhaupt, nur ganz dürftig bekannt wären.

Selbstverständlich wollen wir damit die Sentenzen Hugos nur in der Ausdehnung gerechtfertigt haben, wie sie auch bisher dem Viktoriner in den Ausgaben seiner Werke zugesprochen wurden; denn die von Hauréau ⁵) entdeckte, angebliche Einleitung hat Denifle ⁶) als selbstständigen Traktat des Walter von Mortagne überzeugend nachgewiesen. Hingegen ist Denifle ⁷) sowohl als auch Gietl mit der von Hauréau beantragten Verkürzung dieses Werkes insofern einverstanden, als sie beide den letzten Traktat desselben: De matrimonio für unecht ansehen. Da der Inhalt dieses Traktates für die vorliegende Arbeit nicht von Belang ist, so können wir diese Ansicht, welche mir übrigens gut begründet scheint, auf sich beruhen lassen.

3. Ausser diesen beiden Hauptwerken ist für Hugos Gotteslehre noch wichtig die encyclopädische Zusammenfassung des gesamten Wissensstoffes, die Hugo in seinem Didascalicon zu

---

¹) L. c. pag. 71.
²) L. c. 637 nota 2.
³) Theol. Studien und Kritiken 1831; I. Heft S. 260.
⁴) Band VIII, 1, S. 232 nota 75.
⁵) L. c. pag. 67—70.
⁶) L. c. pag. 635/36.
⁷) Denifle: Archiv III. 637; Gietl: Sent. d. R. XLI.

geben versucht. Zwar wird das siebente, hier hauptsächlich in Betracht kommende Buch von namhaften Kritikern [1]) als gesonderte Abhandlung unter dem Namen: De tribus diebus aufgeführt; aber da niemand die Echtheit selbst in Frage zieht, so halten wir uns für berechtigt, das Werk so zu citieren, wie es in der von uns benützten Migne'schen Ausgabe [2]) bezeichnet ist, wenn wir auch mit Herrn Professor Kihn dieses sog. „siebente" Buch „als selbstständige Abhandlung über die Erkenntnis Gottes aus seinen Werken auffassen." Eine kleinere, hieher gehörige Schrift: De voluntate et potestate Dei hat der überstrenge Casimir Oudin [3]) anzugreifen gesucht, ist aber von Liebner [4]) und Hauréau entschieden zurückgewiesen worden. Dasselbe gilt von den mystischen, für uns wichtigen Schriften: De arca Noe morali, De arca N. mystica, De vanitate mundi.

4. Wenn nun auch die angeführten zusammenhängenden Darstellungen die einzelnen Punkte der Gotteslehre, zum Teil von den verschiedensten Seiten aus mit grosser Klarheit betrachten und beleuchten, so würden sie doch für sich allein kaum ausreichen, uns ein vollständiges Bild der Hugonischen Gotteslehre zu entwerfen; denn die einzelnen Abhandlungen ordnen sich hier naturgemäss dem Gesamtzwecke des betreffenden Werkes unter und entbehren nur zu oft einer allumfassenden Gründlichkeit und gründlichen Allseitigkeit. Anders ist dies in den unter Hugos Namen aufgeführten Commentaren zur hl. Schrift, [5]) vor allem in seiner Quästionensammlung zu den Briefen des heiligen Paulus, wo die in diesen Briefen angedeuteten Lehren mit ebensoviel Scharfsinn als Vollständigkeit dargestellt werden, und zwar in der hiefür besonders geeigneten Form von Fragen und Antworten. Aber gerade die kurze, klare, eigentümliche Fassung hat diese Schrift verdächtig gemacht. Schon Oudin [6]) meinte,

---

[1]) Oudin II, 1148; Liebner S. 504; Hauréau pag. 98.
[2]) Encyclopaedie u. Methodol. d. Theol. Freib. 1892. S. 12.
[3]) Comm. de Scriptor. eccl. Lips. 1722 II. 1148.
[4]) Liebner H. v. S V. S, 501; Hauréau l. c. p. 109.
[5]) Migne CLXXV, 29—431.
[6]) Oudin l. c. pag. 1148: (Quaestiones) sapiunt scholasticam venam primorum ejusmodi hominum, qui anno circiter 1210 et 1220 scribebant: unde vocis solutio ad singulas quaestiones perpetua affectatio, qualem primi summarum scholasticarum consarcinatores affectabant.

sie schmecke allzusehr nach dem Stile des 13. Jahrhunderts und verlegt ihre Entstehungszeit in die Jahre 1210—1220. Hauréau [1]) stimmt dieser Annahme bei, ohne jedoch gerade wesentlich stärkere Gründe vorzubringen. Trotzdem nimmt Denifle die Unechtheit als erwiesen an; doch wird es uns vergönnt sein, diese Meinung zu bezweifeln. Vor allem fragen wir: Ist denn Inhalt und Form dieser Schrift gar so sehr von der Hugonischen Denk- und Schreibweise entfernt? Was das Erstere betrifft, so muss Hauréau selbst es in Abrede stellen. „Indessen trifft man, so sagt er, in den Quästionen oft und manchmal auch in den Anmerkungen kurze Phrasen, von denen man sich erinnert, sie auch in den authentischen Schriften unseres Priors gelesen zu haben; diese Entleihungen sind sogar an gewissen Stellen bedeutend und offenbar nicht zufällig." Hauréau erklärt diese Erscheinung dadurch, dass er das Werk einem Schüler des Viktoriners zuschreibt, als ob etwa der Schüler diese einfache und zweckmässige Methode leichter hätte finden können als sein Meister. Übrigens hat Hugo eine ganz ähnliche Darstellungsweise in einem unbestritten echten Werkchen eingehalten, nämlich in seinem Dialoge: De Sacramentis legis naturalis et scriptae.[2]) Denn, was sind hier die kurzen Fragen zwischen Lehrer und Schüler anderes, als was dort mit „Quaeritur" und „Solutio" eingeleitet wird? — Doch die (vier) von Hauréau eingesehenen Manuscripte sind anonym und weder Vincent von Beauvais, noch Heinrich v. Gent, noch Alberich v. Trois-Fontaines, noch Johann v. Tritenheim erwähnen dieses Werk als Hugonisch. — Aber wenn wir nur jene Werke dem Hugo v. S. Viktor zusprechen dürften, die von diesen Schriftstellern [3]) erwähnt werden, so würde seine mit Augustin verglichene Fruchtbarkeit auf ein gar geringes Mass zusammenschmelzen. Jene Berichterstatter konnten und wollten nicht vollständig sein, wie sie selbst aussagen, und ein anonymes Manuscript hat immer nur Bedeutung im Zusammenhalt mit positiven Zeugnissen.

Doch Hauréau weiss ein solches Zeugnis vorzubringen. Er

---

[1]) Hauréau l. c. pag. 29; Denifle l. c.

[2]) Migne 176 col. 17—41.

[3]) Ihre Zeugnisse sind grösstentheils abgedruckt bei Migne 175 col. CLXIII—CLXVIII (Prologomena).

macht darauf aufmerksam, dass an drei [1]) Stellen ein Magister Accardus erwähnt wird, welcher im besten Falle nach ihm ein Novizenmeister des Klosters Clairvaux sein kann, der 1124 erst in den Orden trat, allenfalls auch ein Viktoriner gleichen Namens, der 1171 als Bischof von Avranches starb. Nun aber ist es „im 12. Jahrhundert sehr selten, dass man die Autorität eines Zeitgenossen anruft, und man kann unmöglich zugeben, dass der berühmte Begründer der Viktorinerschule diese ausserordentliche Ehre einem jungen Religiosen seines oder eines rivalisierenden Ordens erwiesen hätte. [2])

Nun diese Unmöglichkeit ist wohl keine absolute, sonst hätte Hugo sie nicht anderwärts dennoch zu Stande bringen können. Wenigstens erwähnt er in seiner auch von Hauréau als echt angenommenen Summa Sententiarum [3]) einen gewissen Gillebertus, unter welchem allgemein Gilbert de la Porrée verstanden wird; dieser aber gelangte auch erst nach Hugos Tode zu grösserer Berühmtheit und hatte, wie wir bei der Behandlung der Trinitätslehre sehen werden, durchaus nicht in allem des Viktoriners Beifall. Wollen wir also auch auf Hauréaus Autorität hin annehmen, dass kein anderer Accardus als die beiden erwähnten hier in Betracht kommen kann, so werden wir dennoch hierin noch keinen stichhaltigen Beweis gegen die Echtheit der Quästionensammlung erblicken dürfen. Wie wenig die angebliche Rivalität zwischen Viktorinern und Cisterciensern hier in Betracht kommt, das springt in die Augen, wenn wir uns die innigen Beziehungen vergegenwärtigen, die zwischen unserm Hugo und dem damaligen Abte von Clairvaux, dem hl. Bernhard, obwalteten.

Und bei der Unwahrscheinlichkeit dieser Einwände spottet vollends allen Angriffen die vernichtende Deutlichkeit der bereits oben erwähnten Stelle, wo der Verfasser der Quästionen ausdrücklich auf „De Sacramentis" und „Summa sententiarum" als seine eigenen Werke verweist. [4]) Zwar hat die Kritik nichts unversucht gelassen, um dieses Bollwerk zum Wanken zu bringen; aber wir haben bereits gesehen, wie wenig ihr dies gelungen

---

[1]) Migne 175 col. 887; 902; 531.
[2]) Hauréau l. c. p. 30 s.
[3]) S. Sentt. tract. I. c. 12. Migne 176, 64.
[4]) Migne 175, 524. s. oben S. 22 Anm.

ist. Wir werden daher auch dieses besonders für Hugos Prädestinationslehre wichtige Werk ohne Bedenken bei der vorliegenden Arbeit benützen, was auch Hauréau uns umso weniger verübeln wird, da er selbst zugesteht, dass Hugos Gedanken in dieser Schrift sich wiederfinden.

Ausser den im Obigen behandelten Werken ist nur Weniges noch für unseren Zweck von Bedeutung. Die etwa noch in Betracht kommenden Schriften — namentlich noch eine Erklärung der „himmlischen Hierarchie" des Areopagiten", [2]) ein Dialog über die Sakramente des Natur- und des Schriftgesetzes [3]) und eine mystische Abhandlung über das „Pfand der Seele" [4]) werden dem Viktoriner unbestritten zugesprochen.

Um nun die mannigfachen, in diesen verschiedenen Werken enthaltenen und für unseren Gegenstand wichtigen Gedanken nach Ursprung und Zusammenhang zu verstehen und in einer dem Sinne des Autors entsprechenden Weise zur Darstellung bringen zu können, müssen wir noch in Kürze einerseits auf die hauptsächlichsten, wissenschaftlichen Quellen hinweisen, welche dem Viktoriner für seine Gotteslehre zu Gebote standen, und uns andererseits über das System verständigen, nach welchem er sein Material zum einheitlichen Geistesbau zusammengliederte. Letztere Betrachtung wird uns zugleich für unsere Abhandlung die naturgemässe Einteilung bieten.

Quellen und System von Hugos Gotteslehre.

„Zwei Dinge sind es hauptsächlich, durch welche die Wissenschaft erworben wird, Lesung und Meditation [4])"; diesen Grundsatz, den Hugo an der Spitze seines Didascalicon als Forderung für alle Wissenszweige aufstellt, hat er auch in seinen theologischen Studien gewissenhaft befolgt. Die Werke, welche er uns auf diesem Gebiete hinterlassen hat, ruhen ebensosehr

---

[1]) Expositio in hierarchiam coelestem S. Dionys. Areopag. Migne 175, 923 s. s.
[2]) De sacramentis legis naturalis et scriptae. Migne 176, 17—41.
[3]) De arrha animae Migne 176, 951—69.
[4]) Erud. did. I, 1. Migne 176, 741: Duae praecipue res sunt, quibus quisque ad scientiam instruitur: videlicet lectio et meditatio.

auf eifriger Sammlung und Verwertung füherer Leistungen, wie auf dem eigenen, selbstständigen Nachdenken und Forschen.

Fragen wir nun aber, welche der früheren Meister Hugo für seine Theologie und speciell für seine Gotteslehre sich zumeist zum Vorbilde nahm, so können wir von dem Viktoriner durchaus nicht immer eine direkte Beantwortung dieser Frage erwarten. Das frühe Mittelalter hatte eben noch nicht jenen strengen Begriff von litterarischer Gewissenhaftigkeit, wie sie in unserer kritisch angelegten Zeit mit Recht von einem Schriftsteller verlangt wird. Den Lehrern der Frühscholastik kam es mehr auf den Inhalt als auf den Ursprung der Gedanken an; berühmte Meister werden zwar reichlich benützt, aber ausdrücklich und namentlich wird ihre Autorität in der Regel nur dann angerufen, wenn eine Meinung durch das Gewicht eines grossen Namens gestützt, oder wenn die Verantwortung für eine Anschauung ihrem ersten hervorragenden Vertreter ausschliesslich überlassen werden soll. Zur richtigen Würdigung der Schriftsteller jener Zeit ist es also bei dem vielfachen Mangel äusserer Hinweise doppelt notwendig, auf den inneren Ursprung und Zusammenhang ihrer Ideen mit den Leistungen der Vorgänger zu achten. Denn nur so lässt sich die selbstständige Bedeutung der einzelnen Meister erkennen und die Förderung, welche die Wissenschaft durch sie erhielt, beurteilen.

Immerhin sind wir bei Hugo von S. Viktor auch durch äussere Zeugnisse besser als bei den meisten seiner Zeitgenossen über die hervorragendsten Quellen seiner Lehre unterrichtet. Schon sein Beiname „alter Augustinus" weist uns deutlich auf das Vorbild hin, das der Viktoriner nach Inhalt und Form anzustreben sich bemühte. Ausserdem haben wir bereits oben gesehen, dass Hugo als Vorarbeit für sein dogmatisches Hauptwerk die „Meinungen der Früheren" (sententias majorum) über die verschiedenen Fragen der Theologie zusammentrug, und die Ähnlichkeit der Gedanken lässt auch für die übrigen Werke auf ähnliche Quellen schliessen. In der That finden wir in Hugos Summa Sententiarum fast für jede theologische Wahrheit von einiger Bedeutung die Autorität des hl. Augustin angerufen,[1])

---

[1]) So wird z. B. allein im 14. Kapitel des ersten Traktates (Migne 176, 68—70) nicht weniger als vierzehnmal auf Augustin verwiesen.

der übrigens für das ganze Mittelalter als der eigentliche Lehrer der Theologie zu betrachten ist. Doch werden neben dem berühmten Bischof von Hippo auch die übrigen grossen lateinischen Kirchenväter erwähnt. Von Gregor dem Grossen scheint Hugo ausser den Homilien besonders die allegorisch-ethische Erklärung des Buches Job geschätzt zu haben[1]); von Hieronymus citiert er die Commentare zur hl. Schrift[2]), von Ambrosius das Werk: De fide sive de trinitate.[3]) Auch des Boethius Buch: De consolatione philosophiae wird erwähnt.[4])

Dagegen werden die griechischen Väter fast gar nicht berücksichtigt, und es ist sehr wahrscheinlich, dass Hugo sie weder im Original noch in einer lateinischen Übersetzung gelesen hat.[5]) Dafür spricht auch seine geringe Kenntnis der griechischen Väter, wie sie im Didascalicon gelegentlich einer kurzen Aufzählung der hervorragendsten Zeugen der kirchlichen Tradition zu tage tritt. Es wird hier neben einem Gregorius Nazianzenus ein von ihm angeblich verschiedener Gregorius Theologus angeführt, Theophilus der Apologet und Vorläufer der antiochenischen Schule wird zu einem Bischof von Alexandrien, bedeutende griechische Väter, darunter auch Johannes von Damascus bleiben ganz unerwähnt. Letztere Bemerkung ist für Hugos Theologie sehr wichtig; denn sie zeigt uns, dass der erste Summist des Mittelalters mit dem bedeutensten Summisten der Väterzeit nicht in direkter Beziehung stand. Übrigens bekundet auch schon eine ganz äusserliche Vergleichung der beiderseitigen Summen die Unabhängigkeit von Hugos „Sakramentenlehre" gegenüber der Doctrina orthodoxa des hl. Johannes Damascenus.[6]) Jedoch lässt sich nicht verkennen, dass seit Be-

---

[1]) S. Sent. I. c. 2, 44; c. 7, 54.
[2]) l. c. c. 11, 59; c. 12, 62.
[3]) l. c. c. 5, 50.
[4]) l. c. c. 12, 61.
[5]) Zwar citiert Hugo einmal den Commentar des Origenes zum Römerbriefe (l. c. c. 12, 61); aber die allegierte Stelle enthält eine in den Schulen gewöhnlich behandelte Schwierigkeit, die dem Viktoriner auch ohne Einsicht in die betreffende Schrift bekannt sein konnte.
[6]) Erst nach dem Tode Hugos wurde die Doctrina orthodoxa durch Burgundio von Pisa in das Lateinische übertragen (circ. 1143; cf. Proleg. Migne ser. graec. 94, 521). P. Lombardus hat sie für die Anordnung seines Stoffes benützt (vgl. Bardenhewer. Patrologie S. 542), jedoch nicht, ohne auch

ginn der wissenschaftlichen Behandlung der Glaubenslehre eine gewisse Gleichförmigkeit in der Anordnung und Einteilung des theologischen Lehrstoffes in Übung war, ein System, welches, auf dem historischen Verlauf der Offenbarungsentwicklung beruhend, von frühester Zeit an dem Lehrplane in den Theologenschulen zu grunde lag und von allen grossen Meistern der Theologie mehr oder minder eingehalten wurde.

Im Wesentlichen ist es also die theologische Speculation der grossen lateinischen Kirchenväter, auf welcher Hugos Gotteslehre sich aufbaut. Das griechische Altertum war, mit Ausnahme der von Erigena übersetzten Coelestis Hierarchia des Pseudodionysius, der Frühscholastik noch so gut wie verschlossen. Aber auch mit diesen unvollständigen Hilfsmitteln hatte die aufstrebende theologische Wissenschaft bereits vor Hugo schon erfreuliche Geistesproben bestanden. Hugo vermeidet es zwar in der Regel, seine unmittelbaren Vorgänger auf theologischem Gebiete als Autoritäten anzuführen; neben Magister Accardus und Gillebertus werden nur Abaelard[1]) und Joh. Scotus Erigena[2]) einmal vorübergehend erwähnt. Aber die Einzelbetrachtung der Hugonischen Gotteslehre wird uns zur Genüge darthun, dass der Lehrer von S. Victor auch die Wissenschaft seiner Zeit vollauf beherrschte und würdigte. Insbesondere werden wir häufig Berührungspunkte entdecken mit dem eigentlichen Vater der Scholastik, dem hl. Anselm von Canterbury.

Doch alles das, was Hugo im geistigen Verkehre mit den grossen Theologen der entfernteren und näheren Vergangenheit durch die „Lesung" an Wahrheitsmomenten in sich aufnahm, all das bildet nach seinem eigenen Grundsatze nur einen Teil, nur die Vorbereitung und Grundlage einer wahrhaft wissenschaftlichen Bildung. Die eigentliche Reife und Vollendung zur selbst-

---

die Leistungen Hugos eingehend zu berücksichtigen. Insbesondere scheint mir die vom Lombarden angewendete Einteilung des Sentenzenwerkes in vier Bücher nur eine Erweiterung der vom Viktoriner in seiner Schrift: De sacramentis beobachteten Einteilung. Hugo unterschied zwei Teile des Heilswerkes: 1. das opus creationis (Gotteslehre, Angelologie, Schöpfung, Sündenfall), und 2. das opus restaurationis (Christologie, Gnaden- und Heilsmittel). Der Lombarde zerlegte jeden dieser Teile in zwei Bücher und begründete so die herrschend gewordene Einteilung.

[1]) In ep. ad Rom. q. 39 Migne 175, 440.
[2]) Erud. did. l. III. c. 2, 765.

ständigen Bedeutung erringt sich der Geist nur durch lebendiges Verwerten und Weiterbilden der aufgenommenen Wahrheit, durch eigene, angestrengte Denkthätigkeit, durch die Arbeit der Meditation. Und als eine wertvolle Frucht von Hugos meditierender, betrachtender, vergleichender, innig sich vertiefender Geistesarbeit stellt sich uns vor allem sein System der Gotteslehre dar.

Schon im Vorausgehenden haben wir darauf hingewiesen, dass die gesamte theologische Wissenschaft von der Zeit ihrer systematischen Ausgestaltung an trotz aller Eigentümlichkeit ihrer Vertreter doch im Wesentlichen sich nach ein und demselben Grundgedanken entwickelt hat. Diese auffallende Thatsache zeigt zweifelsohne, wie naturgemäss, fast möchte man sagen, wie naturnotwendig dieser Gedanke ist. Nirgends aber offenbart sich dieser innere Zusammenhang deutlicher als in Hugos Darstellung der „Geheimnisse des christlichen Glaubens." Der Viktoriner führt uns hier auf demselben Wege zur intellektuellen Einigung mit Gott, auf welchem die ewige Weisheit selbst das Menschengeschlecht zur realen Vereinigung mit sich emporzog. Im Anschluss an die doppelte Offenbarung Gottes, im alten und im neuen Bunde, zeigt er uns das doppelte Band, das uns mit unserem letzten Urgrund und Endziel verbindet, das Werk der Schöpfung und der Erlösung, die Lehre von Gott und von Christus, ganz ähnlich wie nach ihm P. Lombardus, Thomas von Aquin und die ganze katholische Theologie bis auf unsere Tage. Und was er hier in seinem Werke „De Sacramentis" mit selbstständiger, speculativer Meisterschaft durchführte, das hatte er bereits vorher als gelehriger Schüler der Väter aus ihren Schriften zusammengestellt, wesentlich nach demselben Systeme, das übrigens der Hauptsache nach schon längst in den Schulen herrschend gewesen zu sein scheint.[1])

Betrachen wir die Gedankenfolge dieser beiden Werke im Einzelnen, soweit sie sich ex professo mit der Gotteslehre befassen!

In der Summa Sententiarum, die schon ihrem Namen nach weniger speculative Begründung als objektive Darlegung der Glaubenslehre sein soll, geht Hugo, seiner praktischen Tendenz entsprechend, zunächst aus von den drei un-

---

[1]) Vgl. Kihn, Encyclop. u. Methodol. der Theol. S. 50.

mittelbar mit Gott uns verbindenden göttlichen Tugenden (cc. 1 und 2), spricht von dem Bestande dieser Tugenden vor der Ankunft Christi (c. 3) und eröffnet dann sofort die christliche Gotteslehre mit einer kurzen Darlegung der hauptsächlichsten Wesenseigenschaften Gottes (c. 4[1]), geht hierauf zur Behandlung des Trinitätsgeheimnisses über (cc. 6—11) und schliesst endlich diese Abhandlung über Gott mit der Erörterung seiner Weisheit (c. 12), seines Willens (c. 13) und seiner Allmacht (c. 14).

Die zweite, mehr speculative Darstellung der christlichen Wahrheit — De Sacramentis christianae fidei — behandelt in ihren beiden ersten Partes die zwei notwendigen Voraussetzungen der speculativen Gotteserkenntnis, nämlich:

a) die Wirklichkeit und Natur der geschaffenen Welt, die unserem natürlichen Erkennen allein eine sichere Grundlage für die Erfassung des Übersinnlichen geben kann. Aus ihrer nach dem Schöpfungsberichte entwickelten Entstehung und Beschaffenheit wird ihre Bedeutung im Reiche der Gnade gewürdigt (pars I.) und

b) im Anschluss daran zugleich der Causalzusammenhang aller Dinge mit dem höchsten Urgrund derselben hervorgehoben (pars II.). Hiebei nimmt nun der Viktoriner Veranlassung, von dem Grund dieser Causalität, dem göttlichen Wissen und Wollen im allgemeinen zu sprechen, und greift dadurch allerdings seiner eigentlichen Gedankenfolge vor. Denn nachdem er im folgenden Traktate (pars III.) von der Wesenseinheit und Dreipersönlichkeit Gottes gehandelt hat, kommt er in einer eigenen, längeren Erörterung (pars IV.) auf die Willensmacht Gottes zum Zwecke der Theodicée zurück. Wenn daher Liebner von dem 3. Abschnitte der Sakramentenlehre, welcher mit der Erkenntnis Gottes beginnt, sagt, „derselbe hätte eigentlich vor aller Theorie über das göttliche Wesen stehen sollen",[2] so scheint er mir nicht tief genug eingedrungen zu sein in die Idee, welche dieser Anordnung zu Grunde liegt. Die ganze Einteilung der Gotteslehre Hugos, wie er sie in seinem dogmatischen Hauptwerke ent-

---

[1] Die Ueberschriften der Kapitel in Hugos Werken beziehen sich öfters nicht auf den Gesamtinhalt, sondern nur auf den einleitenden Gedanken des Kapitels. Ausser c. 4 vgl. noch c. 9 dess. Traktates!

[2] Liebner, Hugo von S. Viktor, Leipz. 1832, S. 369.

wickelt, wird klar und verständlich, sobald wir die beiden ersten Abschnitte dieses Werkes als die Darlegung der Grundbedingungen für jede theologische Wissenschaft, für jede speculative Erkenntnis des göttlichen Wesens und Wirkens fassen. Um z. B. das Dasein und Wesen Gottes aus der Existenz und dem bedingten, wenn auch mit mannigfachen Vollkommenheiten ausgestatteten Wesen der Weltdinge zu erkennen, wie dieses Hugo im 3. Teile des 1. Buches seiner Sakramentenlehre versucht, ist doch vor allem notwendig, den Ursprung und die Eigenschaften des Universums irgendwie sich zu vergegenwärtigen; und ebendies bezweckt Hugo mit dem ersten Teile dieses Buches, in welchem er die geschaffene Natur, das Fundament und die Voraussetzung der vernünftigen Gotteserkenntnis, im Anschluss und im Glauben an den Schöpfungsbericht, den ja die naive Weltbetrachtung des Mittelalters auch als Compendium der Naturwissenschaft auffasste, darzustellen sucht. Was aber vermittelt uns diesen Zusammenhang zwischen der sichtbaren und unsichtbaren Welt, zwischen Natur und Gott? — Es ist das geheimnisvolle und doch überall sich geltend machende Band der Causalität, und von ihr als einer weiteren Vorbedingung unserer Gotteserkenntnis handelt darum der zweite Abschnitt von Hugos Gesamttheologie. Da nun aber diese wunderbare Verbindung der so verschiedenen Teile des Universums nicht möglich ist ohne einen absoluten, alles ordnenden Verstand und eine allbeherrschende Willensmacht, so fügt Hugo hier sofort auch die Lehre von den „Primordialursachen", der göttlichen Weisheit und Willensmacht bei. Und wenn er dann nach Behandlung der Einheit und Dreipersönlichkeit Gottes wieder auf den göttlichen Willen zurückkommt, so ist das keine Tautologie, sondern es geschieht wesentlich im Interesse der Theodicée, die hinwiederum erst nach Darlegung der ganzen göttlichen Vollkommenheit so recht verständlich, ja selbstverständlich wird.

Doch dies nur, um den Viktoriner gegen den Vorwurf der Systemslosigkeit und Verworrenheit bezüglich seiner Gotteslehre zu schützen. Im Übrigen haben wir gesehen, dass Hugo in seinen beiden dogmatischen Hauptwerken die Gotteslehre wesentlich nach demselben Systeme darstellt. Von der Betrachtung der göttlichen Wesenseigenschaften geht er über zur Darstellung seiner Dreipersönlichkeit, um dann in den Eigenschaften des göttlichen Wirkens den erhabenen christlichen Gottesbegriff auch in seiner Bedeutung für die Welt des Geschaffenen zu zeigen. Leicht werden wir schon in dieser allgemeinen Übersicht die scholastische Einteilung der Gotteslehre in die Traktate: De Deo uno, De Deo trino, De Deo creatore wiederfinden, aber ebensoleicht werden wir in der getrennten Behandlung der Wesens- und Wirkungseigenschaften Gottes eine auffallende Eigentümlichkeit Hugos entdecken; dass diese jedoch nicht grundlos und in Hugos Darstellung der Gotteslehre nicht ohne jede Berechtigung war, wird uns die Betrachtung derselben zur Genüge zeigen.

Nachdem wir so aus den beiden grossen dogmatischen Systemen des Viktoriners die allgemeine Gedankenfolge seiner Gotteslehre gefunden haben, halten wir uns für berechtigt, bei der näheren Durchführung weder das eine noch das andere dieser beide Werke zur ausschliesslichen Grundlage zu nehmen, sondern im Anschluss an die gegebene, allgemeine Übersicht bei den einzelnen Abhandlungen uns an jene Traktate zu halten, die uns die betreffende Frage am klarsten und erschöpfendsten zu lösen scheinen, indem wir jedoch zugleich auch die anderen einschlägigen Bemerkungen Hugos möglichst zu berücksichtigen suchen. Da wir die beiden ersten Abschnitte des Werkes De Sacr. christ. fid. als die Einleitung zu Hugos gesamter dogmatischer Theologie dargethan haben, so lassen wir Hugos systematische Gotteslehre erst mit dem dritten Teile dieses Werkes beginnen. Hier begegnen uns in der That zwei hochbedeutsame dogmatische Vorfragen, ebensowichtig für die Entwicklung der Gotteslehre im allgemeinen als lehrreich bezüglich der Stellung, die Hugo in dieser Entwicklung einnimmt. Es sind:

I. Die Frage nach dem Verhältnis von Glauben und Wissen;
II. Die Aufstellung von Gottesbeweisen.

I. Capitel.
Erkennbarkeit Gottes.
§ 1.
Möglichkeit und Arten der Gotteserkenntnis.

Bevor Hugo in seinem dogmatischen Hauptwerke sich über das Wesen Gottes verbreitet, untersucht er die Quellen, aus denen unsere Kenntnis über Gott fliesst, prüft er die „Schwingen,"[1] welche den menschlichen Geist zum hocherhabenen Throne des Unendlichen emporheben. „Niemand hat Gott je gesehen", so sagt er mit dem hl. Evangelisten Johannes, und er erläutert diese Stelle mit den Worten: „Niemand hat je die Fülle der Gottheit geschaut, niemand hat sie mit den Augen oder auch selbst mit dem Geiste erfasst."[2] Es ist also für uns keine unmittelbare und keine adäquate Erkenntnis des göttlichen Wesens möglich; denn unser Verstand ist eine endliche und beschränkte Kraft, darum unfähig, den Unendlichen und Schrankenlosen zu erfassen.[3] Trotzdem aber hat uns Gott über seine geheimnisvolle Natur Aufschlüsse erteilt, damit wir durch die Erkenntnis seiner Schönheit von Liebe zu ihm, unserem letzten Ziele entflammt würden. Denn „niemand kann lieben, was er nicht kennt, so gross aber ist der Reiz der Schönheit Gottes, dass derjenige, der ihn hat schauen können, ihn notwendig auch lieben muss."[4]

---

[1] Cf. De arca Noe mor, lib. I. c. 2. Migne 176, 621 ff.

[2] Eam, quae in Deo habitat plenitudinem divinitatis nemo conspexit, nemo mente aut oculis comprehendit. De Sacr. lib. II. pars XVIII. c. 16; M. 176, 613.

[3] Quod enim secundum aliquid dici vel cogitari non potest, dici omnino et cogitari non potest. De Sacr. lib. I. pars X. 2 col. 329 A.

[4] Nemo amare potest quod nescit... Tanta est enim species pulchritudinis eius, ut, qui eum potuerit videre, non possit non diligere. De arc. N. mor. l. I. c. 1.

Diese unsere Kenntnis von seinem Wesen hat jedoch Gott auf ein bestimmtes, zweckentsprechendes Mass festgesetzt[1]): „von Anfang an hat Gott seine Erkennbarkeit von seiten des Menschen so eingerichtet, dass zwar sein Wesen niemals vollständig erfasst, aber doch sein Dasein nicht gänzlich verkannt werden konnte." Der Grund hiefür ist nach Hugos Ansicht die Ermöglichung eines verdienstvollen Glaubens: Wenn nämlich sich Gott dem Menschen ganz klar hätte offenbaren wollen, so wäre der Glaube, d. i. die Überzeugung von dem, was man nicht sieht, ebenso unmöglich gewesen als beim Mangel jeglicher Gotteserkenntnis.[2]) „Deshalb wollte Gott dem menschlichen Bewusstsein weder ganz offenbar werden noch auch ganz verborgen, damit nicht, wenn er ganz offenbar wäre, der Glaube kein Verdienst mehr hätte noch der Unglaube einen Platz, oder wenn er ganz verborgen wäre, der Glaube keine Stütze mehr fände und der Unglaube sich mit Unwissenheit entschuldigen könnte." — So zeigt uns der Viktoriner schon auf der Schwelle der Gotteserkenntnis den menschlichen Geist in seiner hohen Bestimmung und in der ganzen dieser Bestimmung entsprechenden, erhabenen Aufgabe. Obwohl in dieser Welt der Gleichnisse und der Rätsel weilend, soll er doch schon hier auf Erden zum Gedanken der unerschaffenen, reinen Wahrheit sich erschwingen und im steten Kampf mit der widerstrebenden Materie sich ihr immer ähnlicher zu gestalten suchen, um sich ihres dereinstigen vollen Besitzes und Genusses würdig zu machen. Aus der Erkenntnis der Wahrheit durch Verwirklichung derselben zur Vereinigung mit ihr, dieser Grundgedanke der wahren Mystik steht hier bei Hugo an der Spitze der tiefsinnigsten Speculation, und noch oft werden wir im Folgenden diese mystische Blüte an dem scheinbar für

---

[1]) Deus enim sic ab initio notitiam suam ab homine temperavit, ut sicut nunquam quid esset, totum poterat comprehendi, sic, quia esset nunquam prorsus posset ignorari. De Sacr. lib. I, pars III. c. 1 col. 217 A.

[2]) Ib. c. 2. Vgl. Blaise Pascal, Pensée, Oeuvres complètes I. 352: „Gott will sich denjenigen offen zeigen, die ihn suchen von Herzen, und sich jenen verhüllen, deren Herz ihn flieht." — De Sacr. lib. I. pars III. c. 3 col. 217: Modi sunt duo et viae duae et manifestationes duae, quibus a principio cordi humano latens proditus est et judicatus occultus Deus; partim scilicet ratione humana, partim revelatione divina. Et ratio quidem humana duplici investigatione Deum deprehendit, partim videlicet in se, partim in iis, quae erant extra se. Similiter et revelatio divina etc.

das Leben unfruchtbaren Baume der Scholastik hervorbrechen sehen.

Wie aber findet die höchste, unerschaffene Wahrheit den Weg zu dem niedrigen Bewohner trügerischer Vergänglichkeit? „Zwei Arten sind es, so antwortet Hugo, und zwei Wege und zwei Erscheinungsformen, durch welche von Anfang an der verborgene Gott sich dem menschlichen Herzen kundgethan hat, nämlich teils durch die menschliche Vernunft, teils durch die göttliche Offenbarung." Beide Wege stellen sich dem Viktoriner als Doppelpfade dar; denn die menschliche Vernunft kann, um zur Erkenntnis Gottes zu gelangen, entweder ausgehen von sich selbst oder von den Aussendingen, und ebenso unterscheidet Hugo auch bei der göttlichen Offenbarung eine zweifache Art, nämlich: die innere Erleuchtung der Gnade und die äussere Bezeugung, die wieder zerfällt in die Unterweisung durch das Wort der Lehre und in die Bekräftigung der Gottheit durch die Macht der Wunder.

Schon diese einfache Aufzählung der Quellen der Gotteserkenntnis zeigt uns deutlich, dass der Viktoriner durchaus nicht jener einseitige, engherzige Supranaturalist war, wie er zuweilen[1]) als ein Hauptvertreter der mittelalterlichen Mystik dargestellt wird; vielmehr sehen wir, dass er Vernunft und Offenbarung, Wissen und Glauben als selbstständige Erkenntnisgebiete selbst dort noch annimmt, wo es sich um das erhabenste und schwierigste Denkobjekt handelt. Wie aber sind beide Wissenssphären abzugrenzen, damit keine in ihren Rechten beeinträchtigt werde, und wie sind beide Kräfte zu verbinden, damit sie in ungestörter Eintracht nach dem gemeinsamen, hohen, ewigen Ziele hinstreben? Bezüglich dieser hochbedeutsamen Frage, in deren richtigen Beantwortung und Durchführung die mittelalterliche

---

[1]) Cf. Hauréau: Histoire de la philos. scolast. Paris 1872. I. partie, pag. 427. L'opinion du chanoine de S. Victor est que jamais la raison ne fera sortir la vraie lumière des ténèbres confuses de la nature. — Hauréau, hist. de la philos. scolast. I. pag. 424. „Hugues de Saint-Victor a pris en dégoût la science elle même.... Hugues n'est en réalité qu'un mystique." Gegen ihn bemerkt schon L. Gautier treffend: „M. Hauréau la (l'école de S. Victor) prétend hostile à la philosophie. Le premier regard jeté sur la première page des écrits d'Hugues dément cette assertion téméraire." Oeuvres poét. d'Adam de S. V. Paris 1858 I. pag. 25.

Wissenschaft ihre Lebensaufgabe erkannte, wollen wir auch für unseren Gegenstand Hugos einflussreiche Meinung vernehmen, indem wir

    a) Hugos Ansicht über die natürliche Gotteserkenntnis uns vorführen,

    b) seine Bestimmungen über das Wesen und die Notwendigkeit des Offenbarungsglaubens betrachten,

    c) die Einheit der beiden Erkenntnisarten, wie er dieselbe fasst, zu ermitteln suchen und zugleich die so gewonnene Meinung des Viktoriners in sich und im Zusammenhalt mit der vorausgehenden, zeitgenössischen und späteren theologischen Wissenschaft zu würdigen uns bestreben.

§ 2.
Hugos Anschauung über das natürliche Wissen überhaupt und über die natürliche Gotteserkenntnis insbesondere.

Bis in die neueste Zeit ist Hugo von S. Viktor wie die ganze Richtung, die er vertrat und als Lehrer zum grossen Teile begründete, als Feind der Wissenschaft, als Gegner des natürlichen Wissens verschrieen worden. „Er war ein Mystiker, er war nichs als ein Mystiker", mit diesem Schlagworte spricht man dem „Träumer und Spiegelfechter" jegliche Wissenschaftlichkeit ab und stempelt ihn zum einseitigen Supranaturalisten, zum „Sklaven des traditionellen Kirchenglaubens."

Wie viel oder wie wenig jedoch mit dem Ausdrucke „Mystiker" gesagt ist, geht schon aus der Stellung hervor, welche dem Viktoriner in der Geschichte der Mystik zugewiesen wird. Stöckl,[1]) im Übrigen ein durchaus gerechter Beurteiler Hugos, lässt die von Bernhard nur im allgemeinen angebahnte mystische Lehrrichtung von den Viktorinern und ihrem Ersten, Hugo von S. Viktor, ausgebildet werden, was schon deshalb unglaublich

---

[1]) Stöckl: Gesch. der Philos. des M.-A. I, Band Mainz 1864 S. 304: „Bernhard hatte die mystische Lehrrichtung nur im Allgemeinen angebahnt; ihre eigentliche Ausbildung erhielt sie erst durch die sog. Viktoriner, deren Erster Hugo von S. V. war." Ebenso H. Ritter: Gesch. d. christl. Philos. III. T. Hamb. 1844 S. 507: „Hugo v. S. V. hat die mystischen Untersuchungen Bernhards viel weiter getrieben." Schrödl in Wetzer u. Weltes Kirchenlexicon, Freib. 1850, V. Bd. S. 392: „In der Mystik trat Hugo in die Bahn des hl. Bernhard." Noack: Die christl. Mystik, Königsb. 1853, I. S. 62: „Im Wesentlichen folgt Hugo den Spuren seines Freundes Bernhard."

scheint, weil Bernhard über ein Jahrzehnt später aus dem Leben schied als sein vermeintlicher Nachfolger. Trotzdem finden wir diese Meinung von zahlreichen Gelehrten vertreten. Nach anderen hingegen ist umgekehrt Bernhard der Schüler Hugos und „in allen charakteristischen Hauptpunkten seiner mystischen Speculation von diesem abhängig;" [1]) aber Letzteres ist ebenso unwahrscheinlich; denn Bernhard ist Hugos um einige Jahre ältere Zeitgenosse und beide sind ungefähr um dieselbe Zeit (circ. 1120) zum erstenmale mit selbstständigen wissenschaftlichen Leistungen hervorgetreten.

Aber solche sich direkt widersprechende Meinungen über die Entwicklung und Geschichte der Mystik zeigen nur die Unklarheit, die in Bezug auf den Begriff Mystik selbst noch bis zum heutigen Tage unter den Gelehrten herrscht. Auf eine nähere Untersuchung dieses Begriffes einzugehen ist hier nicht der Ort. Nur soviel muss hervorgehoben werden: versteht man unter dem Mysticismus ein „Land der Träume, wo der Geist nur noch mit Schatten ficht und Nebelgebilde greift",[2]) so gehört Hugo sicher nicht zu den Vertretern dieser Mystik. Denn wie er sogar in seinen speculativsten Erörterungen stets doch unmittelbar praktische Zwecke verfolgt, so ist er auch zugleich nicht unempfindlich für die Lehren und Lehrweisen des Lebens, d. i. für die natürliche Erkenntnis und das natürliche Wissen.

Er selbst erinnert sich mit Freuden noch in späteren Jahren, wie er in seiner Jugend „nichts vernachlässigt habe, was zur Bildung dienen konnte, wie er sich in der Dialektik, in der Mathematik, in der Sternkunde und im Tonfall geübt und auch Dinge gelernt habe, welche anderen als leere Spielereien und inhaltslose Träume vorkommen."[3]) Hugos umfassende Kenntnis und Wertschätzung des weltlichen Wissens bekundet vor allem sein Werk „Eruditio didascalica", in welchem er alle Wissensgebiete und Bildungsmittel seiner Zeit zu Unterrichtszwecken zusammenstellte; seine Empfänglichkeit für die Schönheit der sichtbaren Welt bekunden seine herrlichen Naturschilderungen, vor allem

---

[1]) Zöckler in Herzogs Realencyclopaedie, Leipz. 1880, VI. Bd. S. 356; ferner Preger: Gesch. d. deutsch. Mystik I. S. 227: „Auch Bernhard v. Clairvaux ist von Hugo abhängig."

[2]) Liebner: Hugo v. S. V., Leipz. 1832, S. 49.

[3]) Erud. did. lib. VI. c. 3. M. 176 col. 800.

in seinen sogenannten mystischen Schriften;[1]) welchen Wert er überhaupt auf Vernunfterkenntnis legt, wird uns zur Genüge die Betrachtung seiner theologischen Speculation lehren, in welcher er für alle Glaubenswahrheiten Beweise und, wo diese nicht möglich sind, doch wenigstens Analogien und Gleichnisse aus der Natur sucht.

Bei dieser allseitigen, wahrhaft unparteiischen Würdigung aller Wahrheitsmomente ist Hugo weit entfernt, die Bedeutung der vorchristlichen Wissenschaft und Philosophie zu verkennen. Rückhaltlos rühmt und bewundert er die Verdienste der Alten, aber nur auf ihrem Gebiete, d. i. in der Naturerkenntnis. „Welch' herrliche Denkmale eines ausgezeichneten Geistes, so sagt er von ihnen, haben sie hinterlassen! haben sie doch mit andauerndem Fleisse die Geheimnisse der Natur und die verborgenen Kräfte der geschaffenen Dinge erforscht, sodass wir ihre Resultate zur Grundlage unserer Studien machen. Wir lesen von den Künsten und Wissenschaften von den Regeln und vernunftgemässen Vorschriften, welche sie mit dem ihnen hiezu verliehenen Sinn und Talente erforscht und erfunden haben; und das Gefundene haben sie aufgezeichnet und der Nachwelt überliefert, die Logik, Ethik, Mathematik und Physik, Regeln über vernunftgemässes Denken und naturgemässe Lebens- und Sittenführung, über die Anordnung und Einteilung, über die Ursachen und Wirkungen aller Dinge."[2]) Gewiss keine engherzige Beurteilung weltlicher Wissenschaft und natürlicher Forschung! Die ganze sichtbare Welt, das ganze „Schöpfungswerk"[3]) in seinen äusseren Erscheinungen und inneren Beziehungen wird von Hugo als das Arbeitsfeld der natürlichen Vernunft bezeichnet, und die Durchforschung dieses ungeheueren Gebietes wird von ihm nicht nur gebilligt, sondern geradezu als eine von Gott dem Menschen übertragene Aufgabe empfohlen.[4])

---

[1]) So: De arca Noe morali lib. II. c. 4 M. 176: 638.

[2]) Comment. in coel. Hierarch. Dionys. Areop. lib. I. c. 1. Migne 175, 925.

[3]) Mundanae sive saeculares. scripturae materiam habent opera conditionis. De Sacr. prolog. c. 2. Migne 176 col. 183. Cf. lib. I. pars I. c. 28, col. 204; Ib. pars X. c. 5 col. 334.

[4]) Bonum est assidue contemplari et admirari opera divina. Erud. did. l. VII. c. 4 M. 176, 814. Cf. de arca Noe morali lib. II. c. 5; M. 176, 639; Sancti viri quanto magis foris opera divina aspiciunt, tanto magis intus in amore Conditoris inardescunt.

Kann aber die natürliche Vernunft des Menschen durch eigene Kraft die sichtbare Welt erkennen und erforschen, so muss sie notwendig auch eine wesentliche, ja die charakteristische Eigenschaft dieser Welt entdecken, nämlich ihre Bedingtheit, ihre Geschöpflichkeit. Wer aber Geschöpflichkeit sagt, der sagt Schöpfer, und deshalb spricht schon Hugo gleich dem Völkerapostel mit aller Bestimmtheit aus, was in unseren Tagen das vatikanische Concil feierlich als Dogma verkündigte, dass Gottes Dasein eine über allen Zweifel erhabene Vernunftwahrheit sei.[1] „Obwohl verborgen und unbegreiflich, wird Gott doch vom menschlichen Herzen gefunden", sodass der Mensch über das Dasein Gottes ein sicheres Wissen erlangen kann, wenn auch die Wesenserkenntnis Gottes für ihn grösstenteils Sache des Glaubens und der Gnade bleibt. Denn obgleich die natürliche Kraft der Vernunft auf grund der geschaffenen Dinge einige Eigenschaften Gottes richtig erschliessen kann, so ist doch diese Kenntnis eine unvollkommene, mit Irrtümern gemischt und zur Erreichung des übernatürlichen Zieles, zur Erlangung der übernatürlichen Gottesliebe und Gottesgemeinschaft an sich unzureichend: „Die weltliche, d. i. die des Glaubenslichtes entbehrende — Theologie konnte die unerfassbare Wahrheit nicht ohne Beimischung von Irrtum ans Licht bringen, da ihre Beweisführung stets eine mangelhafte bleiben musste."[2] Diese Mängel der rein natürlichen Gotteserkenntnis findet aber Hugo vornehmlich:

a) in der unsicheren **Grundlage** dieser Erkenntnis,

b) in der Unvollkommenheit des **Erkenntnisorganes**.

a) Ausgangspunkt der natürlichen Gotteserkenntnis ist das Werk der Schöpfung, in welchem Gottes unsichtbares Wesen gleichsam sichtbare Gestalt angenommen hat; denn Gott, der in sich nicht gesehen werden konnte, hat sich geoffenbart in

---

[1] Deus occultus et absconditus et latens interim a corde humano deprehensus est, ut **sciri** potuisset, **quia** Deus est vel quod erat credi. De Sacr. l. l. Prs. III. c. 3, 217. Cf. In hierarch. coel. M. 175, 926/27: Per simulacra **naturae** Creator tantum significabator; in simulacris vero **gratiae** pracsens Deus ostendebatur, quia illa operatus est, ut intelligeretur **esse**, in istis vero operatus est, ut agnosceretur **praesens esse**.

[2] Ibid. col. 927 A: Mundana theologia, parum evidenti demonstratione utens, non valuit incomprehensibilem veritatem sine contagione erroris educere.

seinem Werke",[1]) und „die Natur, zum Dienste des Menschen geschaffen, verkündet ihren Schöpfer."[2]) Aber diese Ähnlichkeit zwischen Gott und der Natur ist eben nur jene, wie sie besteht zwischen Kunstwerk und Künstler, zwischen Ursache und Wirkung. Darum zeigt sie „nur von ferne, was gesucht wird und verhält sich wie etwas Fremdartiges gegenüber der alles überragenden und alles beherrschenden Majestät Gottes."

Da also auf Grund dieses Stützpunktes die durch die Sünde verlorene Gemeinschaft mit Gott für den Menschen unmöglich wiederhergestellt werden konnte, so „wollte die göttliche Weisheit hernach in anderer, deutlicherer Schrift sich offenbaren, damit sie klarer gesehen und vollkommener erkannt werden könne. . . . Er vollbrachte also nach dem ersten noch ein zweites Werk",[3]) von Hugo das Werk der Wiederherstellung oder Erlösung genannt. Der Viktoriner versteht darunter nach seinen eigenen Worten[4]) „die Incarnation des Wortes und alles, was entweder zur Vorbedeutung und Vorherverkündigung derselben voranging oder nach derselben bis zum Ende der Welt zu ihrer Verkündigung und gläubigen Erfassung geschieht." Hier in dieser übernatürlichen Heilsordnung tritt Gott unmittelbar mit den Menschen in Verbindung, er redet mit uns in seinen Offenbarungsorganen, er erscheint sichtbar unter uns in der Menschwerdung des Logos, er teilt sich uns mit in den von ihm verordneten Gnadenmitteln. Durch diese liebevolle Herablassung Gottes ist uns die Möglichkeit gegeben, den Lichtglanz seiner

---

[1]) De Sacr. lib. I. pars III. c. 19. col. 224 D: Deus enim qui in se videri non potuit, in suo opere manifestatus est.

[2]) In hierarch. coelest. lib. I. c. 1. col. 925/26. Erat ibi simile aliquid, sed de longe ostendens quod quaerebatur ... natura enim ad servitutem condita Creatorem suum demonstravit; sed erat similitudo peregrina ad excellentem et dominantem majestatem.

[3]) De Sacr. l. I. prs. VI. c. 5 col. 256: Voluit autem postea adhuc aliter scribi foris sapientia, ut manifestius videretur et perfectius cognosceretur ... fecit ergo secundum opus post primum ...

[4]) De arc. Noe mor. lib. IV c. 3. M. 176, 667 A: Ad conditionem hominis (opus conditionis) pertinet creatio mundi, i. e. coeli et terrae et omnium, quae in primordio facta esse leguntur a Deo. Ad reparationem hominis pertinet incarnatio verbi et omnia, quae vel ante ipsam incarnationem ab initio ad ipsam praefigurandam et praenuntiandam praecesserunt, vel quae post eam usque ad finem mundi propter ipsam praedicandam et credendam fiunt.

Wahrheit in der ganzen Fülle zu schauen, die nur unsere sterbliche Natur zu ertragen vermag, ja selbst über diese Natur werden besonders bevorzugte Menschen erhoben in der Contemplation. Aber diese übernatürliche Bereicherung unseres Erkenntnisschatzes kann für uns nur fruchtbar werden, wenn

b) zugleich auch unser Erkenntnis o r g a n erhoben und vervollkommnet wird. Dies zeigt uns Hugo durch die ihm eigentümliche Theorie des dreifachen Auges, mit welchem Gott nach des Viktoriners Lehre den Menschen bei seiner Erschaffung ausgestattet hatte. Als Mittelwesen zwischen der körperlichen und geistigen Natur, so führt Hugo aus, sollte der Mensch nach dem ursprünglichen Plane Gottes die Körperwelt, die um seinetwillen geschaffen war, zu seiner eigenen Erhaltung und Vervollkommnung verwenden, die geistige Natur aber, die wie der ganze Mensch[1]) für Gott geschaffen war, zur Verherrlichung und zum Dienste Gottes gebrauchen. Um nun mit dem dreifachen Objekte seiner Thätigkeit, Körperwelt, Geist und Schöpfer in Verbindung treten zu können, war dem Menschen ein dreifaches Auge von Gott gegeben worden, das des Fleisches zur Erkenntnis der Sinnenwelt, das der Vernunft, durch welches er sein eigenes geistiges Sein und alle Kräfte und Bedürfnisse seiner Seele erkannte, und endlich das Auge der Contemplation, mit welchem er Gott, der in ihm wohnte, unmittelbar und auf eine relativ vollkommene Weise schaute. Aber mit dem Sündenfalle musste naturgemäss dieser vertraute Verkehr mit Gott aufhören, der Mensch verlor das Auge der Contemplation vollständig; und da ihm nun das Licht der Geister nicht mehr leuchtete, so musste sich auch sein geistiges Auge trüben, sodass an Stelle der früheren Klarheit die Dämmerung, an Stelle der früheren Sicherheit der Zweifel trat. Nur das Auge des Fleisches blieb unversehrt, und so erlangte im Menschen der Körper das Übergewicht über den Geist, weshalb wir auch, wie Hugo tiefsinnig bemerkt, leichter der sinnlichen Wahrnehmung, dem Augenschein vertrauen als der Schärfe unseres Verstandes und dem Urteile unserer Vernunft.[2])

---

[1]) Factus est propter Deum homo et mundus propter hominem. De Sacr. lib. I. prs. II. c. 1, 205.

[2]) Die ganze, übrigens bei Hugo oft wiederkehrende Entwicklung s. De Sacr. l. I. prs. X. c. 1; cf. lb. prs. VI. c. 12—14 col. 370 ff.

Wenn wir nun diese anschauliche Unterscheidung des Viktoriners ihres bildlichen Schmuckes entkleiden, so finden wir in ihr im grunde genommen nichts anderes als die kirchliche Lehre, dass der Mensch durch den Sündenfall nicht nur den übernatürlichen Gnadenstand verscherzt habe, sondern auch in seinen natürlichen Fähigkeiten, hier speciell in der Verstandeskraft geschwächt worden sei. Lediglich auf natürliche Beweisgründe gestützt und noch dazu mit einem vom Erdenstaube getrübten Blicke konnte daher der Mensch, da er nach den endlosen Fernen seiner übernatürlichen, ewigen Bestimmung ausschaute „nur ein nebelhaftes Licht",[1]) nur Ungewissheit und Zweifel schauen; und „deshalb irrten die alten Philosophen und gerieten auf Albernheiten, da sie die Grenzen der Vernunft überschreiten wollten, und indem sie zwischen sich wiedersprechenden Meinungen unschlüssig hin- und herschwankten, zeigten sie nur ihre Unfähigkeit, das Unsichtbare zu erkennen."

So bereitwillig also auch der grosse Viktoriner dem natürlichen Verstande die von der sichtbaren Natur ihm dargebotenen Erkenntnisobjekte zur freien, selbstständigen Durchdringung überlässt, ebenso entschieden verweist er die Vernunft in ihre Schranken, wenn es sich handelt um die Erforschung von Wahrheiten, welche sich der unmittelbaren Wahrnehmung entziehen. Zwar erkennt er das Causalgesetz als die sichere Brücke, die uns aus dieser Welt der Erscheinung hinüberführt zur reinen, unverhüllten Wahrheit, unumwunden an, und auf grund dieses Gesetzes hält er entschieden an der natürlichen Erkenntnis von Gottes Dasein fest; aber auf der anderen Seite lehrt ihn die christliche Demut die absolute Unbegreiflichkeit des ewigen Urgrundes aller Dinge und die Unzulänglichkeit einer den wechselnEindrücken der Aussenwelt unterworfenen und vom reinen Quell der Wahrheit noch so weit getrennten Denkkraft erkennen uud zugestehen. Dass er sich hiebei nicht im Widerspruch, sondern im vollen Einklang mit der wahren kirchlichen Wissenschaft befindet, bedarf wohl keines Beweises. Hat ja doch der hl. Thomas aus eben diesem Grunde der natürlichen und sittlichen Schwäche

---

[1]) In hierarch. coelest. lib. I. c. 1. col. 926 A B, M. 175. Naturali solo documento utens lippienti acie lumen nubilum, et ambiguum adducens speculanti in rerum creaturam specie contemplabatur .... Propterea erraverunt et evanuerunt, cum transire vellent mente ea, quae sola nosse acceperant etc.

menschlichen Denkens die Möglichkeit des Zweifels selbst am Dasein Gottes erklärt.[1])

So ergibt sich für den Lehrer der Viktorinerschule schon aus der einfachen, vorurteilsfreien Betrachtung der menschlichen Vernunft und ihrer Kraft die Notwendigkeit einer höheren Erleuchtung, welche allein uns das übernatürliche Ziel im klaren Lichte zeigen und mit voller Sicherheit uns demselben entgegenführen kann; und deshalb ist uns in unserem Erdenleben „notwendig der Glaube, durch welchen fürwahr gehalten wird, was noch nicht gesehen wird und durch welchen die Wahrheit, obgleich sie uns noch nicht unmittelbar gegenwärtig ist, doch unbezweifelt für uns feststeht."[2])

§ 3.
Hugos Ansicht über das Wesen des Glaubens.

Den Begriff des Glaubens im Allgemeinen bestimmt der Viktoriner als „eine auf der freien Willenszustimmung beruhende Sicherheit des Geistes betreffs abwesender Dinge, eine Sicherheit, die über dem Meinen und unter dem Wissen steht."[3]) Der Meinung gegenüber, welche dem menschlichen Geiste nur Wahrscheinlichkeit, nicht aber Gewissheit bietet, betont Hugo die Sicherheit der durch den Glauben gewonnenen Erkenntnis; aber während diese Sicherheit beim Wissen durch den Zwang der Denkgesetze bewirkt wird, ruht sie beim Glauben auf der vernünftigen Unterwerfung unter die Autorität eines Anderen, beim übernatürlichen Glauben in der Anerkennung der göttlichen Wahrhaftigkeit und Allwissenheit. In Bezug auf die Art der Erkenntnis an sich steht also der Glaube niedriger als das Schauen, das uns zugleich den hohen Genuss der geistigen Durchdringung des Erkenntnisobjektes darbietet, nicht aber in

---

[1]) S. Thom. Contr. Gent. lib. I. c. 11. Quod Deus possit cogitari non esse, non ex imperfectione sui esse est vel incertitudine, quum suum esse sit secundum se manifestissimum, sed ex debilitate nostri intellectus, qui cum intueri non potest per seipsum, sed ex effectibus eius.

[2]) De Sacr. lib. I. prs. X. c. 2. pag. 330 A: Fides ergo necessaria est, qua credantur, quae non videntur et subsistant in nobis per fidem, quae nondum praesentia nobis sunt per speciem.

[3]) Fides est voluntaria certitudo absentium supra opinionem et infra scientiam constituta. S. Sent. tract. 1. c. 1 pag. 45; cf. De Sacr. lib. I. pars X. c. 1 pag. 330.

Bezug auf die Sicherheit, welche in beiden Arten, wofern es sich um Offenbarungswahrheiten handelt, gleich ist, noch in Bezug auf die Verdienstlichkeit, die naturgemäss nur dem Glauben zukommen kann, und die deshalb diese Erkenntnisart für das Leben, in welchem wir unser ewiges Los erst verdienen sollen, am zweckmässigsten erscheinen lässt.[1]) Denn wenn der Glaube bezüglich des Verdienstes nicht höher stünde als das Schauen der Wahrheit, so würde jedenfalls nicht das Letztere zeitweilig uns entzogen und der Erstere an seine Stelle gesetzt."

Wiederum tritt uns also der Viktoriner in dieser ihm eigentümlichem Definition des Glaubens als Vertreter der echten und wahren Mystik, d. i. als Lehrer des praktisch angewandten Christentums entgegen, der in seiner Speculation vor allem das ethische Moment betont, der die Wahrheit nicht nur mit dem Verstande zu durchdringen, sondern sie auch für das Leben zu verwerten sucht. Aus eben diesem Grunde will er auch nicht die in den Schulen gewöhnlich gebrauchte Definition des heiligen Paulus[2]) seinen Darlegungen voranstellen, weil nämlich diese bereits das selige Ziel des Glaubens im Auge hat, während der Viktoriner mehr auf das verdienstvolle, sittliche Streben nach diesem Ziele Gewicht legen möchte.[3]) Der hl. Thomas hat der paulinischen Definition den Vorzug gegeben, billigt aber ausdrücklich auch die Hugonische, welche bereits ein Zeitgenosse des Viktoriners, der Magister Rolandus, nachmalige Papst Alexander III., mit der ganzen sie begleitenden Entwicklung in sein Sentenzenwerk aufgenommen hatte.[4])

---

[1]) De Sacr. lib. 1. prs. X. c. 2. pag. 331 A. Minus est credere quam scire; minus dico non quantum ad meritum, sed quantum ad cognitionem. Nisi enim credere aliquando, quantum ad meritum, plus esset quam vera videre, nequaquam visio subtraheretur, ut fides mereretur .... Propterea dixi credere aliquando plus esse, quam videre, sed quantum ad meritum, non quantum ad gaudium.

[2]) Fides est substantia rerum sperandarum, argumentum non apparentium. Hebr. XII.

[3]) De Sacr. lib. I. pars X. col. 230: In hac (sc. Apostoli) descriptione, non quid sit fides, sed quid faciat fides ostenditur, nec ea, quae de praeteritis vel de praesentibus habetur fides, diffinitur.

[4]) S. Thom. S. theol. 2. 2 q. 4 a 1; cf. QQ. disputatae de veritate q. 14, 2. — Die Sentenzen Rolands, herausgeg. v. Gietl S. 10 f.

Als eine auf fremder Autorität ruhende Erkenntnis zeigt uns der Glaube wohl, was wir für wahr halten sollen, nicht aber den letzten inneren Grund der Wahrheit; und eben weil sich die Glaubenswahrheiten nicht aus evidenten Principien herleiten lassen, deshalb können sie auch durch die Vernunft nicht erschlossen, nicht gefunden werden; sie sind nicht aus der Vernunft.[1]) Ebensowenig aber sind sie gegen die Vernunft, weil es nur eine Wahrheit gibt, die in Gott wesenhaft, im Geschöpfe unvollkommen und abbildlich enthalten ist; sie sind also entweder vernunftgemäss oder übervernünftig, je nachdem die Wahrheit, wenn sie geoffenbart ist, Ahnungen der Vernunft bestätigt und berichtigt und so mit inneren Wahrscheinlichkeitsgründen gestützt werden kann, oder aber sich jeder speculativen Erfassung durch die Kraft der Vernunft entzieht, „wenn auch etwas in der Wahrheit liegt, was die Vernunft mahnt, Ehrfurcht vor dem Glaubensgegenstande zu haben, den sie nicht begreift."[2])

Damit aber der Mensch geeignet und geneigt werde, die Wahrheit, die er nicht zu erfassen vermag, dennoch gläubig aufzunehmen und festzuhalten, genügt nicht die natürliche Einsicht und Willenskraft, wenngleich sich der Glaube an beide wendet, sondern es ist hiezu eine höhere Erleuchtung, eine Vervollkommnung unserer durch den Sündenfall geschwächten Seelenkräfte notwendig. „Bevor also das Auge der Vernunft imstande war, das Glaubenslicht aufzunehmen, musste es erst durch den himmlischen Seelenarzt von seiner krankhaften Schwäche geheilt werden."[3]) Deshalb ist der Glaube nicht nur objektive Aufnahme übernatürlicher Wahrheiten, sondern auch subjektive Vervollkommnung des Erkenntnisorganes, Erleuchtung der Vernunft und Hingabe des Willens an Gott. Denn beide Kräfte der Seele werden vom Glauben erfasst und zum Dienste der Offenbarung

---

[1]) De Sacr. lib. I. pars III. c. 30, 231: Alia sunt ex ratione, alia secundum rationem, alia supra rationem, et praeter haec sunt contra rationem. Ex ratione sunt necessaria, secundum rationem sunt probabilia, supra rationem mirabilia, contra rationem incredibilia.

[2]) L. c. col. 232: In iis, quae supra rationem sunt, non adjuvatur fides ratione ulla, quoniam non capit ea ratio, quae fides credit; et tamen est aliquid, quo ratio admonetur venerari fidem, quam non comprehendit.

[3]) In hierarch. coelest. l. I. c. 1. 175, 926: Humanitas Salvatoris et medicina fuit, ut caeci lumen reciperent et doctrina pariter, ut videntes agnoscerent veritatem.

gefangen genommen.¹) Der Vorstand hat die verpflichtende Autorität des offenbarenden Gottes anzuerkennen und den Glaubensinhalt zu vernehmen, der Wille aber muss die so erkannte göttliche Offenbarung annehmen und im Leben zu verwirklichen suchen. Diese Zustimmung des Willens auf grund der über jeden Zweifel erhabenen Autorität Gottes ist zum Begriff des Glaubens so sehr erforderlich, dass sie von Hugo geradezu als die Substanz, das Wesen des Glaubens bezeichnet wird, und dass sie selbst bei mangelhafter Erkenntnis des Inhaltes dem Glauben seine Verdienstlichkeit noch sichert, während bei mangelnder oder mangelhafter Willenszustimmung jede, auch die vollkommenste Kenntnis des Offenbarungsinhaltes den Charakter des Glaubens verliert.

Das Fehlen dieser sittlichen Selbstüberwindung und Selbsthingabe an die absolute Vernunft wird von dem geistvollen Theologen auch als der letzte Grund der mannigfachen Irrtümer bezeichnet, in welche die Heiden auf dem Gebiete der wahren Gotteserkenntnis verfielen.²) An sich zeigte ihnen zwar die Natur das wahre Bild Gottes; aber sie konnte nicht ihren durch ererbte und eigene Sünde, insbesondere durch Hochmut und Eigendünkel umdüsterten Geist erleuchten. Auch die Welt, so sagt Hugo schön, predigte durch ihre Gestalt den Schöpfer, aber sie goss nicht die Erkenntnis der Wahrheit in die Herzen der Menschen; denn diese wurden schon durch die Erforschung der natürlichen Dinge aufgeblasen³) und waren so bereits gegenüber der Ehrfurcht und Unterwerfung gebietenden übernatürlichen Wahrheit in einer ganz ungeeigneten Verfassung. Da wurde Christus, der Gekreuzigte gepredigt, damit in Demut die Wahrheit gesucht würde.⁴)

---

¹) De Sacr. lib. I, pars X. c. 3 pag. 331 B: Duo sunt, in quibus fides constat: cognitio et affectus, i. e. constantia vel firmitas credendi ... In affectu enim substantia fidei invenitur, in cognitione materia.

²) In hierarch. coelest. Migne 175 pag. 926 c: Natura quidem specie sua artificem demonstravit, sed contemplantis oculos illuminare non potuit.... Mundus Creatorem suum specie praedicavit, sed intelligentiam veritatis cordibus hominum non infudit.

³) Ib. pag. 923 B. Invenit mundus sapientiam illam et inflari coepit et tumuit.

⁴) Ib. pag. 925 A. Praedicatus est Christus crucifixus, ut humilitate veritas quaereretur.

Wie notwendig überhaupt dem Viktoriner eine geordnete Verfassung des Herzens zur richtigen Erkenntnis der übernatürlichen Wahrheit ist, das beweist seine treffende Bemerkung über die Anschauung Gottes im ewigen Leben: „Nicht deshalb werden die Seligen Gott sehen, weil sie arm im Geiste hier auf Erden waren, noch weil sie sanftmütig, noch weil sie trauernd gewesen sind, sondern weil sie **reinen Herzens** sind, deshalb schauen sie den, der über geschöpfliche Erkenntniskraft unendlich erhaben ist."[1]) Kein Wunder also, wenn er so eindringlich auf die heilende und heiligende Versöhnungsthätigkeit Christi als die Grundlage seiner lichtspendenden Lehrthätigkeit hinweist, kein Wunder, wenn er gerade die erhabenste auf Erden mögliche Erkenntnis Gottes, die Vorahnung der seligen Gottschauung in der Contemplation als die Frucht sorgfältiger Läuterung und langer Ascese bezeichnet.[2]) Verdienstlich ist zwar auch schon der einfache pietätsvolle Glaube des gewöhnlichen Volkes, doch höher steht die wissenschaftliche Erfassung der Wahrheit, die vernunftgemässe Einsicht in ihre Glaubwürdigkeit, aber das eigentliche Ziel des Denkens und des Lebens ist der beseligende, unmittelbare Besitz und Genuss der vollen Wahrheit, die allerdings erst durch die unmittelbare Anschauung Gottes in der Ewigkeit vollkommen eintreten wird.[3]) Und wie der Glaube auf diesen drei Stufen zur Vollendung sich erhebt, so folgt ihm in analoger Weise das natürliche Erkennen in der Unterordnung, Erleuchtung und Einigung. Von diesem Gesichtspunkte aus wird es uns leicht werden Hugos Anschauung über das Verhältnis von natürlicher und übernatürlicher Gotteserkenntnis zu bestimmen und so zum Verständnis seiner theologischen Speculation zu gelangen.

§ 4.
Einheit der natürlichen und übernatürlichen Gotteserkenntnis.

Vernunft und Offenbarung, Wissen und Glaube betrachten als ihr **gemeinsames Gebiet** und zugleich als ihre kostbarste

---

[1]) De Sacr. lib. II. pars XVIII. pag. 614 D.
[2]) Erud. did. lib. V. c. 9. M. 176 pag. 797.
[3]) De Sacr. lib. I. pars X. c. 4 pag. 332 D: Tria genera credentium inveniuntur: Quidam enim fideles sunt, qui sola pietate credere eligunt .... alii ratione approbant, quod fide credunt; alii puritate cordis et munda con-

Domäne die Gotteserkenntnis. Dass sie jedoch hier **nicht unabhängig** neben einander schalten können, das hat uns der Viktoriner schon durch die Begriffsbestimmungen beider Erkenntnisarten gezeigt. Die Vernunft hat an sich, wie wir gesehen haben, zunächst nur die Fähigkeit, auf grund der sinnfälligen Erscheinung zu dem unter derselben verborgenen Wesen der Dinge vorzudringen. Die alte Philosophie hat diese Aufgabe des menschlichen Geistes mit Eifer ergriffen und mit Glück durchgeführt, und Hugo, weit entfernt, sie deshalb zu tadeln, preist in herrlichen Worten ihre auf diesem Gebiete errungenen Erfolge; aber er sieht auch ihre endlosen, unheilvollen Missgriffe auf dem übersinnlichen Gebiete der Gotteserkenntnis, und er ist weit davon entfernt, die Vernunft hier als autonom anzuerkennen, umso mehr als er den Grund dieser Irrtümer in einem gemeinsamen Erbübel der ganzen Menschheit findet. Auf der anderen Seite ist die Offenbarung ein direkter Ausfluss der göttlichen Allwissenheit und der Akt, durch welchen wir diese Erkenntnis uns aneignen, der Glaube, schliesst seiner Natur nach volle Hingabe an eine fremde Autorität ein „nam si vides, non est fides".[1] Es ist also klar, dass die natürliche Erkenntnis und also auch die natürliche Gotteserkenntnis zur Offenbarung im Verhältnis der **Unterordnung** steht. „Man muss wissen, so sagt deshalb Hugo ausdrücklich, dass in allem mehr der kirchlichen Autorität zu folgen ist, welcher die göttliche Offenbarung übergeben worden ist, als der Vernunft, weil die Autorität immer von Gehorsamen und Demütigen geachtet wird, während das Vernünfteln zuweilen ein Zeichen von Anmassung ist."[2]

Nicht umsonst urgiert Hugo diese Lehre aller wahrhaft katholischen Theologen, nicht umsonst kehrt dieselbe beständig wieder in seinem Bilde von den drei Augen, in seiner Ansicht

---

scientia interius jam gustare incipiunt, quod fide credunt. In primis sola pietas facit electionem, in secundis ratio adjungit approbationem, in tertiis puritas intelligentiae apprehendit certitudinem.

[1] De Sacr. lib. I. pars III. pag. 217; Ib. pars X. pag. 331.

[2] Sciendum est, quod auctoritas ecclesiastica (cui revelatio divina est tradita) in omnibus magis est imitanda, quam ratio, quia auctoritas semper est oboedientiae et humilitatis, ratio vero nonnunquam praesumptionis. cf. Erud. did. l. III. c. 14. M. 176 pag. 774.

über heidnische Wissenschaft und Philosophie¹) und vor allem in seinem beliebten Axiom: Sie vides, non est fides; denn sie war fast zu allen Zeiten der Kirche ein beliebter Angriffspunkt der eitlen, selbstgefälligen Weltweisheit und hatte auch zu Hugos Zeit ihre einflussreichen Gegner in den rationalisierenden, nominalistischen Dialektikern, von denen selbst Abälard klagt, dass sie „mehr als alle Feinde Christi, mehr als die Irrgläubigen, Juden und Heiden, sogar die höchsten Geheimnisse des Glaubens mit zersetzender Kritik angriffen und nichts annehmen wollten, was sie nicht selbst auf dem Wege der Sinnesempfindung oder der Vernunft zu erkennen und zu erforschen vermöchten."²) Aber der scharfe Gegensatz, den Hugo diesen dünkelhaften Wortfechtern gegenüber einnimmt, richtet sich auch gegen Abälard selbst. Denn so sehr dieser auch zuweilen den anspruchsvollen Sophisten seiner Zeit entgegentritt, so lässt er sich doch im verfehlten Streben nach Originalität allzuhäufig in ihre Richtung hineinziehen. So ist ihm der Glaube nicht mehr wie dem Apostel ein unveräusserlich feststehender Erkenntnisschatz, sondern eine unbestimmte Meinung,³) die durch die Vernunft, allerdings unter dem Beistande des hl. Geistes,⁴) erst zur sicheren Erkenntnis ausgebildet werden muss; „denn nicht deshalb wird etwas geglaubt, weil Gott es gesagt hat, sondern, weil man überwiesen wird, dass es so ist, nimmt man es an."⁵) Damit ist aber der Begriff des Glaubens vollständig aufgehoben, denn, wie Hugo so oft und nachdrucksvoll betont: Wo das Schauen beginnt, dort hat der Glaube ein Ende. Kein Wunder also, wenn Abälard den Begriff des christlichen Mysteriums nicht anerkennt und

---

¹) Ausser den oben angeführten Stellen vgl.: In epist. ad Rom. qu. 38 ff. Migne 175 pag. 440.

²) Abaelard: Theol. christ. lib. III. Migne 178 pag. 1212 C.

³) Abael. Introd. in theol. lib. I. M. 178 pag. 981: Est quippe fides existimatio rerum non apparentium, hoc est sensibus corporis non subjacentium.

⁴) Ib. lib. II. c. 3 pag. 1054: Si qua igitur mysteria de Deo antea disseruimus, hic potius in nobis, quam nos ipsi, hoc agit, et quod nobis est impossibile, ipsi est facile.

⁵) Ib. pag. 1050. Non quia Deus id dixerat, creditur, sed quia hoc sic esse convincitur, recipitur.

selbst Geheimnisse wie die göttliche Dreieinigkeit[1]) bereits in der alten Philosophie finden will. Dass Abälards und Hugos Ansichten sich hier direkt gegenüberstehen, bedarf nach dem Vorstehenden keines Beweises: Jener versteht unter Glauben nur eine unsichere Meinung, dieser unbezweifelbare Gewissheit, jener will nur glauben, was er einsieht, dieser richtet seine Einsicht nach der Glaubenserkenntnis, jener sieht in der heidnischen Philosophie eine neben der Offenbarung gleichberechtigte Quelle des Wissens, dieser erwähnt sie in der Theologie nur als trauriges Beispiel, wie wenig der Mensch aus eigener Kraft zur vollen Klarheit über seine letzten und höchsten Interessen gelangen kann.

Bei diesem einschneidenden und principiellen Gegensatze beider Männer können wir wohl kaum in das zweifelhafte Lob einstimmen, das Liebner dem Viktoriner spendet, wenn er sagt: „Abälards ganze Weise und Richtung war ihm widerwärtig — eigentlich nur aus Missverständnis, denn im tiefsten Grunde wollten doch beide Männer dasselbe."[2]) Denn Hugo war weder über seinen eigenen Standpunkt im Unklaren, noch fehlte es ihm an Scharfsinn und Bildung, um eine Lehre zu beurteilen, die in seiner Zeit so grosses Aufsehen erregte, und deren Urheber er zeitlich und örtlich so nahe stand,

Wie also der Viktoriner in den mannigfachen Gestalten der realen Welt die Einheit darin findet, dass die Materie dem Geiste, und dieser dem Schöpfer unterworfen ist,[3]) so erkennt er auch im Reiche des Gedankens erst dann die vollkommene und gottgewollte Eintracht an, wenn die Sinneswahrnehmung unter der Leitung der Vernunft steht und diese in Demut sich der ungeschaffenen Wahrheit beugt.[4])

Durch diese Unterordnung scheint zwar die Vernunft auf den ersten Anblick sich zu erniedrigen, in Wahrheit aber wird

---

[1]) Abael. Theol. christ. II. pag. 1204. Ib. IV. pag. 1312. Cf. S. Bernard De errorib. Abael. 4, 9.

[2]) Liebner: Hugo von S. V. S. 32. — Auf die Stellung Hugos zu Abälard werden wir bei der Behandlung von H. Trinitätslehre eingehender zurückkommen.

[3]) Mundus factus est, ut serviret homini; homo factus est, ut Deo serviret. De Sacr. lib. I. prs. II. c. 1, 205 C.

[4]) Omnes artes naturales divinae scientiae famulantur, et inferior sapientia recte ordinata ad superiorem conducit. Ib. Proleg. c. 6, 185 C.

sie dadurch nach Hugos Lehre erhoben und geadelt und zwar in doppelter Weise, nämlich sowohl bezüglich ihrer Kraft als auch bezüglich ihres Arbeitsgebietes. Mit wunderbarer Einfachheit spricht dies Hugo aus, wenn er sagt: „Die Vernunft wird durch den Glauben vollendet und der Glaube durch die Vernunft unterstützt." [1]) Indem nämlich das übernatürliche Glaubenslicht die durch die Sünde eingetretene Verfinsterung der natürlichen Erkenntniskraft verscheucht, bereichert die Offenbarung die Vernunft zugleich mit Wahrheiten und Ideen, die ihr allein das richtige Verständnis für ihre Aufgabe in dieser, für ihr erhabenes Ziel im anderen Leben gibt.[2]) Vollendet also durch die erlösende und belehrende Heilsthätigkeit des menschgewordenen Wortes und wiederhergestellt in ihrer ursprünglichen Würde, vermag nun die Vernunft wiederum Führerin zu sein zu einem vollkommenen Leben im Diesseits und zur vollkommenen Seligkeit im Jenseits. Das ganze Leben des Christen ist nun von einer übernatürlichen Weltanschauung durchdrungen und nach den allein wahren Prinzipien der Offenbarung geregelt, und „während die heidnischen Philosophen bei ihrer Betrachtung des Schöpfungswerkes in abergläubischer Neugier auf eitle Hirngespinste verfielen, verbannen die christlichen Philosophen durch beständige Betrachtung des Erlösungswerkes jedes Trugbild aus ihren Gedanken." Die so geläuterte und mit himmlischer Wahrheit erfüllte Vernunft mag kühn selbst an die schwierigsten Probleme der Erkenntnis sich wagen, ja sie mag ohne Furcht, wenn auch der eigenen Schwäche wohl sich bewusst, selbst emporsteigen zu dem, der in unzugänglichem Lichte wohnt; denn Führerin ist ihr die ewige Weisheit selbst, welche sie erleuchtet und sich ihr zur immer vollkommeneren Erkenntnis darbietet.

---

[1]) Fides ratione adjuvatur et ratio fide perficitur. Ib. prs. III. c. 20 pag. 232 A.

[2]) In hierarch. coelest. Lib. I. c. 1. Migne 175, 926: Humanitas Salvatoris et medicina fuit, ut caeci lumen reciperent, et doctrina pariter, ut videntes agnoscerent veritatem .... Prius ergo illuminavit, postea demonstravit. De arca morali lib. IV. c. 6. M. 176, 328. — Philosophi gentium superstitiosa quadam curiositate naturas rerum i. e. opera conditionis investigando, in cogitationibus evanuerunt, philosophi Christianorum opera restaurationis jugiter meditando omnem a cogitationibus suis vanitatem expellunt.

Das also sind die Principien, von welchen aus wir mit Hugo an die Betrachtung der Gotteslehre herantreten müssen. Voraussetzung für uns ist die im Glauben festgehaltene, von der Kirche uns dargebotene Offenbarung, Mittel: die vom Glaubenslichte erleuchtete Vernunft, Zweck: die möglichst vollkommene, vernunftgemässe Erfassung dessen, was wir im Glauben bereits auf grund der Offenbarung festhalten. Der objektive Bestand der Offenbarungswahrheit bedarf für den Viktoriner keines Beweises; deshalb werden wir in der ganzen Gotteslehre kaum eine Stelle der heiligen Schrift zum Belege der einzelnen Sätze angeführt finden. Auf der anderen Seite aber soll diese rationelle Durchforschung der Glaubenswahrheit nicht „der Vernunft eine Bestätigung" bringen, wie Ritter[1]) bei Hugo vermutet; denn der Viktoriner hat uns bestimmt versichert, dass der Begriff der Offenbarungswahrheit dies ausschliesst. Wenn er daher trotzdem für reine Offenbahrungswahrheiten wie z. B. für das Trinitätsdogma „Beweise" beizubringen suchen wird, so werden wir von vorne herein annehmen müssen, dass dieselben nicht im strengen Sinne zu verstehen sind, sondern nur Analogien sein können, die uns darthun, dass göttliche Wahrheiten zwar übervernünftig, nie aber widervernünftig sind.

Was wir aber jetzt schon als Frucht der vorstehenden Untersuchung bezeichnen zu können glauben, ist

a) die Überzeugung, dass „die Hauptfrage der Scholastik, diejenige nach dem Verhältnisse von Glauben und Wissen" in der ersten Periode der Scholastik nicht blos angeregt, sondern auch bereits in echt kirchlichem Sinne entschieden worden ist;[2]) und

b) dass Hugo von St. Viktor nicht mehr und nicht weniger ein Feind der Vernunft gewesen ist als die gesamte

---

[1]) Ritter: Geschichte d. christl. Philosophie, Hamb. 1844. III. S. 513/14. „Hugo ist scheinbar der Theorie Abälards geneigter, indem er sogar für das, was die Vernunft überschreitet, noch eine Bestätigung für die Vernunft fordert."

[2]) Mehrfach herrscht hierüber eine entgegengesetzte Meinung. Vgl. Kraus K.-G. Trier 1887, S. 347. — Hugos Anschauung über das Verhältnis zwischen Glauben und Wissen ist in einer eigenen Abhandlung eingehender dargelegt worden von J. Hettwer: De fidei et scientiae discrimine et consortio juxta mentem Hugonis a S. Victore. Vratisl. 1875.

christusgläubige Theologie bis auf unsere Zeit. Letzteres wird besonders das folgende Capitel noch deutlicher zeigen.

II. Capitel.
Hugos Gottesbeweise.

§ 1.
Charakter und System der Hugonischen Gottesbeweise.

Indem die aufblühende Scholastik es unternahm, das Wissen mit dem Glauben, die Vernunft mit der Offenbarung in Einklang zu bringen, musste sie vor allem darauf bedacht sein, den eigentlichen Ausgangspunkt, Gegenstand und Endzweck des Glaubens, den überweltlichen Offenbarungsgott, in seinem Dasein wissenschaftlich zu erkennen und anzuerkennen. Deshalb finden wir denn auch schon beim ersten grossen Vertreter der Scholastik, beim hl. Anselm, dass er nicht nur die in den Werken der Väter und besonders des hl. Augustin sich zerstreut vorfindenden Gottesbeweise sammelte und selbstständig zu verbinden suchte, sondern dass er auch sich zu dem grossen, dieses genialen Mannes würdigen Gedanken erschwang, den verborgenen Urgrund der Welt ebenso unmittelbar mit dem Verstande zu erfassen, wie ihn die Mystik im Herzen zu fühlen und zu geniessen strebte. Die Frucht dieser Anstrengung ist der ontologische Beweis,[1]) in welchem Anselm aus der Idee des vollkommensten Wesens apriorisch das Dasein desselben folgert. Obwohl dieser Beweis bei seinem ersten Bekanntwerden grosses Aufsehen erregte und neben freudigem Beifall auch lebhaften Widerspruch hervorrief, so „wurde er doch, wie Liebner richtig bemerkt,[2]) von den zunächst nach ihm folgenden Scholastikern fast ganz vernachlässigt, bis ihn die Lehrer seit dem 13. Jahrhundert, besonders Thomas, wieder hervorzogen." Doch muss bemerkt werden, dass der hl. Thomas diesen Beweis nicht anerkannte, sondern zurück-

---

[1]) S. Anselmus; Proslog. c. 2. Migne 158 pag. 227.
[2]) Liebner: Hugo v. S. V. pag. 369.

wies,¹) während Alexander von Hales und der hl. Bonaventura ihn adoptierten.²) Auffallend bleibt diese Erscheinung der langen Ausserachtlassung dieses Beweises; aber dennoch glaube ich nicht, dass der Erklärungsgrund, den Liebner hiefür angibt, ganz allgemein genommen werden und insbesondere auch auf Hugo angewendet werden dürfe, nämlich, dass auch der Viktoriner „die Tiefe der Anselmischen Idee nicht erkannt habe, sondern sich durch das oberflächliche Raisonnement eines Gaunilo habe täuschen lassen." Denn vor allem berührt dieses Raisonnement nicht nur die „dialektische Oberfläche", wie Liebner meint, sondern es erregt Bedenken, die auch den bedeutendsten Theologen als unwiderlegbar erschienen sind, und auf der anderen Seite ist diese Beweisführung der Hugonischen Theorie über die natürliche Gotteserkenntnis so ganz entgegengesetzt, dass wir wohl annehmen müssen, Hugo habe diesen Schluss aus principiellen Gründen verworfen und nur aus Achtung vor dem grossen Lehrer und Bischof auf eine förmliche Widerlegung und Bekämpfung desselben verzichtet. Denn dass Hugo dieses Anselmische Argument nicht gekannt habe, ist von vorne herein ausgeschlossen; hat er es aber gekannt, warum finden wir dann nirgends in seinen Schriften eine Andeutung desselben, obgleich Hugo mehrmals ausdrücklich und eingehend von Gottesbeweisen spricht?³) — Offenbar weil dieses Argument mit seinen Grundanschauungen über die natürliche Gotteserkenntnis nicht übereinstimmt. Und dass dies in der That der Fall sei, haben wir aus Hugos eigenem Munde bereits vernommen; denn er hat uns ausdrücklich gelehrt, dass derjenige, der in sich unsichtbar und unnahbar ist, nur auf grund seiner Werke vom Menschen geschaut werden könne, sei es nun seines Schöpfungswerkes oder seines Erlösungswerkes.⁴) Also kann auch der Beweis für Gottes Dasein nur in der sichtbaren Welt der Erfahrung seinen Ausgangspunkt haben; denn „unmöglich ist es, das Unsichtbare zu erweisen, wenn nicht durch Sichtbares, und deshalb muss jede

---

¹) S. Thomas: Contr. Gent. lib. I. c. 10 u. 11. S. theol. I. qu. II. a. 2.

²) S. Schwane: Dogmengesch. d. m. Z. Freib. 1882, pag. 107.

³) De Sacr. lib. I. pars III. c. 3—10 pag. 217—19; Erud. did. lib. VII. c. 17—21 pag. 824—31.

⁴) De Sacr. lib. I. pars III, c. 1 pag. 217.

Theologie auf sichtbare Grundlagen sich stützen beim Erweis unsichtbarer Wahrheiten."[1])

In welcher Weise nun aber die Natur betrachtet werden muss, damit sie uns zu ihrem Schöpfer emporführe, das zeigt uns Hugo mit wundervoller Klarheit und Anmut in seiner moralischen Umdeutung der Arche Noes.[2]) Wenn wir, so ermahnt uns der liebenswürdige Lehrer, aus der Arche unseres eigenen Herzens heraustreten zur Betrachtung der Natur, dann dürfen wir nicht bei der blendenden Aussenseite der Dinge stehen bleiben; denn durch die urteilslose Hingabe an die sinnlichen Eindrücke würde man selber in das dunkle Reich der Sinnlichkeit hinabgezogen werden und gleich dem aus der Arche entlassenen Raben nicht mehr zurückkehren wollen, sondern an schlechtem Aase sich schimpflich ergötzen.[3]) Vielmehr muss der vernunftbegabte Forscherblick des Menschen zum Wesen der Dinge vordringen und untersuchen, was sie aus und durch sich sind. Dann wird

a) die Hinfälligkeit und der tägliche Wechsel der gesamten Creatur ihm deutlich zeigen, dass diese in sich weder die Kraft des Seins noch des Bestandes hat[4]);

b) die mannigfachen Vollkommenheiten der Geschöpfe, eben weil sie geschöpfliche Vollkommenheiten sind, werden uns eine Ahnung geben von der unendlichen Vollkommenheit dessen, der aus seiner eigenen Fülle all diese Herrlichkeit über sein Werk ausgegossen hat[5]);

c) diese Erhabenheit Gottes über jede geschöpfliche Vollkommenheit tritt um so deutlicher in unser Bewusstsein, wenn

---

[1]) In hierarch. coel. lib. I. c. 1. Migne 175 pag. 926. Impossibile est enim invisibilia nisi per visibilia demonstrari: et propterea omnis theologia necesse habet visibilibus demonstrationibus uti in invisibilium demonstratione.

[2]) De arca Noe morali lib. II. c. 4, Migne 176, 637 s.

[3]) L. c. col. 638: Qui hoc modo (sc. ad explendam carnalis concupiscentiae voluptatem) per cogitationem exeunt, similes sunt corvo, qui reversus non est, quia dum foris quod male delectat inveniunt, ad arcam conscientiae amplius redire nolunt.

[4]) L. c. col. 637: Primus modus est, quando consideramus omnem creaturam, quid sit ex se et invenimus omnia esse vanitatem.

[5]) L. c. Secundus modus est, quando consideramus, quid sit in eadem creatura ex dono Creatoris, et cernimus in ea divinae rationis similitudinem, quia ... quodammodo opus temporale aeterni opificis imitatur stabilitatem.

wir aus der Zweckmässigkeit und Zielstrebigkeit der Weltdinge erkennen die absolute Selbstherrlichkeit des Weltenlenkers, der jede geschöpfliche Thätigkeit nach seinem Plane leitet als deren letztes Ziel und verpflichtende Norm.[1])

In dieser kurzen Regel für die religiöse Betrachtung der Natur werden wir unschwer bereits die **drei Wege** der Negation, Affirmation und Eminenz angedeutet finden, welche die spätere Theologie[2]) zur vernunftgemässen Erfassung Gottes vorgezeichnet hat; andererseits sehen wir auch die hauptsächlichsten **Ausgangspunkte** berührt, die allen Gottesbeweisen zu grunde liegen, nämlich das geschöpfliche **Sein** in seiner Schwäche und relativen Vollkommenheit und das geschöpfliche **Wirken** in seiner Zweckmässigkeit und Zielstrebigkeit. —

Aber wenn wir auch im Folgenden sehen werden, dass alle diese Gesichtspunkte in Hugos Gottesbeweisen berücksichtigt sind, so werden wir doch nicht annehmen dürfen, dass dieselben in seinem Geiste sich bereits zu einem vollständigen **Systeme** verbunden hatten. Vielmehr sehen wir in den Beweisen seines Sacramentenwerkes mehr den kosmologischen, in denen des Didascalicon mehr den teleologischen Ausgangspunkt hervorgehoben.[3]) — Aber noch eine andere Unterscheidung finden wir in ersterem Werke, auf die Hugo bereits hingewiesen hatte,[4]) als er die natürliche Gotteserkenntnis auf die Werke der Schöpfung „sowohl in uns als ausser uns" gründete. Wir wären versucht, hierin eine Andeutung unserer modernen Einteilung von kosmologischer und psychologischer Gotteserkenntnis zu finden, würde uns nicht eine nähere Betrachtung zeigen, dass Hugo bei seinem ersten Beweise keineswegs in die Innenwelt der Seele eindringt — wozu in seiner Zeit überhaupt die psychologische Unterscheidung mangelte — sondern dass er einfach das objektive und aus sich unerklärbare Dasein der Seele diesem Argumente zu

---

[1]) L. c. Tertius modus est, quando consideramus, quomodo utatur Deus ministerio creaturarum ad implenda judicia sua, sive pro sua misericordia beneficia largiendo, sive pro nostro merito supplicia. In hac autem consideratione invenimus omnia esse instrumentum divinae dispensationis.

[2]) S. Thomas, In Sentt. 1 dist. 3 a. 3.

[3]) Doch sind in letzterem Werke beide Beweisformen wenigstens angedeutet. Cf. Erud. did. lib. VII. c. 17. Migne 176, 824.

[4]) De Sacr. I, 3 c. 3, 217; s. oben Seite 39!

grunde legt, also gewissermassen vom kosmologischen Beweis den mikrokosmologischen vorweggenommen hat. Immerhin aber muss hervorgehoben werden, dass Hugo die ganze Creatur — Geist und Körperwelt — und zwar nach der doppelten Seite: des Seins und des Wirkens als Mittel der Gotteserkenntnis nicht blos aufstellt, sondern auch im Einzelnen in durchaus selbstständiger Weise durchzuführen sucht, im Unterschiede von den meisten, nicht nur früheren, sondern auch späteren Scholastikern, die sehr oft an willkürliche, unter sich wenig verbundene Argumente sich hielten, wie sie dieselben aus der alten Philosophie überkamen oder durch eigene Geistesarbeit construirten. Der von Hugo zum Teil selbst vorgeschriebenen Einteilung entsprechend, werden wir im Folgenden vorführen:

1. Hugos Gottesbeweis aus der Existenz der Seele,
2. den kosmologischen Gottesbeweis,
3. die teleologischen Argumente.

§ 2.
Hugos Gottesbeweis aus der Existenz und Beschaffenheit der menschlichen Seele.

Vom Lichte des Glaubens, dem, wie wir gesehen haben, der christliche Philosoph stets und überall folgen muss, erleuchtet, erkennt Hugo, dass der Mensch hauptsächlich durch seinen Geist ein Bild und Gleichnis Gottes ist, durch diesen Gott am nächsten steht, oder, wie der Viktoriner sich ausdrückt, am meisten mit ihm verwandt ist. Daher, so schliesst Hugo, muss auch der Mensch durch Betrachtung seines vernünftigen Wesens in erster Linie Gott erkennen.[1]

Da aber die menschliche Seele etwas Geistiges, Unsichtbares ist, und dieses Letztere nur auf grund des Sinnlichen erkannt werden kann,[2] so bildet den eigentlichen Ausgangspunkt bei diesem Beweise der sichtbare und greifbare, kurz sinnlich wahrnehmbare Teil des menschlichen Organismus, der Körper als Werkzeug und Spiegel des unsichtbaren Geistes. „Soweit die menschliche Natur sichtbar ist, bildet sie gleichsam die

---

[1] De Sacr. pars III. c. 6. pag. 219: In ea (sc. ratione) primum et principaliter Deus (quantum ad manifestationem expositus est) videri poterat, quod illius imagini et similitudini proximum et cognatum magis factum erat.

[2] In hierarch. coelest. Migne 175 pag. 926.

Thüre, welche uns den Zugang zum Reiche des Übersinnlichen vermittelt, soweit unsichtbar, ist sie der Weg, welcher die vom Sichtbaren durch das Unsichtbare zur Gottschauung dahineilende Seele ihrem Ziele entgegengeführt und bis zum Schöpfer des Sichtbaren und Unsichtbaren geleitet."[1])

Wenn nämlich der Mensch auch gar keine Kenntnisse besässe und gar keine Wahrheiten annehmen würde, so könnte er doch bezüglich seiner eigenen Existenz nicht ungewiss sein, da er durch seine Körperlichkeit stets an sein Dasein gemahnt wird.[2]) Aber so beredtes, augenscheinliches Zeugnis ihm auch seine Gestalt, seine Bewegungen, überhaupt seine ganze äussere Erscheinung von seiner Existenz ablegen, so wird er doch, wenn er über sein eigentliches Wesen nachdenkt, leicht finden, dass er nichts von all' dem ist, was an ihm gesehen wird und wahrgenommen werden kann.[3]) Denn das eigentliche Lebensprincip, das, was in uns wahrnimmt, empfindet, denkt, entzieht sich unserem Blicke, und doch muss es ebenso bestimmt existieren als der Körper, den es beherrscht. So wird der Mensch durch Betrachtung seiner selbst zur Unterscheidung zwischen Sichtbarem und Unsichtbarem geführt und von der Existenz des Letzteren überzeugt, wenn er dasselbe auch nicht mit seinen leiblichen Augen wahrnehmen kann.[4])

Ebensowenig aber als an seiner eigenen geistigen Existenz kann der Mensch daran zweifeln, dass er einmal einen Anfang genommen hat;[5]) denn sein Gedächtnis sagt ihm, dass er erst seit einer bestimmten Zeit sich seiner erinnern kann; hätte er aber früher existiert, so hätte er notwendig sich auch damals seiner bewusst werden müssen, „denn es kann keine Erkenntnis-

---

[1]) Erud. did. lib. VII. c. 17 pag. 824 D. Rationalis creatura, in quantum visibilis, est janua; in quantum invisibilis, est via. Janua est, quia ingrediendi ad contemplationem animo primum aditum pandit; via est, quia currentem in contemplationem ad finem animam perducit.

[2]) De Sacr. I. pars III. c. VII. pag. 219.

[3]) Erud. did. lib. VII. c. 17. pag. 825 A. Homo si vere, quod ipse est, attendere coeperit, omnium, quae in se vel videntur, vel videri possunt, nihil se esse intelligit.

[4]) Ib. Cur ergo homo invisibilia esse dubitet, qui idipsum, quod vere homo est, de cujus existentia nequaquam dubitat, invisibile esse videtur.

[5]) De Sacr. pars III. c. VIII. pag. 219.

kraft geben ohne Erkennen."[1]) Wenn wir also nicht von jeher uns erkannten, so folgt daraus, dass wir nicht von jeher gewesen sind. Da aber, was nicht ist, auch nicht wirken kann, so konnten wir, die wir nicht waren, uns auch nicht bewirken.[2]) Wir mussten also durch eine andere Ursache das Dasein empfangen.

Da nun aber unser Wesen seiner vorzüglichsten Seite nach ein geistiges ist, so kann die Ursache desselben unmöglich eine rein körperliche, etwa der materielle Zeugungsstoff sein. Denn die Wirkung kann nicht mehr enthalten als die Ursache, und von allem, was sich aus einem vorher vorhandenen Stoffe ableitet, kann man beweisen, dass es körperlich ist.[3]) Wenn also das Unsichtbare, das in uns ist, einen Ursprung hat, so kann es unmöglich aus dem körperlichen Zeugungstoff entstanden sein. Aber ebensowenig kann es aus dem Nichts hervorgegangen sein; denn aus nichts wird nichts, d. h. jede Wirkung muss eine entsprechende Ursache haben.[4]) Wenn nun aber für die neuentstehende Seele in dem vorher vorhandenen Stoffe keine adäquate Ursache zu finden ist und andererseits die Seele nicht das Nichts zur Ursache haben kann, so folgt notwendig, dass das Sein der Seele von einem anderen Wesen herrührt. Ein Wesen aber, welches das Sein voraussetzungslos, d. h. ohne Gegebenes zu benützen, mitteilt, muss es voraussetzungslos besitzen, es muss unumschränkter Herr des Seins, unabhängige Ursache aller Ursachen, d. h. aus und durch sich selbst sein. In diesem Sinne sagt Hugo: „Was nicht aus sich selbst ist, kann anderen das Sein nicht geben; wer daher auch jener ist, der den Dingen das Sein gab, er hat das Sein nicht von einem anderen."[5])

---

[1]) Erud. did. lib. VII. c. 17. pag. 825 B. Intellectus esse non potest nisi intelligens.

[2]) De Sacr. l. c. Cum non fuit, (homo) sibi ipsi ut esset, initium et subsistentiam dare omnino non potuit.

[3]) Erud. did. l. c. Quidquid ex materia praejacente traducitur, corporeum esse comprobatur.

[4]) Quod nihil est, esse sibi dare non potest: et idcirco quidquid initium habuerit, dubium non est, quin ab alio esse acceperit. Erud. did. VII. c. 17 col. 825 C.

[5]) Ib. Quod a semetipso non est, esse aliis dare non potest. Igitur quisquis ille est, qui rebus esse contulit, ab alio esse non accepit. Die vorstehende Entwicklung folgte im Wesentlichen der Darstellung Hugos in De Sacr. lib. I. pars III. c. 7—9, jedoch mit Benützung der Parallelstellen in Erud. did.

So schliesst Hugo von dem belebten Körper auf den belebenden Geist, weist aus dem zeitlichen Beginn des Selbstbewusstseins den zeitlichen Beginn der ihrer selbst bewussten Seele nach und findet als Ursache derselben ein geistiges, aus und durch sich von Ewigkeit bestehendes und deshalb über alles geschöpfliche Sein hocherhabenes Wesen. Man sieht, die Schlussfolge dieses Beweises ist klar und korrekt und zeigt nirgends eine wesentliche Lücke.

Trotzdem glaubte Liebner[1]) die Argumentation bemängeln und überhaupt den ganzen Beweis verwerfen zu müssen. Zunächst versieht er den Satz: „Ein Erkenntnisvermögen ohne Erkennen und Bewusstsein lässt sich nicht denken", mit einem zweifelnden Fragezeichen. Allerdings könnte man dagegen einwenden, dass wir in der frühesten Kindheit ja auch kein Bewusstsein haben trotz Vorhandenseins des Geistes. Aber wenn auch im Anfange des menschlichen Daseins die Geisteskräfte einige Zeit noch gehemmt erscheinen durch die mangelhafte Entfaltung der körperlichen Organe, an welche nun einmal das menschliche Denken in diesem Leben geknüpft ist, so ist doch die Zeit, bis zu welcher gewöhnlich das Bewusstsein erwacht, im allgemeinen verhältnismässig so unbedeutend, dass der Satz: Keine Denkkraft ohne Denken, wenigstens im Sinne und zum Zwecke des angeführten Beweises wohl berechtigt ist. Das Denken ist die charakteristische Thätigkeit, die naturgemässe Manifestation des Geistes. Ist es nun denkbar, dass dieser eine ganze Ewigkeit hindurch in trostloser Unthätigkeit verharrt habe, um dann nach kurzem Lichtschimmer wieder in das Reich ewiger Dunkelheit zurückzusinken? Selbst Plato, der doch die Präexistenz der Seele angenommen hat, spricht dem Intellekt trotzdem auch in seinem vorzeitlichen Sein das Erkennen zu, da er das zeitliche Denken nur als Wiedererinnern bezeichnet. Was will es also heissen, wenn Liebner dem Viktoriner ferner den Vorwurf macht, dass er „das ewige Wesen des Geistes nicht von seinem Erscheinungsleben in der Zeit unterschieden habe?"[2])

---

[1]) Hugo von S. Viktor und die theol. Richtungen seiner Zeit. Leipz. 1832. S. 369.

[2]) Liebner a. a. O. S. 370: „Der Fehler liegt aber auch hier" — wie angeblich in Hugos Gesamttheorie von der übersinnlichen Erkenntnis — „darin, dass das ewige Wesen des Geistes nicht von seinem Erscheinungsleben in der

Wenn mit dem Geiste, von dem Liebner hier spricht, der menschliche Geist verstanden sein will, dann trifft diese Bemerkung insofern zu, als ein ewiges Wesen der geschöpflichen Menschenseele von Hugo überhaupt nicht angenommen wird, in dem Sinne nämlich, als ob dieses in das zeitliche Erscheinungsleben eintreten könnte. Ist aber unter dem „ewigen Wesen des Geistes" Gott verstanden, dann ist Liebners Kritik offenbar hinfällig, da von Hugo zwischen Gott und Menschengeist der denkbar grösste Unterschied, nämlich der von Schöpfer und Geschöpf constatiert wird. — Ebenso unbegründet ist der weitere Einwand Liebners, Hugo habe die „Idee der Schöpfung und ihre Abhängigkeit von Gott nicht rein ideal, sondern halb physikalisch gefasst." Diese Einwendung ist richtig, insofern der Viktoriner, übereinstimmend mit dem christlichen Gottesglauben, den Schöpfer Himmels und der Erde nicht nur abstrakte Ideen, sondern concrete Wesen hervorbringen lässt, sie ist unrichtig, wenn er behaupten will, Hugo verkürze die Wirksamkeit der geschöpflichen, „physikalischen" Ursachen gegenüber der Allursächlichkeit Gottes; denn der Viktoriner lehrt nur, dass die voraussetzungslose Mitteilung des Seins als solchen jede geschöpfliche Ursache übersteige, und er befindet sich hier in Übereinstimmung mit dem Gesetz des Widerspruches, nach welchem in der Wirkung nicht mehr enthalten sein kann als in der Ursache.

Überhaupt scheinen mir die Einwendungen gegen diesen Beweis sämtlich von falschen Voraussetzungen auszugehen, oder dem Viktoriner fremde Gedanken zu unterstellen. Ich erachte das Argument für vollkommen stichhaltig und bin der Ansicht, dass dasselbe nicht nur, wie Liebner bemerkt, später von Peter von Poitiers wiederholt wurde, sondern dass es heutzutage noch in der katholischen Dogmatik seinen Platz behauptet, allerdings nicht in dieser selbstständigen, anspruchsvollen Gestalt, sondern als Teil eines anderen, nämlich des kosmologischen Gottesbeweises, näherhin des Causalitätsbeweises. Denn wie dieser „die Welt in ihrer Ursächlichkeit betrachtet und, indem er diese Ursächlichkeit zur Erklärung der thatsächlich entstehenden und bestehenden Wirkungen für ungenügend befindet, zur Idee der

---

Zeit unterschieden und dann, dass die Idee der Schöpfung und die Abhängigkeit von Gott nicht rein ideal, sondern halbphysikalisch gefasst wird."

absoluten Ursache fortzuschreiten sich genötigt sieht[1]), so fasst auch dieser Hugonische Beweis einen Teil der Welt, den sog. Mikrokosmos, nicht etwa in seiner inneren, wesenhaften Begründung und Einrichtung oder in seinen eigentümlichen Kräften und Bedürfnissen auf, sondern lediglich als eine seit einer gewissen Zeit bestehende und in ihren Wirkungen sich manifestierende Ursache, die, weil bewirkte Ursache, ihren letzten Erklärungsgrund nur in einem absolut und unbedingt wirkenden Wesen finden kann.

§ 3.
Hugos Gottesbeweis aus der Geschöpflichkeit der Weltdinge im Allgemeinen.

Nachdem nun einmal, wie wir gesehen haben, von Hugo der Boden des kosmologischen Beweises betreten war, so konnte unmöglich, während der eine Teil des Kosmos zur Beweisführung so meisterhaft verwertet wurde, der andere vollständig unbeachtet bleiben. Getreu seiner principiellen Teilung der Natur in Geist und Körperwelt, benützt er zwar in seinem Hauptwerke De Sacramentis diese beiden Hauptteile der Schöpfung als zwei getrennte Ausgangspunkte der Gotteserkenntnis, aber wie wenig er die innere Zusammengehörigkeit beider Beweise verkennen konnte, das zeigt die scheinbar unfreiwillige Vermischung beider in seinem Didaskalikon.[2]) Nachdem er nämlich hier die Geschöpflichkeit der Seele in der erwähnten Weise gezeigt hat, präsumiert er auf grund dieser Argumentation zugleich die Geschöpflichkeit der übrigen Naturwesen und zieht den allgemeinen uns bereits bekannten Schluss: „Wer daher auch jener ist, der den Dingen das Sein gegeben hat, er hat es nicht von einem Anderen empfangen." Dass jedoch die beiden Beweise des Sakramentenwerkes sich nicht lediglich als überflüssige Teilung eines zusammengehörigen Objektes darstellen, sondern in der Durchführung ihre berechtigten, unterscheidenden Eigentümlichkeiten aufweisen, darüber wird die kurze Darlegung des einfachen, anspruchslosen zweiten Argumentes uns zur Genüge belehren.

---

[1]) Schell, Dogmatik. I. Bd. 2. Buch, S. 223.
[2]) Erud. did. lib. VII. c. 17 pag. 825 C.

Dieser Beweis geht aus von der Veränderlichkeit der einzelnen Weltdinge und erschliesst hieraus die Veränderlichkeit des Universums; in der Veränderlichkeit aber erkennt Hugo das Zeichen einer kraftlosen Bedingtheit, welche bedingende Ursachen und in letzter Linie einen unbedingten Urgrund mit Notwendigkeit fordert.

Alles, was wir wahrnehmen, sagt Hugo, hat einen Aufgang und einen Niedergang. Täglich sehen wir, wie ohne Unterlass entsteht, was noch nicht war, und vergeht, was gewesen ist. Wenn wir aber an allen einzelnen Teilen des Universums diese nämliche Eigenschaft der Unbeständigkeit, der Veränderlichkeit entdecken, so müssen wir sie als eine wesentliche und charakteristische Eigenschaft der gesammten Welt ansehen. Wie also die einzelnen Weltdinge, so trägt auch das ganze Universum in sich nicht die Kraft sicheren, unwandelbaren Bestandes, sein Bestehen ist nichts als Entstehen und Vergehen. Was aber im Sein nicht einmal die Kraft des Bestehens aufweisen kann, hat sicher noch viel weniger das Sein aus eigener Kraft, und deshalb kann man sagen: „Was veränderlich ist, ist einmal nicht gewesen, es hat einen Anfang gehabt, es ist bewirkt worden."[2]) Die gesamte Welt ist also, weil veränderliches, deshalb bewirktes, geschöpfliches Sein; dies aber kann nicht erklärt werden ohne den Schöpfer. Denn, wenn wir diesen unbedingten Urgrund alles Daseins leugnen würden, wenn wir annehmen würden, alles, was ist, sei Geschöpf, so würden wir kein Ende,[3]) d. h. nicht die endgiltige, befriedigende Erklärung dieser geschöpflichen Welt finden. „So entspricht das, was ausser uns ist, dem, was im Innern geschaut wird, zur Bestätigung der Wahrheit, und die Natur verkündet laut ihren Schöpfer, indem sie sich als von ihm geschaffen zeigt."[4])

Wenn also auch die beiden angeführten Gottesbeweise des Viktoriners gemeinsam von einem realen, bedingten Sein auf ein reales, unbedingtes Sein schliessen und insofern beide kosmo-

---

[1]) De Sacr. lib. I. pars III. c. 10. pag. 219 D.
[2]) De Sacr. l. c.
[3]) Erud. did. lib. VII. c. 17 pag. 825 C. Si quidquid est creaturam esse dicimus, nullum in rebus finem invenimus.
[4]) De Sacr. l. c. pag. 219/20.

logisch sind, so unterscheiden sie sich doch in bezug auf die Art des Beweisganges dadurch, dass in dem einen Argumente die Welt in ihrer objektiven Beschaffenheit betrachtet und aus ihrer inneren Unselbstständigkeit als geschöpflich nachgewiesen wird, während im anderen von dem inneren Wesen des Geistes zunächst abgesehen und sein zeitlicher Ursprung, seine Geschöpflichkeit direkt aus dem subjektiven Bewusstsein, aus der Kraft der Erinnerung hergeleitet wird. Wir können also jenen Beweis näherhin als Contingenzbeweis bezeichnen, wie in der That der von Hugo hier durchgeführte Gedanke von Dr. Schell bei der allseitigen Würdigung des Contingenzbeweises erwähnt wird; demgegenüber ist der „mikrokosmologische" Beweis Hugos in das Gebiet des Causalitätsbeweises im engeren Sinne zu versetzen, da hier für das empirisch erwiesene geistige Sein, das im Menschen sich findet, aus den empirisch zu erweisenden Ursachen der menschlichen Existenz keine hinreichende Erklärung gefunden und so die Notwendigkeit einer höheren, transscendentalen Ursache erschlossen wird, welche das Sein voraussetzungslos gibt und deshalb auch voraussetzungslos besitzt. Ist nun auch der Viktoriner bei diesem Gottesbeweise nicht in die eigentliche Innenwelt der Seele eingedrungen, können wir also bei ihm noch keine eigentliche psychologische Gotteserkenntnis annehmen, so bleibt es immerhin bemerkenswert, dass er zuerst die geistige Natur neben der körperlichen als einen wichtigen Ausgangspunkt für die Gotteserkenntnis betont und so auf ein Gebiet aufmerksam gemacht hat, das sich in der späteren Theologie so fruchtbar erwies. Schon Petrus Lombardus[1]) hält nach dem Vorgange Hugos diese doppelte Quelle unserer Gotteserkenntnis aufrecht, jedoch ohne diese Teilung in seinen (angedeuteten) Gottesbeweisen durchzuführen. Aber seine grossen Commentatoren, vor allem der hl. Thomas[2]) und Duns Scotus dringen bereits tief in die psychologische Gotteserkenntnis ein, indem sie Gott nicht nur als die bewirkende, sondern auch als die vorbild-

---

[1]) Petr. Lomb. Sentt. lib. I. dist. 3, 1. Homo invisibilia Dei intellectu mentis conspicere potuit vel etiam conspexit per ea quae facta sunt, id est per creaturas visibiles vel invisibiles. A duobus enim juvabatur: scilicet a natura, quae rationalis erat et ab operibus a Deo factis, ut manifestaretur homini veritas.

[2]) S Thom. S. Th. I. qu. 2, a 3. — Scot. In Sentt. lib. I. dist. 3. q. 2.

liche Ursache aller Dinge nachweisen und aus der in den Weltkörpern realisierten Wahrheit und Schönheit die wesenhafte Wahrheit und Schönheit, das Urbild und Princip des urteilenden und vorstellenden Denkens erkennen.

§ 4.
Hugos teleologische Argumente.

Die beiden angeführten Gottesbeweise des Viktoriners haben lediglich das Sein der Welt, die thatsächliche, aber in sich unerklärbare Existenz körperlicher und geistiger Dinge zur Voraussetzung, ein Gebiet, das wegen mangelhafter Kenntnis der Natur, auf welche es sich stützt, in der alten Zeit nur selten betreten und nur unvollkommen ausgebaut wurde. Weit unmittelbarer aber als das Sein der Dinge erkennen wir deren Wirken, weit näher als der kosmologische Gottesbeweis im engeren Sinne liegt daher dem naiven Denken die teleologische Gotteserkenntnis. Ein Mangel dieser Beweisform würde bei Hugo umso auffallender sein, als gerade sie nach dem Vorgange des Aristoteles von der mittelalterlichen Theologie besonders betont wurde.

Kaum ein bedeutender Theologe des Mittelalters hat nicht den Schluss des heidnischen Philosophen von der secundären Bewegung auf den primären Beweger in irgend einer Form wiederholt, und wenn auch Hugo diesen Beweis schwerlich im Urtexte gelesen hat, so wäre es doch zu verwundern, wenn dieses auch von den Vätern vielverwertete Argument dem in allen Wissenschaften seiner Zeit erfahrenen Lehrer vollständig unbekannt geblieben wäre. In der That finden wir im siebenten Buche seines encyclopädischen Sammelwerkes die geschöpfliche Bewegung als Stufenleiter zur Gotteserkenntnis in ausgiebigster Weise verwertet. Erscheint ja hier dem Viktoriner jede geschöpfliche Thätigkeit als Bewegung, sogar das Selbstbewusstsein, mit welchem der Mensch sich als ein der Zeitlichkeit unterworfenes und deshalb von einem ewigen Schöpfer abhängiges Wesen erkennt.

Aber diese durch die „Bewegung des Intellektes" erlangte Kenntnis vom Dasein Gottes wird bezeugt und bestätigt auch

---

[1]) Erud. did. lib. VII. c. 18 pag. 826 A. Hanc cognitionem in rationali motu invenimus, quod scilicet Creatorem aeternum habemus.... Huic autem cognitioni ceteri quoque motus attestantur h. e. animalis, naturalis, localis.

durch alle übrigen Formen der Bewegung, nämlich durch die „animale, natürliche und örtliche", oder wie Hugo sie fasst, durch die Bewegung des Begehrungsvermögens, des Organismus und der anorganen Wesen. Diese verschiedenen Arten von Bewegung werden jedoch von dem Viktoriner nicht zunächst ihrem Wesen nach als Bewegung betrachtet, d. i. als Übergang von der Potenz zum Akte, der ein bewegendes Princip und zuletzt einen ersten Beweger voraussetzt,[1]) auch nicht unmittelbar in ihrer Richtung auf ein bestimmtes Ziel, in ihrer Zielstrebigkeit, sondern vor allem in ihrer Ordnung und Gesetzmässigkeit. Hat also Hugo durch seinen doppelten kosmologischen Beweis hauptsächlich den Schöpfer von unbeschränkter Kraft und Lebensfülle erschlossen, so findet er durch Betrachtung der Weltordnung den allweisen Lenker, der die Kräfte seiner Schöpfung mit allumfassendem Geiste beherrscht und das gegenseitige Verhältnis derselben in der zweckentsprechendsten Weise geregelt und geordnet hat.

Dieses Walten der absoluten Intelligenz findet nun Hugo:

1. in der Harmonie zwischen dem subjektiven Naturtriebe der Lebewesen und dem objektiven in der Natur verwirklichten Ziele dieser Strebungen. — Jede natürliche Begierde, so sagt Hugo, findet in den Dingen (d. i. in der thatsächlich bestehenden Welt) ihre Befriedigung, und es gibt keinen geordneten Affekt, der nicht in einem entsprechenden Effekt verwirklicht werden könnte.[2]) Die Lebewesen hungern und finden Nahrung, sie dürsten und finden Trank, sie frieren und finden Wärme. Eine solche planmässige Wechselbeziehung zwischen Bedürfnis und Vorrat aber ist undenkbar ohne eine alles durchdringende, über allem waltende Einsicht, welche den einzelnen Lebewesen nur solche Bedürfnisse gab, die im Universum ihre Befriedigung finden konnten, und die anorganische Welt so einrichtete, dass der Organismus nicht nur neben ihr bestehen, sondern auch von ihr die Bedingungen seiner Existenz erhalten konnte. „Derjenige

---

[1]) Wie dies z. B. vom hl. Thomas in seinem ersten und, wie er sagt, „einleuchtendsten" Gottesbeweise geschehen ist. S. th. I. q. 2. a. 3.

[2]) Erud. did lib. VII. c. 18 pag. 826 A. Omnis naturalis appetitus in rebus explementum invenit, neque aliquis est ordinatus affectus, quem suus effectus consequi non posset.

nämlich, welcher die Begierden einrichtete, verschaffte ihnen auch im voraus schon die Möglichkeit der Befriedigung."¹)

Dieses Argument des Viktoriners erscheint auf den ersten Blick als ein Teil des nomologischen Beweises, der aus der objektiven Gesetzmässigkeit der Welt, hier aus dem gesetzmässigen Verhältnis von Natur und Naturtrieb, zur Erkenntnis der absoluten Vernunft emporführt. Aber der Umstand, dass gerade das Strebevermögen unter dem nomologischen Gesichtspunkte aufgefasst wird, verleiht auch diesem Argumente, ähnlich wie wir es beim „mikrokosmologischen" Beweise Hugos gesehen haben, eine Richtung nach dem psychologischen Gebiete. Gibt es ja nicht nur ein sinnliches, sondern auch ein geistiges Strebevermögen, welches gleich jenem seine Bedürfnisse hat, Bedürfnisse vor allem nach subjektiver Vervollkommnung und objektiver Seligkeit. Und wie das sinnliche, so findet auch das geistige Streben seine Leitung, Regel und Befriedigung. Ein allgemein verpflichtendes Sittengesetz gibt ihm die Norm seines ethischen Ringens, und ein unbegrenztes, seiner Natur innewohnendes Vertrauen auf übernatürlichen Beistand hält es aufrecht in dem Streben nach einer die eigene Machtsphäre überragenden Güte und Seligkeit. Auch diese Wechselbeziehung zwischen dem subjektiven sittlichen Streben und der objektiven sittlichen Forderung, und zwischen dem Bewusstsein geschöpflicher Ohnmacht und dem unerschütterlichen Vertrauen auf überirdischen Beistand lässt sich unter die seelische Bewegung (motus animalis), die in der objektiven Welt ihren Zielpunkt (explementum) findet, mit einbeziehen; und wenn auch Hugo zunächst nur den tierischen Instinkt zur Basis seines Argumentes gemacht hat, so können wir doch bereits in diesem Beweise das fruchtbare Samenkorn entdecken, aus welchem sich in der späteren Theologie der ethische und der religiöse Gottesbeweis entwickelt haben, die auf ganz analogen Grundlagen sich aufbauen, wie Hugos erster teleologischer Beweis.

2. Wenlger glücklich scheint mir Hugos Schluss von dem natürlichen Wachstum auf das geschöpfliche Sein der Dinge.²)

---

¹) Ib. pag. 826 B. Qui enim appetitus instituit, ipse appetitibus alimenta praeparavit.
²) Erud. did. l. c. col. 826.

„Wie es unmöglich ist, dass etwas durch sich selbst aus dem Nichts entsteht, so ist es gänzlich unmöglich, dass etwas durch sich einen Zuwachs erlange, d. h. was sich selbst den Anfang nicht geben kann, vermag sich auch keinen Zuwachs zu geben. Denn was dem Wachsenden als Vermehrung hinzukommt, von dem kann man beweisen, dass es etwas anderes ist als das, was früher allein ohne den Zuwachs da war. Wenn also nichts wachsen kann, **ohne dass ihm beigegeben wird, was es früher nicht hatte**, so ist klar, dass kein des Wachstums fähiges Ding aus sich das Wachstum nimmt. Derjenige also, **der dem Wachsenden den Zuwachs verleiht**, hat ihm auch, da es noch nicht existierte, den Anfang gegeben."

So richtig nun auch der Schlusssatz an sich ist, so scheint er mir doch in dieser Verbindung des notwendigen naturwissenschaftlichen Untergrundes zu entbehren. Denn Hugo scheint hier die Ansicht auszusprechen, als ob Gott unmittelbar dem wachsenden Geschöpfe neue Bestandteile hinzufüge, nicht aber von Anfang an die Kraft des Wachstums in den Keim gelegt habe.[1]) Wenn wir daher die innere Ausgestaltung und Vervollkommnung der Geschöpfe nicht unmittelbar, sondern nur mittelbar auf Gott zurückführen können, so müssen wir doch zugeben, dass der Hinweis auf die harmonische Ausbildung der Geschöpfe nicht jeder Bedeutung für den teleologischen Gottesbeweis entbehrt. Denn mit Recht kann man in der zweckmässigen Bestimmtheit, mit welcher die einzelnen Geschöpfe, je nach ihrer eigentümlichen Stellung und Aufgabe im Universum sich bilden und ausgestalten, den Schluss ziehen auf einen alldurchwaltenden, ordnenden Schöpfergeist, der jedem einzelnen Wesen die ihm entsprechenden Kräfte verliehen hat.

3. Diesem letzteren Gedanken gibt Hugo selbst auf ganz ähnliche Weise Ausdruck in seinem dritten, teleologischen Beweise, den er aus der Zweckmässigkeit der **örtlichen** Be-

---

[1]) Bei der Unbestimmtheit des Ausdrucks könnte obige Argumentation Hugos auch aufgefasst werden von der Bedingtheit der geschöpflichen Entwicklung, die — a minore ad maius — auf die Bedingtheit des geschöpflichen Entstehens, und somit auf die Notwendigkeit eines unbedingten Schöpfers schliessen lasse. Da jedoch Hugo seine Bewegungsbeweise ausdrücklich auf die teleologische Weltbetrachtung gründet, so scheint mir der Zusammenhang diese Deutung zu widerraten.

wegungen¹) führt. „Manche Creaturen", so argumentiert er, „sind in beständiger Bewegung, manche bewegen sich nur zeitweise, und zwar die einen so, die anderen anders. Aber wenn sie auch in verschiedener Weise sich bewegen, so wird hiedurch doch die Ordnung der Dinge nirgends gestört. Wir erkennen also in diesen mannigfaltigen und doch so harmonisch geordneten Bewegungen den einheitlichen Plan eines höchste Weltenlenkers, der alles nach einem bestimmten Gesetze ordnet."

Wie leicht zu bemerken, legt der Viktoriner bei seiner teleologischen Beweisführung hauptsächlich Nachdruck auf die Gesetzmässigkeit der Welt im Ganzen und in ihren Teilen, auf die Harmonie und Ordnung, welche die so verschiedenen Teile und Kräfte des Kosmos verbindet und viel zu kunstreich, zu geregelt, zu durchgeistigt ist, um nicht mit Notwendigkeit uns zu einer das All durchdringenden, oder vielmehr über den Dingen waltenden, ordnenden und lenkenden höchsten Vernunft zu führen. „Mit welchem Grunde also können wir die Vorsehung leugnen, wenn jeder vernunftgemässe Trieb in der Natur seine Nahrung findet? und wenn in gleicher Weise Bewegung und Wachstum trotz der Ungleichheit ihres äusseren Verlaufes doch niemals die innere Harmonie und Ordnung des Universums stören, wie können wir da zweifeln, dass ihnen ein unsichtbarer Lenker vorstehe, der die Wirkungen aller Dinge in seiner Voraussicht anordnete nnd in seiner Weisheit regelte?"²)

Tritt nun auch im Hugonischen System der Gottesbeweise neben der so klar ausgesprochenen nomologischen Beweisform der eigentlich und im engeren Sinne so genannte teleologische Beweis ans der Zielstrebigkeit der Welt fasst ganz zurück,

---

¹) Erud. did. l. c. — Schon Johannes Damascenus und nach ihm der hl. Thomas (Cg. I, 13) verwerten die geschöpflichen Bewegungen zu einem Gottesbeweise, fassen aber diese Bewegungen nicht unter dem Gesichtspunkte der teleologischen Vollkommenheit, sondern als Zeichen des inneren Ungenügens, der substantiellen Bedingtheit und Abhängigkeit. cf. De fide orthod. I, 3: Τίς οὖν οὐ συνθήσεται πάντα τὰ ὄντα, ὅσα ὑπὸ τὴν ἡμετέραν αἴσθησιν, ἀλλὰ μὴν καὶ ἀγγέλους τρέπεσθαι καὶ ἀλλοιοῦσθαι καὶ πολυτρόπως κινεῖσθαι; Τὰ μὲν νοητά, ἀγγέλους φημὶ καὶ ψυχὰς καὶ δαίμονας κατὰ προαίρεσιν, τήν τε ἐν τῷ καλῷ προκοπὴν καὶ ἐκ τοῦ καλοῦ ἀποροίτησιν, ἐπιτεινομένην τε καὶ ὑφιεμένην· τὰ δὲ λοιπὰ κατά τε γένεσιν καὶ φθοράν, αὔξησιν τε καὶ μείωσιν καὶ τὴν κατὰ ποιότητα μεταβολὴν καὶ τὴν τροπικὴν κίνησιν; Τρεπτὰ τοίνυν ὄντα, πάντως καὶ κτιστά.

²) Erud. did. l. c.

so erkennt man doch leicht, dass Hugo einerseits das Streben der Schöpfung nach ihrem letzten und einzigen Ziele nicht verkannte, und andererseits auch sich der Wichtigkeit dieses Momentes für den Erweis Gottes wohl bewusst war. Da nämlich der Zweck des Gesetzes die Ordnung ist, diese aber stets ein bestimmtes Ziel haben muss, auf welche sie sich hinordnet, so sagt, wer Gesetzmässigkeit sagt, auch Zielstrebigkeit, und wer den nomologischen Gottesbeweis führt, der deutet den teleologischen wenigstens an. Es ist deshalb kein unvermittelter Gedankensprung, sondern die einfache logische Consequenz, wenn Hugo auf grund seiner Zweckmässigkeitsbeweise auch die Zielstrebigkeit des Weltganzen für erwiesen hält, und die Einheit des Schöpfergeistes aus dem Umstande folgert, weil alles so einträchtig auf ein Ziel zustrebt."[1]) So ist dem Viktoriner die Einheit des Weltsystems nicht nur Glaubenswahrheit, sondern auch natürliche Erkenntnis, und ebenso wie im Lichte der Offenbarung spricht er auch im Lichte der natürlichen Vernunft die Wahrheit aus, welche für jede sittliche Erhebung über die äusseren Umstände, für jede wahre Verinnerlichung und Vergeistigung, und deshalb auch für jede wahre Mystik die Grundlage bildet, die Wahrheit, dass die Welt um des Menschen willen, der Mensch aber um Gottes willen existiere, dass also die ganze Schöpfung, die unbewusste wie die vernunftbegabte, jede in ihrer Weise, auf ein letztes, höchstes, überweltliches Ziel hingeordnet sei.[2])

Mit diesen teleologischen Beweisen befindet sich Hugo, wie bereits angedeutet wurde, auf einem Gebiete, das von den mittelalterlichen Theologen der Folgezeit hauptsächlich im Anschluss an Aristoteles eifrig gepflegt wurde. Auch der hl. Thomas argumentiert vorzugsweise teleologisch; das Argument auf Grund der geschöpflichen Bewegungen aber führt er in causalem Sinne durch zum Nachweise des ersten Bewegers und stellt dasselbe

---

[1]) Erud. did. lib. VII, 19: Nunc autem omnia, dum sic concorditer ad unum finem currunt, profecto indicant, quod unus est fons et origo, unde procedunt.

[2]) De Sacr. 1, 2 c. 1, 205: Factus est propter Deum homo, qui non erat, et mundus propter hominem, qui necdum erat; et quasi eadem causa videbatur, quod factus est homo propter Deum, et quod propter hominem mundus factus est.

an die Spitze all seiner Gottesbeweise als „den offenkundigsten Weg zur Gotteserkenntnis.¹)

Aber so wenig als dieser grösste Vertreter der scholastischen Theologie, legten auch seine Vorgänger und unmittelbaren Nachfolger auf eine tiefere Würdigung und einen allseitigen Ausbau der Vernunftbeweise für das Dasein Gottes ein besonderes Gewicht.²) Handelt es sich ja hier um einen Punkt der Gotteslehre, welcher, weil nicht ernstlich angezweifelt, wenigstens aktuell eines bis ins Einzelne gehenden Nachweises nicht zu bedürfen schien, und so hatte die ganze Frage mehr speculativen als praktischen Wert. Auch Hugo verfolgt mit seinen Gottesbeweisen augenscheinlich nicht den Zweck, das Dasein Gottes erst zu einer unzweifelhaften Vernunftwahrheit zu erheben oder hartnäckigen Gottesleugnern entgegenzutreten, sondern er beschränkt sich darauf, die Vernunftmässigkeit einer allgemein angenommenen Wahrheit in grossen Zügen nachzuweisen. Deshalb sind seine Argumente mehr flüchtige Andeutungen als sorgfältige Ausführungen, und selbst jene Gottesbeweise, die Hugo unmittelbar aus seinem theologischen Systeme ableitet und als seine eigenen Geistesprodukte mit Vorliebe behandelt, nämlich seine beiden kosmologischen Beweise, richten sich viel zu wenig gegen ernsthafte Gegner, um eine allseitige und ins Einzelne gehende Begründung für notwendig zu erachten. Wenn daher Ritter³) behauptet, Hugo führe „weitläufig die Beweise für das Dasein Gottes aus, welche von uuserer Vernunft gefunden werden können", so kann dies nach der formellen Seite höchstens in gewissem Sinne von seinem, ersten, mikrokosmolo-

---

¹) S. Thom. S. theol. I. q. 2 a. 3: Prima et manifestior via est, quae sumitur ex parte motus.

²) Nicht als ob die Scholastiker und speciell der hl. Thomas die fundamentale Bedeutung und Notwendigkeit der Gottesbeweise für die Gotteslehre misskannt hätten — cf. S. Thom. Cg. I, 9: Inter ea, quae de Deo secundum seipsum consideranda sunt, praemittenda est, quasi totius operis necessarium fundamentum, consideratio, qua demonstratur Deum esse. Quo non habito omnis consideratio de rebus divinis necessario tollitur — aber da das Dasein Gottes damals bei Freund und Feind eine ausgemachte Sache war, so blieb dieser ganze Traktat stets auf einige Quästionen oder Kapitel beschränkt, während er in der Neuzeit im Kampfe gegen den erstarkenden Atheismus zu einem umfangreichen Systeme ausgebildet wurde.

³) H. Ritter, Geschichte der christl. Philosophie, Hamb. 1844, III, 511.

gischen Beweise gelten, und auch dieser zeigt, wie wir gesehen haben, noch nicht annähernd die Vollkommenheit und Vollständigkeit, wie sie etwa heutzutage in diesem Gebiete gefordert wird. Allerdings können dadurch Hugos Verdienste nicht beeinträchtigt werden; denn all diese scheinbaren, aber sehr relativen Mängel finden in Hugos Zeitverhältnissen ihre hinreichende Erklärung, nämlich im glücklichen Zustande des lebendigen Gottesglaubens einerseits und anderseits in der wenig entwickelten Naturwissenschaft und in den schwankenden philosophischen Begriffen. Dagegen möchte man hinsichtlich des materiellen Inhaltes von Hugos Gottesbeweisen, nämlich mit Rücksicht auf die Reichhaltigkeit und Vollständigkeit der angeregten Ideen, leicht versucht sein, jenem Ausspruche Ritters beizustimmen. Denn hier muss uns fürwahr die Klarheit und Tiefe überraschen, mit welcher bereits ein Theologe des frühen Mittelalters das ganze Gebiet der natürlichen Gotteserkenntnis überschaut, und mit welcher er fast alle Wege wenigstens angedeutet hat, welche die spätere Theologie einer irrenden und zweifelnden Menschheit zur Widererlangung des verlorenen Gottesglaubens eröffnet hat. Insbesondere hat Hugo die Unterscheidung von **kosmologischer** und **psychologischer** Erkenntnis angebahnt, indem er die natürliche Offenbarung Gottes in die zwei grossen Bücher des Geistes und der Körperwelt zerlegte, und diese beiden grossen Gebiete finden wir bei Hugo auch bereits von dem doppelten Standpunkte des Wesens und des Wirkens, der Kosmologie und der Teleologie aus betrachtet. Der äussere wissenschaftliche Nachweis, inwiefern die neue Theologie beim Aufbau ihrer Gottesbeweise von Hugos Inspirationen beeinflusst wurde, mag nun allerdings eine schwierige und wahrscheinlich resultatlose Aufgabe sein; aber dennoch gereicht es dem Geiste zur Befriedigung, zu entdecken, wie wahrhaft richtige und brauchbare Ideen nicht verloren gehen, sondern auch nach langem, scheinbarem Todesschlafe sich plötzlich schöner und einflussreicher aus dem Grabe der Vergessenheit erheben. An sich aber ist die Thatsache, dass Hugos Gottesbeweise sich wesentlich auf denselben Grundlagen aufbauen wie die Gottesbeweise unserer modernsten katholischen Dogmatiken nicht nur ein Zeichen von Hugos umfassendem und durchdringendem Geiste, sondern sie widerlegt auch hinreichend die verächtliche Geringschätzeng, mit welcher ein Schroeckh, Liebner und ihre Copisten[1]) auf Hugo als den „unkritischen Vertreter einer unkritischen Zeit" herniedersehen; und umgekehrt ist es auch ein glänzendes Zeugnis für die soliden Grundlagen unserer Theologie überhaupt, dass sie auf Gottesbeweise sich stützt, die nicht etwa in dem subjektiven Bewusstsein eines voreingenommenen Philosophen ihren Ausgangspunkt haben, sondern dem gesunden Menschenverstande von jeher sich darboten.

Mit Unrecht also, wie mir scheint, ist dem grossen Viktoriner in der dogmengeschichtlichen Darstellung der natürlichen Gotteserkenntnis des Mittelalters ein Ehrenplatz neben dem hl. Anselm versagt worden. Zwar zeigen Hugos Gottesbeweise weder die Originalität jenes grossen Meisters der Scholastik, noch die dialektische Formvollendung der späteren Schüler des Aristoteles, aber die grossen und fruchtbaren Gedanken und ihre systematische Klarheit und Natürlichkeit sind jedenfalls ein hervorragendes Zeugnis, dass die christliche Philosophie des Mittelalters nicht erst aus dem Studium der heidnischen Weltweisheit ihre grossen Ideen schöpfte, wenn sie auch im Ausdrucke derselben durch die mustergiltige, aristotelische Logik bedeutend gefördert wurde. In seiner eigenen Gotteslehre aber hat Hugo durch diese Beweise auch eine solide Basis gefunden für die Erkenntnis des göttlichen Wesens, in welcher wir ihm jetzt folgen wollen.

---

[1]) **Schroeckh**: Christl. K.-G. Leipz. 1799. 24. Teil S. 394. **Liebner**: Hugo v. S. Victor, Leipz. 1832, S. 369/70. **Schlosser**: Vincent v. Beauvais, II. T. S. 38, nennt Hugos Zeit „von aller philosophischen Kritik entblösst", eine Zeit, „die über ihre Richtungen und Erzeugnisse sich überhaupt nicht Rechenschaft geben konnte".

III. Capitel.
Hugos Bestimmung des göttlichen Wesens.
Eigenschaften des göttlichen Seins.

§ 1.

Wesensbestimmung Gottes im allgemeinen.

Indem Hugo die natürlichen Eigenschaften der Welt in sich nach Massgabe seiner psychologischen Kenntnisse betrachtet, findet er, wie wir gesehen haben, in den Dingen soviel Unbeständigkeit, Kraftlosigkeit, Kontingenz, Veränderlichkeit und andererseits trotz mangelnder selbstständiger Intelligenz soviel Zweckmässigkeit und Harmonie, dass ihm die Existenz eines Schöpfers, Erhalters und Lenkers aller Dinge auch vom Standpunkte der natürlichen Vernunft ausser allem Zweifel steht. Und wie das Dasein, so hat der Viktoriner durch seine Gottesbeweise auch einige Eigenschaften dieser höchstens Ursache alles Seins so unmittelbar erschlossen, dass er dieselben fortan als unbestritten voraussetzt und aus ihnen alle übrigen Eigenschaften Gottes ableitet. Dies sind vor allem seine Aseität, seine Geistigkeit und seine absolute Vollkommenheit. Denn, „der, welcher den Dingen das Sein gegeben hat, er hat es nicht von einem anderen empfangen[1]", der, welcher den Geist geschaffen hat, muss selbst Geist sein, weil „was eine geistige Substanz hat, nicht einen körperlichen Ursprung haben kann[2]", und der, welcher die „Creatur, die aus sich nichts ist[3]", mit so mannigfachen Vollkommenheiten ausgestattet hat, muss all diese Vollkommenheiten in höchster unbeschränkter Fülle besitzen.

Welches aber ist der Wesensbegriff dieses höchsten Urquells aller Dinge, worin besteht seine Natur, oder kurz: Was ist

---
[1] Erud. did. lib. VII. c. 17 pag. 825.
[2] Ib. Quod spiritalem habet essentiam, non potest originem habere corpoream.
[3] De arca Noe morali lib. II. c. 4, Migne 176, 637: Omnis creatura, sicut de nullo ad esse venit, ita ... quantum in se est, ad nihilum tendit ... Consideramus, quid sit in eadem creatura ex dono Creatoris.

Gott? — „Hierauf entgegne ich dir, sagt Hugo[1]), dass es mit Worten überhaupt nicht ausgesprochen werden kann, was Gott ist. Und wenn du mich weiter fragst, was du wenigstens denken sollst, wenn du dir den Begriff Gottes klar machen willst, so antworte ich dir, dass Gott auch nicht gedacht werden kann. Denn was man sagt oder denkt, wird nur im Hinblick auf etwas anderes dh. im Anschluss, im Vergleich zu einer anderen bereits gehabten Vorstellung gesagt oder gedacht. Was aber nun diesen Vergleich nicht zulässt, das kann überhaupt nicht gesagt und gedacht werden;" mit anderen Worten: da in Gott als dem absolut aus und durch sich selbst bestehenden Wesen eine von dem bedingten Sein der Welt durchaus verschiedene Existenzweise sich findet, das menschliche Denken aber als die Thätigkeit eines geistig sinnlichen Wesens nur auf grund der äusseren, sinnlich wahrnehmbaren Welt seine Vorstellungen bilden kann, so lässt sich von Gott, welcher mit der uns zugänglichen Welt auch nicht das Geringste gemeinsam hat, schlechthin keine zusammenfassende, einheitliche Idee bilden. Nur dadurch, dass wir die geschöpflichen Unvollkommenheiten in Gott negieren und die verschiedenen Lichtstrahlen des einen göttlichen Wesens, die auf sein Werk immerhin ihren Widerschein werfen, getrennt auffangen, erhalten wir eine Ahnung seiner unendlichen Hoheit und werden wenigstens in den Stand gesetzt, irrige Anschauungen über Gott zu vermeiden und zurückzuweisen. Daher sagt Hugo mit dem hl. Augustin: „Wollen wir uns Gott vorstellen, soweit wir es vermögen, gut ohne Qualität, gross ohne Quantität, schaffend ohne Bedürfnis, uns gegenwärtig ohne Räumlichkeit, überall seinem Wesen nach und doch nicht örtlich, ewig ohne Zeitlichkeit, Veränderliches hervorbringend ohne Veränderlichkeit, thätig ohne irgendwelche Passivität. Und wenn nun jemand so sich Gott denkt und immer noch nicht finden kann, was er ist, so möge er doch in frommer Demut sich

---

[1]) De Sacr. lib. I. pars X. c. 2 pag. 329 A: Dicis mihi: Quid |dicam? Quid est Deus? — Ego tibi respondeo, quod indicibile omnino est, quid est Deus. Saltem inquis, quid cogitabo, quando cogitare volo, quid est Deus? Amplius dico, quia incogitabilis est Deus. Quidquid dicitur vel cogitatur, secundum aliquid dicitur et secundum aliquid cogitatur. Quod enim secundum aliquid dici vel cogitari non potest, dici omnino et cogitari non potest.

hüten, etwas von ihm zu denken, was er nicht ist."[1]) Und in der Erklärung des Römerbriefes sagt Hugo über unsere bruchstückartige, mühsam zusammengetragene Gotteserkenntnis: „Was eins und einfach ist in der göttlichen Natur, das kommt nicht als Einheit und Einfachheit zu unserer Erkenntnis, sondern als Vielheit: und es wird selten begriffen, warum dies so sei, nämlich weil unser inneres Auge — noch ganz in die vielgestaltige Erdenwelt versunken — zu jener Einfachheit und und unaussprechlichen Einheit, welche Gott ist, sich nicht zu erheben vermag, sodass es in seiner wahren Gestalt ihn schauen könnte."[2])

Ist also die Grundlage unserer natürlichen Gotteserkenntnis die sichtbare Schöpfung, so ist oberstes Princip derselben die Abstraktion, die Loslösung des Gottesbegriffes von jeder geschöpflichen Unvollkommenheit, und in diesem Sinne kann man mit Stöckl sagen, dass Hugo „den negativen Ausdrücken über Gott den Vorzug gebe",[3]) wenn er sich auch wohl bewusst ist, dass diese Negationen sich zuletzt zu der höchsten und vollkommensten Affirmation zusammenschliessen.

Gerade dieser Begriff der absoluten, allseitigen Vollkommenheit,[4]) den er als ausschliessliches Vorrecht Gottes auf grund

---

[1]) S. Sent. tract. I. c. 4. Migne 176, 48.
[2]) In ep. ad Rom. q. 33. Migne 175, 439.
[3]) Der platonisierende Pseudodionysius lässt nur die negative Begriffsbestimmung Gottes als vollberechtigt zu; cf. Hierarch. coel. I, 2: negationes in divinis verae sunt, affirmationes vero incompactae (ἀνάρμοστοι). — Hugo erklärt diese Stelle folgendermassen: Quia expressius et magis proprie Deum non esse quidquam esse dicimus, cum et esse aliquid, et non esse veraciter dicamus, manifestum est in divinis, id est iis quae de Deo dicuntur et Deo attribuuntur, negationes veras esse, id est proprias; affirmationes vero incompactas, id est improprias et non cohaerentes, quoniam dissimilia jungere et coaptare conantur secundum illum modum dicendi, quo de Deo formari non potest aliter humana locutio. — Die oben allegierte Stelle von Stöckl s. Gesch. d. Philosophie d. M.-A. Mainz 1864, I. Bd. S. 312; vgl. Erdmann, Gesch. d. Philos. 3. Aufl. I. Bd. S. 278.
[4]) Die Auffassung Gottes als der absoluten Vollkommenheit, als des höchsten Gutes, das alle Teilgüter in sich schliesst und durch die Liebe an sich zieht, war von der Frühscholastik den Werken des hl. Augustin entnommen worden. Cf. S. Aug. de Trinit. 1. VIII. 3. Migne 42, 950: Haec est veritas et simplex bonum; non enim est aliud aliquid quam ipsum bonum, ac per hoc etiam summum bonum. Augustin folgte in der

der Gottesbeweise erkannt hat, scheint nun dem Viktoriner fortan Schlüssel und Grundlage für seine ganze Gotteserkenntnis zu sein. Denn aus diesem Begriffe leitet er sowohl Gottes **Einheit** als seine **Dreipersönlichkeit**, die Eigenschaften des göttlichen **Wesens** wie seines **Wirkens** her, und bei jedem Satze der natürlichen Gotteslehre lautet der letzte, direkt oder indirekt ausgesprochene Grund fasst regelmässig: „Quia haec digna sunt Deo." Aber zu dieser **deduktiven Methode** in der Erklärung des göttlichen Wesens berechtigte ihn der **induktive** Erweis des umfassenden Gesamtbegriffes, als dessen Consequenzen sich nun die übrigen Eigenschaften Gottes darstellen.

§ 2.
Einheit und Einfachheit des göttlichen Wesens.

Ist nun Gott, wie er es als absoluter Schöpfer und Herr des Weltalls sein muss, das allervollkommenste, ja über jeden Vergleich erhabene Wesen, so kann es vor allem nicht mehrere Götter geben, es kann nur **ein** Gott sein, welcher alles, was an Vollkommenheit in unzähligen geschaffenen Wesen getrennt sich findet, mit ungleich höherer Reinheit und Fülle in sich als dem Urgrund aller Schönheit und Vollkommenheit vereinigt. Mit Recht stellt daher Hugo, wie es die christliche Theologie seit der Väter Zeiten im Gegensatze zum Polytheismus thun musste, an die Spitze seiner Abhandlung von Gottes Wesenheit die Lehre von der göttlichen Einheit.[1)]

---

philosophischen Bestimmung des Gottesbegriffes der **platonischen** Philosophie. Schon **Plato** setzte die Gottheit identisch mit der Idee des Guten. Vgl. Zeller, Die Philosophie der Griechen, 3. Aufl. II, 1 S. 786: „In allem, was Plato über die Gottheit aussagt, ist die **Idee des Guten**, der höchsten metaphysischen und ethischen **Vollkommenheit**, der leitende Gesichtspunkt." Cf. Ibid. S. 791 ff. Dieser platonische Gottesbegriff herrschte in der Scholastik bis zur weiteren Verbreitung der aristotelischen Schriften. Auch der hl. **Anselm** betrachtete als das hauptsächlichste Wesensmerkmal Gottes die allseitige höchste Vollkommenheit und erklärte die Eigenschaften des göttlichen Wesens durchgängig aus dem Princip der „summa natura". Cf. Monol. c. 18. Migne 158, 167. Erst seit **Alexander von Hales** trat bei den Scholastikern die Auffassung Gottes als der ersten bewegenden Ursache (primus motor immobilis) in den Vordergrund.

[1)] De Sacr. lib. I. pars III. c. 12, 220; S. Sent. I. c. 4, 47: Sicut enim ratio approbat Deum esse, ita et unum esse affirmat.

Ausgehend vom Begriffe des vollkommensten Wesens erklärt es der Viktoriner für unvernünftig, eine Mehrheit in Gott anzunehmen. Denn, „dann wäre entweder jeder einzelne Gott für sich unvollkommen und so überhaupt nicht mehr Gott, oder es wäre von den verschiedenen Göttern nur ein er notwendig und die anderen entbehrlich."[1]) Übrigens hatte schon der hl. Anselm mit Recht darauf aufmerksam gemacht, dass eine Mehrzahl absolut vollkommener Wesen an und für sich schon sich ausschliessen.[2])

Doch nicht nur negativ aus dem Begriff der unendlichen Vollkommenheit folgert Hugo Gottes Einheit, sondern auch positiv aus der Einheit des Weltplanes. „Denn, wenn verschiedene selbstständige Wesen an der Spitze der Welt ständen, dann müsste notwendigerweise der Lauf der Welt sich zuweilen kreuzen, das Universum müsste nach dem Axiom: viele Köpfe, viele Sinne, oft in Schwankung und Unordnung geraten. Nun aber, da alles so einträchtig einem Ziele zustrebt, erkennen wir deutlich, dass die Quelle und der Ursprung, aus denen sie hervorgehen, nur einer ist;"[3]) mit anderen Worten: Die Beweise für das Dasein Gottes ergeben sofort auch seine Einheit. Und gerade dieser Umstand, verbunden mit der Thatsache, dass das Mittelalter überhaupt nicht mehr gegen Polytheismus zu kämpfen hatte, mag wohl der Grund sein, dass Hugo die numerische Einheit Gottes nicht mehr mit jener Ausführlichkeit behandelt, wie dies die Väter und selbst noch der hl. Augustinus in seiner Stadt Gottes zu thun sich genötigt sahen. Die Bemerkungen über Gottes Einheit bilden beim Viktoriner keine geschlossene Abhandlung, sondern dienen mehr als Überleitung und Vorbereitung zur Betrachtung der Wesenseinfachheit Gottes, welch' letztere Eigenschaft Gottes allerdings mit der ersteren noch zum Teil vermischt und verwechselt wird. Hugo

---

[1]) De Sacr. I, 10 col. 333: Ubi multitudo est, aut pluralitas superflua est aut unitas imperfecta.

[2]) S. Anselm. Monol. cc. 1—4. Migne 158, 144—150.

[3]) Erud. did. lib. VII. c. 19. M. 176, 826: Nam si diversa intus consilia praesidentium essent, ipsi se foris rerum cursus ab invicem aliquando dividerent. Nunc autem omnia, dum sic concorditer ad unum finem currunt, profecto indicant, quod unus est fons et origo, unde procedunt

unterscheidet nämlich fünf Arten von Einheiten:[1]) die der Zusammenfassung oder die collektive Einheit, die der Zusammensetzung, die des Zusammenwirkens ähnlicher Kräfte, ferner die Einheit des Wesens und die der Identität. Es ist nun klar, dass Gott weder ein Sammelname verschiedener, sich gegenseitig ergänzender Wesen sein kann, denn dann wäre überhaupt keine Natureinheit vorhanden, wie sie der einheitliche Weltbau fordert, aber auch diese eine Natur des einen Schöpfers kann nicht aus Teilen zusammengesetzt sein, denn dann wäre ja, was absoluter Urgrund der Dinge sein soll, selbst nichts anderes als eine bedingte, unfruchtbare Masse."[2]) „Es wäre also nicht Recht, anzunehmen, der Schöpfer der Dinge trage in sich nur eine moralische oder eine in Teile zerlegbare Einheit, während doch selbst das in uns, was vernünftig ist, eine vollkommene Einheit besitzt."[3])

Wenn wir nun aber auch in unserem Geiste zum Unterschiede von der gesamten materiellen Welt den Vorzug geschlossener Einfachheit und Unteilbarkeit finden, und in diesem Vorzug unsere Geistigkeit und damit unseren Vorrang im Reiche der sichtbaren Schöpfung begründet sehen, so finden wir doch, dass hier die Einheit noch nicht in ihrer höchsten Vollkommenheit verwirklicht ist. Zwar erhaben über physische Zusammensetzung vermöge ihrer geistigen Natur, gehört unsere Seele als geschöpfliches Wesen doch noch dem Reiche der Abhängigkeit, der Bedingtheit, der gegenseitigen Einwirkung, der Wandelbarkeit an, wenn auch nicht dem Wesen, so doch dem Wirken nach. Die metaphysischen Unterschiede von Wesenheit und Dasein, von Substanz und Accidenz, die Verschiedenheit der

---

[1]) Erud. did. lib. VII. c. 19 pag. 827: Nam est unum collectione et unum compositione et unum similitudine et unum essentia et unum identitate.

[2]) De Sacr. lib. I. pars III. c. XII. pag. 220: Deus unus nec collectione diversorum, ne turbam faceret; nec compositione partium, ne massam formaret; nec similitudine multorum, ne pluralitas superflua vel singularitas imperfecta appareret.

[3]) Erud. did. pag. 827: Fas ergo non est, ut existimemus Creatorem rerum aut collectione diversorum aut compositione partium aut similitudine plurium unum esse, cum illud etiam, quod in nobis rationale est, horum omnium in semetipso nihil possit invenire. — Cf. S. Thom. S. Th. I. q. 11 a 3: Cum illud, quod est primum sit perfectissimum, opertet, quod primum reducens omnia in unum ordinem sit unum tantum.

einzelnen Eigenschaften, die ganze zeitliche Entwicklung und räumliche Beschränkung, von welcher auch die Krone der Schöpfung, der geschaffene Geist, nicht frei ist, mag dem Viktoriner vor Augen schweben, wenn er ausser der **essentiellen Einheit** für Gott auch die Einheit der **Identität** verlangt, die er in folgender Weise zu erklären und zu begründen sucht:¹) „Wir müssen ferner betrachten, dass manche Dinge, welche wahrhaft eins sind, doch nicht in **höchster Weise** eins sind, wie die Seelen, welche zwar eine wesenhafte, nicht aber eine unwandelbare Einheit darstellen. Was aber wahrhaft und im höchsten Sinne des Wortes eins ist, das ist sowohl wesenhaft als unveränderlich eins",²) d. h. es ist weder dem Wesen nach zusammengesetzt noch im Wirken vielgestaltig. Das Wirken aber kann nur dann im höchsten Grade einfach und einheitlich sein, wenn der reale Unterschied der wirkenden Kräfte verschwindet, wenn also die göttlichen Eigenschaften weder unter sich noch vom göttlichen Wesen thatsächlich verschieden sind. Dies spricht denn auch der Viktoriner deutlich aus, wenn er in seiner Erklärung des Römerbriefes von Gottes unsichtbarem Wesen und der Erkenntnis desselben von seiten des Menschen sagt: „Was eins und einfach ist in der göttlichen Natur, das kommt nicht als einheitlicher und einfacher Gedanke in unsere Erkenntnis, weil unser Geistesauge noch nicht imstande ist, jene Einheit und unaussprechliche Einfachheit zu erreichen, die Gott ist, um den Schöpfer zu schauen, wie er ist. Wenn wir ihn also als gut, weise, allmächtig erkennen, so erfasst diese Eigenschaften der Geist in einer Mehrheit von Gedanken, und doch sind sie thatsächlich in Gottes Natur nur eins."³)

Fragen wir aber nach einem Grunde für diese höchste, absolut unteilbare Einfachheit in Gott, so hält es Hugo, wie sein grosser Lehrer, der hl. Augustin⁴) für überflüssig, spezielle

---

¹) Erud. did. l. c. pag. 827: Sed adhuc considerare nos oportet, quod quaedam res inveniuntur, quae vere unum sunt et tamen summe unum non sunt, sicut animae, quae unum sunt essentialiter, sed unum non sunt invariabiliter.

²) ib. Quod autem vere et summe unum est, essentialiter et invariabiliter unum est. Cf. S. Aug. De trinitate lib. VI. cc. 6 u. 7.

³) In ep. ad Rom. q. 33. M. 175 pag. 439.

⁴) S. Aug. l. c. c. 6.

Beweise anzuführen; vielmehr ergibt sich ihnen auch diese Wahrheit genugsam aus dem Begriffe Gottes als des absoluten und vollkommensten Geistes. Ist Gott das höchste Gut, so argumentiert der Viktoriner, und ist jeder reale Unterschied von Wesen und Eigenschaften, sowie der Eigenschaften unter sich wenigstens mit der Möglichkeit des zeitweisen Mangels dieser nicht wesentlichen Eigenschaften verbunden, so kann dieser Unterschied in Gott nicht bestehen, da bei ihm auch die Möglichkeit eines Mangels ausgeschlossen ist: „Denn Gott, dem höchsten Gute, kann nichts fehlen, was wir als ein besseres Gut erkennen."[1])

Übrigens würde es ihm wahrscheinlich auch unmöglich gewesen sein, alle die feinen metaphysischen Distinktionen aufzufinden und noch mehr sie einzeln mit triftigen Gründen in Gott zu negieren, wie es auf der Höhe der Scholastik Thomas[2]) gethan hat. Doch sah auch Hugo bereits sich genötigt, gegenüber der Streitfrage der Nominalisten und Realisten, ob den vom göttlichen Wesen ausgesagten Eigenschaften thatsächlich etwas in Gott entspreche, Stellung zu nehmen. Ohne auf diese „tiefeindringende Frage[3]) näher einzugehen, constatiert Hugo nur, dass kein persönlicher oder substanzieller Unterschied zwischen den einzelnen göttlichen Eigenschaften angenommen werden dürfe, dass aber trotzdem jeder einzelnen Eigenschaft etwas Besonderes im göttlichen Wesen entspreche, dass also doch irgenwelche Verschiedenheit bestehe, wenn er sich auch noch nicht klar ist über die Art dieser Verschiedenheit. „Es erhebt sich, so sagt er wörtlich, die tiefere Frage, ob das, was als eine Mehrheit vom Geiste des Menschen erkannt wird, in sich selbst oder in Gott durch irgend welche Differenz unterschieden wird": und die Antwort Hugos lautet: „Es unterscheidet sich nicht substantialiter oder personaliter, sondern wie die ewigen Ideen, die im Geiste Gottes waren, so sind auch die göttlichen Eigenschaften auf irgend eine Weise (unter sich und vom Wesen Gottes) verschieden, auf welche Weise jedoch ist nicht sicher."

---

[1]) De Sacr. lib. I. pars III. c. 12, 220: Non potest deesse summo bono bonum, quod melius est.

[2]) S. Thomas, Contr. Gent. lib. I. cc. 31—35.

[3]) „Altior quaestio." In ep. ad Rom. q. 33. M. 175, 439.

Wenn nun aber auch der Viktoriner über den Unterschied der göttlichen Eigenschaften noch keine bestimmte Aussage zu machen wusste, so geht doch aus der angeführten Stelle klar hervor, dass er bereits dem lichtvollen Standpunkte sich näherte, den der hl. Thomas zuerst in dieser Frage erklommen und für die ganze Folgezeit festgelegt hat. Denn auf der einen Seite weist er einen realen Unterschied zwischen Gottes Wesen und Eigenschaften entschieden zurück, auf der anderen Seite aber verwirft er ebenso entschieden die nominalistische Ansicht, als ob unsere Bezeichnung des göttlichen Wesens jeder thatsächlichen Begründung entbehre und hält an irgend einem Unterschiede unter Gottes Eigenschaften fest, ein Unterschied, den der durchdringende Geist des englischen Lehrers näher dahin bestimmte, dass derselbe zwar zunächst in unserer schwachen, geschöpflichen, zur einheitlichen Auffassung der absoluten göttlichen Einfachheit unfähigen Erkenntniskraft wurzele, dass er aber gleichwohl der objektiven Grundlage im göttlichen Wesen nicht entbehre.[1]) Auch Hugo, wie er einerseits die Berechtigung der Unterscheidung von Wesen und Eigenschaften in Gott anerkennt, findet doch andererseits die eigentliche Veranlassung dieser Distinktionen in der Mangelhaftigkeit unseres Intellektes, wie wir oben gesehen haben, und er legt augenscheinlich auf diese seine Erkenntnis hohen Wert, wenn er sagt: „Selten wird es erkannt, warum es so komme (dass wir Gottes einfaches Wesen durch verschiedene Begriffe uns klar machen müssen), nämlich weil unser inneres Auge noch nicht hinanreichen kann zur unaussprechlichen Einheit Gottes."[2])

Dass übrigens diese Einheit jeden realen Unterschied zwischen Gottes Wesen und Eigenschaften ausschliesst, das lehrt uns Hugo am deutlichsten dadurch, dass er die einzelnen Eigenschaften mit dem göttlichen Wesen identificiert, so die Ewigkeit,[3]) so die Kraft, so die Weisheit und Güte,[4]) „weil eben

---

[1]) S. theol. I. q. 13 a 2—5; Cg. I, 31—35.

[2]) Hoc raro deprehenditur, cur scilicet ita veniat, quia oculus interior nondum valet ad illam simplicitatem et ineffabilem unitatem attingere, quae Deus est.

[3]) De arca Noe morali lib. 1. c. 2 M. 176 pag. 623: Non est aliud Deus et aliud aeternitas eius.

[4]) De Sacr. lib. I. pars III. c. 27 pag. 230: Omne quod in Deo est, aliud quam Deus esse non potest... una potentia, quia una essentia etc. S. Sent.

alles, was in Gott ist, etwas anderes als Gott nicht sein kann." Augenscheinlich ist sich hier Hugo nicht bewusst, etwas Neues oder besonders Auffallendes auszusprechen, und in der That finden wir schon bei Anselm[1]) diesen Satz, den Hugo auf einzelne Eigenschaften anwendet, im Principe mit aller Entschiedenheit vertreten. Es war also diese wichtige Frage von der vorurteilsfreien Theologie bereits gelöst, bevor sie gegenüber dem extremen Realismus eines Gilbert de la Porrée zum Glaubenssatze erhoben wurde, und mit gutem Grunde dürfen wir annehmen, dass der hl. Bernhard auch auf seinen hochgefeierten, vor wenigen Jahren erst verstorbenen Freund Hugo von S. Viktor sich gestützt habe, als er auf dem Concil von Rheims 1148 so erfolgreich die absolute Wesenseinfachheit Gottes verteidigte.

Denn gerade die ungeteilte, höchste Einheit und Einfachheit Gottes ist es ja, in welcher Hugo die ganze Vollkommenheit dieses hocherhabenen Seins ausgedrückt findet, und alle anderen göttlichen Eigenschaften stellen sich ihm wesentlich als Consequenzen und Erläuterungen der Einheit dar. Wie nämlich die Idee der absoluten Vollkommenheit im **innergöttlichen** Wesen jede reale Unterscheidung verbietet, so lehrt sie auch in der **äusseren Entfaltung** der göttlichen Wesenheit die unzertrennlichste Einheit und weist entschieden jede der geschöpflichen Einheit anhaftende Beschränkung auch hier zurück.

Bezüglich der Ausdehnung aber sind alle Geschöpfe beschränkt durch die Kategorien der **Zeit** und des **Raumes**: denn alle geschaffenen Wesen haben im Laufe der Zeit ihren Anfang genommen, alle unterliegen der zeitlichen Entwicklung, alle sind durch ihre Wirksamkeit an einen bestimmten Ort gebunden. Indem nun der Viktoriner diese Beschränkungen als mit dem Begriff der absoluten Einheit unvereinbar in Gott negiert, gelangt er zu einem höchst klaren und einfachen System der göttlichen Wesenseigenschaften: Er erkennt „in der **Einheit**

---

tract. l. c. 7, 52: Non aliud est illi natura esse, quam Deum esse, omnipotentem esse, aeternum, immensum, justum, sapientem etc. Cf. S. Aug. Tract. 99. in Joann. n. 4. Migne 35, 1885.

[1]) S. Anselm. Monol. c. 17 M. 158 pag. 166: Illa vero summa essentia nullo modo sic est aliquid, ut illud idem secundum alium modum aut secundum aliam considerationem non sit, quia **quidquid aliquo modo essentialiter est, hoc est totum, quod ipsa est**.

die Ewigkeit und Unermesslichkeit, in der Ewigkeit aber die Unveränderlichkeit und in der Unermesslichkeit hinwiederum die Einfachheit, d. h. Ewigkeit ohne Zeit und Unermesslichkeit ohne Ausdehnung." [1])

§ 3.
Einheit Gottes in der Zeit — Gottes Ewigkeit.

Dass Gott ewig ist, beweist Hugo aus dem Begriffe Gottes
    a) als der ersten Ursache,
    b) als des Weltschöpfers.

a) Nachdem wir einmal die Weltdinge als bewirkt, verursacht erkannt haben, müssen wir notwendig auf bewirkende Ursachen und zuletzt auf eine erste bewirkende Ursache schliessen; denn „wenn wir alles, was ist, als bewirktes Sein als Creatur betrachten würden, so würden wir in den Dingen kein Ende finden." [2]) Diese erste Ursache aber, eben weil sie die erste ist, kann nicht von einer anderen Ursache bewirkt sein, „denn wenn sie von einer anderen das Sein empfangen hätte, so könnte sie nicht in Wahrheit erster Ursprung aller Dinge genannt werden." [3]) Ebensowenig kann sie aus dem Nichts hervorgegangen sein; denn das Nichtsein kann sich unmöglich das Sein geben, und deshalb hat alles, was einen Anfang gehabt hat, unzweifelhaft das Sein von einem anderen empfangen. [4]) Da nun aber nachgewiesen ist, dass Gott das Sein nicht von einem anderen empfangen hat, so folgt, dass er überhaupt keinen Anfang gehabt hat, dass er das Sein stets hatte, dass er ewig ist.

Ganz denselben Beweis für die Ewigkeit Gottes führt auch der hl. Thomas, wenn er sagt: „Wenn Gott irgend einmal nicht gewesen ist und nachher war, so ist er von irgend einer Ursache

---

    [1]) De Sacr. lib. I. pars III. c. 4. pag. 218. Cf. Ib. c. 31. pag. 232: In unitate quidem agnoscimus aeternitatem et immensitatem, in aeternitate autem incommutabilitatem, in immensitate vero simplicitatem: hoc est aeternitatem sine tempore, immensitatem sine quantitate.

    [2]) Erud. did. pag. 825: Si quidquid est, creaturam esse credimus, nullum in rebus finem invenimus.

    [3]) Ib. Si ab alio esse accepisset, prima rerum origo dici non posset.

    [4]) Ib. Quod nihil est, esse sibi dare non potest, et idcirco, quidquid initium habuerit, dubium non est, quin ab alio esse acceperit.

aus dem Nichtsein zum Sein geführt worden, nicht aber von sich selbst, weil, was nicht ist, auch nicht wirken kann. Wenn aber von einem anderen, so ist das früher als Gott. Nun aber ist Gott die erste Ursache, also hat er keinen Anfang gehabt."[1])

b) Unmittelbar an dieses Argument, z. T. noch mit demselben verschmolzen, reiht sich ein weiterer Beweis für Gottes Ewigkeit, welcher direkt vom Begriff des Schöpfers ausgehend, jede, also auch die zeitliche Beschränkung des Seins in Gott ausschliesst. Schöpfung nämlich ist voraussetzungslose Mitteilung des Seins; diese aber ist nur dem möglich, der das Sein voraussetzungslos besitzt, welcher in seiner Natur die Quelle alles Seins hat, welcher von Natur ist, oder vielmehr dessen Natur es ist, zu sein. „Denn wer nicht aus sich selbst ist, kann anderen das Sein nicht geben, und so belehrt uns schon unsere eigene geschöpfliche Natur, dass wir einen Schöpfer haben, dessen Wesen und Eigentümlichkeit eben darin besteht, dass er existiert."[2])

Ist aber Gott jenes Wesen, dem das Sein auf grund und kraft seiner Natur zukommt, so ist ein Nichtsein bei ihm absolut undenkbar. „Denn was aus sich ist, bei dem ist das Sein und das, was ist oder besteht, also Sein oder Seiender, Wesen und Dasein identisch, weil keine Sache von sich selbst geteilt oder getrennt werden kann."[3]) Da nun in Gott mit dem Wesen das Dasein unzertrennlich verbunden ist, so folgt nicht nur dass er keinen Anfang gehabt hat, weil sonst das Wesen Gottes wenigstens der Idee nach vom Dasein getrennt gewesen wäre, sondern dass er auch niemals dem Ende verfallen, dh. sich auflösen wird. „Es ist also notwendig, dass wir von dem, welchem wir den Namen Schöpfer beilegen, bekennen, er könne weder Anfang noch Ende haben. Einen Anfang nämlich hat er nicht, weil er als die erste Ursache nicht verursacht, nicht geworden,

---

[1]) S. Thom. Contr. Gent. lib. I. c. 15, 3.
[2]) Erud. did. lib. VII. c. 17. pag. 825: Quod a seipso non est, esse aliis dare non potest .... Nostra ergo nos natura instruit, quod Creatorem habemus aeternum, cui suum et proprium est, quod subsistit. Cf. S. Anselm. Monol. c. 18. Migne 158 p. 167.
[3]) Erud. did. l. c. pag. 825: Quidquid enim a semetipso est, huic idem est esse et id quod est, et constat, quia nulla res a semetipsa dividi aut separari potest.

also immer gewesen ist, und ein Ende hat er nicht, weil er als die absolute Einheit und Einfachheit niemals sich auflösen kann, niemals aufhört. Also ist keiner ewig ausser dem Schöpfer allein, und umgekehrt kann nur ein **ewiges** Wesen Schöpfer sein."[1])

Die vorstehenden Darlegungen schon haben zur Genüge gezeigt, wie Hugo den Begriff der Ewigkeit fasst: sie ist ihm, wie auch dem hl. Anselm, zunächst ein Dasein ohne Anfang und ohne Ende. Aber wenn demgegenüber der hl. Thomas, besonders im Anschluss an die Definition des Boëthius den Ausschluss der Aufeinanderfolge, der zeitlichen Entwicklung hervorhebt, so wird diese Vorstellung von Hugo durchaus nicht zurückgewiesen, sondern in seiner „moralischen Arche Noes" auf eine höchst geistreiche Weise angedeutet. Hier[2]) sagt er im Anschluss an eine Stelle des Propheten Isaias:[3]) „Nicht deshalb heisst es von Gott, dass er die Ewigkeit bewohne, weil etwa **Gott etwas anderes wäre als seine Ewigkeit**, sondern weil diese Eigenschaft der ganzen geschaffenen und endlichen Welt gegenüber sein eigenstes und eigentümliches Vorrecht ist, weil sie gleichsam seinen Herrschersitz, seinen Königsthron bildet, von welchem aus er die zeitliche Entwicklung übersieht und beherrscht, er, dessen **Wesen** sowohl als **Macht** weder Anfang noch Ende kennt." Es ist also auch dem Viktoriner die Ewigkeit nicht einfach das Maass der göttlichen Dauer, sondern wie Boëthius, so fasst auch Hugo diese Eigenschaft als die lebensvolle Einheit, die sich als immerwährende, selbstbewusste, allumfassende **Gegenwart** darstellt und jede Entwicklung notwendig ausschliesst, kurz, sie ist ihm das eine, einheitliche göttliche Wesen selbst, insofern es betrachtet wird in seiner überwältigenden, absoluten Permanenz gegenüber der Unbeständigkeit einer entstehenden, sich entfaltenden und dahinschwindenden Welt. —

Doch nicht nur in der majestätischen **Ruhe**, mit welcher Gott auf das vielgestaltige Treiben der Weltwesen herniederschaut, besteht seine königliche Ueberlegenheit, vielmehr entspricht dieser hocherhabenen Würde auch die thatsächliche

---

[1]) Ib. pag. 825/26.
[2]) De arc. Noe mor. lib. I. c. 2. pag. 623.
[3]) Is. c. 57, 15.

Herrscherkraft, die schrankenlos das Weltall durchwaltet; und da in der absoluten Einheit die Eigenschaft nichts anderes ist als das Wesen, so muss auch jene wie dieses ohne Mass und ohne Grenze sein; wir erkennen also in der Einheit die Unbegrenztheit wie der Zeit, so des Raumes, wie der Ewigkeit, so der Unermesslichkeit.

Auch in der engen Verbindung dieser beiden Eigenschaften folgt Hugo dem Vorbilde des hl. Anselm, der dieselben nicht nur, wie der Viktoriner, aus einem einzigen Begriffe — bei Anselm aus dem Wesen der höchsten schöpferischen Substanz — herleitet, sondern sie sogar als zwei gegenseitig sich ergänzende Ideen auch für das menschliche Denken fast identisch setzt.[1]) Hugo jedoch, der beide Eigenschaften getrennt behandelt, wurde eben dadurch veranlasst, näher auf das Wesen beider einzugehen, und dieselben mit neuen, selbstständigen Beweisen zu erläutern und zu stützen.

§ 4.
Einheit Gottes im Raume — Gottes Unermesslichkeit.

„Das göttliche Wesen, wie es die geistige Natur durch die Erkenntnis beherrscht, so erfüllt es leitend und ordnend auch die gesamte körperliche Creatur."[2]) In der ganzen Welt also der geistigen wie der körperlichen ist Gott seinem ganzen Wesen nach gegenwärtig, und zwar so, dass er weder von den Dingen umschlossen wird, noch auf dieselben in seinem Wesen und Wirken beschränkt ist; vielmehr ist er über alle wirklichen und möglichen Räume unendlich erhaben, er ist absolut unermesslich: „An jedem Orte gegenwärtig wird Gott nirgends umschlossen, das All erfüllend umfasst er es, ohne von demselben

---

[1]) S. Ans. Monol. c. 22. Migne 158 pag. 175: Quaenam autem rationalis consideratio omnimoda ratione non concludat, ut creatricem summamque omnium substantiam, quam necesse est alienam esse a jure et natura omnium, quae ipsa fecit de nihilo, nulla loci cohibitio vel temporis includat, cum potius eius potentia, quae non est aliud quam eius essentia cuncta a se facta sub se continendo concludat.

[2]) De arca Noe mor. lib. II. c. 2. M. 176. pag. 622 D: Divina essentia sicut spirituali creaturae per cognitionem praesidet, ita corpoream creaturam regendo atque disponendo implet.

umfasst zu werden."¹) Gottes Allgegenwart im Raume und seine absolute Erhabenheit über den Raum, seine Unermesslichkeit nicht nur der Kraft sondern auch dem Wesen nach, dies vermag auch die heutige Theologie kaum klarer und bestimmter auszusprechen, als es Hugo in den beiden angeführten Sätzen thut.

Aber ist diese Erhabenheit über jede örtliche Schranke denn auch eine besonders auszeichnende, Gott ausschliesslich zukommende Eigenschaft, oder ist sie auch schon geschaffenen Wesen zuzusprechen? — Dass die materiellen, die körperlichen Wesen nicht über den Raum erhaben sind, das ist zwar jedermann einleuchtend, denn „der Raum ist ja so recht eigentlich der Sitz des Körpers, die durch Körper begrenzte, körperliche Ausdehnung."²) An sich ist er also „Wüste und Leere",³) d. h. nur eine abstrakte Idee, die jedoch auf grund real existierender Körper gebildet wurde und nur dort ihre Anwendung findet, wo ein Körper ist oder sein kann. Da also der eigentliche Zweck des Raumbegriffes darin besteht, dass er „den Anfang, die Mitte und das Ende eines Körpers anzeigt,"⁴) d. h. die Ausdehnung der Körper und ihrer Teile im Verhältnis zu einander und zu anderen stofflichen Gebilden bestimmt, so ist klar, dass alle materiellen Wesen unter den Begriff des Raumes fallen, vom Raume umschrieben und umschlossen werden.

Aber gerade deshalb, weil der Raum ausschliesslich auf der körperlichen Ausdehnung beruht, glaubte man zu Hugos Zeit die räumliche Beschränkung nur für körperliche Wesen gelten lassen zu müssen, und so war „unter den Gelehrten ein grosser Zwiespalt entstanden; denn es gab einige, welche behaupteten, der geschaffene Geist sei nicht an einem Orte, weil er kein Körper sei, auch ändere er sich nicht örtlich, sondern nur zeitlich."⁵) — Es ist kaum zweifelhaft, dass unter den Ver-

---

¹) Erud. did. lib. VII. c. 19. pag. 829 A: In omni loco existens nusquam comprehenditur, quia universa replens continet, non continetur.

²) De Sacr. lib. I. pars III. c. 15 pag. 222: Quoniam locus proprie corporis sedes est et capacitas corporis, quae determinatur secundum corpus.

³) Ib. quasi inane et vacuum, ubi corpus est vel esse potest, et non est corpus ipse.

⁴) Ib. c. 18 pag. 224: Secundum locum corpori principium, medium et finis assignantur.

⁵) Ib. pag. 222: De mutatione loci magna inter conquirentes ambiguitas: quoniam sunt qui dicunt spiritui creato convenire in loco non esse etc.

tretern dieser Ansicht auch Abälard und seine Anhänger verstanden sind, da der berühmte Dialektiker in seinem Sammelwerke „Sic et Non" diese Lehrmeinung nicht nur mit einer unverhältnismässig grossen Anzahl von Väterstellen zu belegen sucht, sondern dieselbe auch ganz in der gleichen Weise wie Hugo an der erwähnten Stelle vorführt.[1])

Die Einseitigkeit dieser Ansicht und die Mangelhaftigkeit ihres Beweises, der unter räumlicher Gegenwart nur das circumscriptive, passive Eingeschlossensein, nicht aber die active Einwirkung auf einen Teil des Raumes anerkennen will, hat nun Hugo allerdings nicht wissenschaftlich genau festzustellen vermocht, vielmehr will er, getäuscht durch die scheinbar logische Form der einseitigen Beweisführung, „die so tiefsinnige Argumentation dieser Männer keineswegs der Unrichtigkeit beschuldigen";[2]) aber wie er niemals dialektischen Speculationen auf Kosten des gesunden Menschenverstandes seine Zustimmung gibt, so scheinen ihm auch diese Erörterungen „zu hoch für das Verständnis und die Fassungskraft gewöhnlicher Geister und allzustark für das Denkvermögen einfacher Menschen." Daher hält er es mit Recht für einen schwerwiegenden Einwand gegen jene Meinung, dass sie sich zu sehr von dem entferne, was man allgemein glaubt und für möglich hält.[3]) Der Gedanke, die drei Arten des Seins dahin zu unterscheiden, dass man dem körperlichen Sein die beiden Kategorien des Raumes und der Zeit, dem geschaffenen Geiste nur die Zeitlichkeit zuspricht und in Gott beide Kategorien leugnet, dieser Gedanke mag wohl geistreich und bestechend sein, aber Hugos anspruchslose nüchterne Denkart wählt lieber eine Redeweise, die den Thatsachen sich frei und leicht anschliesst und nicht unvermerkt einen Gedanken einschleichen lässt, der „fern ist von der Wahrheit."

---

[1]) Sic et Non c. 43 M. 178 p. 1405.
[2]) De Sacr. l. c. pag. 223: Et nos quidem horum considerationem sublimem nequaquam falsitatis arguimus; verba tamen supra capacitatem et possibilitatem minorum et simplicium intelligentiae fortia nimis judicamus.
[3]) De Sacr. lib. I. prs. III. c. 18 p. 224 D: Sed horum consideratio nimis a communi existimatione et possibilitate recessit. Magis autem ea ponenda in usum loquendi, quae se sponte accommodant et nihil a latere ingerant alienum a veritate.

Der natürliche Sinn und Verstand aber sagt uns nicht nur, dass der geschaffene Geist an einem Orte sei, sondern auch dass er örtlich sei, an einem Orte, weil er hier irgendwo wahrgenommen wird, örtlich, weil er, während er irgendwo ist, nicht überall ist.[1]) Denn da der geschaffene Geist etwas Bestimmtes, etwas Beschränktes, etwas Endliches ist, so kann er unmöglich erhaben sein über den Raum, dem an sich eine, wenigstens relative Unendlichkeit zukommt, und deshalb sagt Hugo mit Recht: „Alles, was bestimmt ist, ist nach irgend einer Beziehung örtlich; denn gerade dadurch, dass es Ende und Grenze hat, nimmt es einen Ort ein und begrenzt den Ort, wie es begrenzt ist im Orte."

Alle geschaffenen Wesen sind also im Raume gegenwärtig, wenn auch nicht alle in gleicher Weise. „Der Körper nämlich, der eine räumliche Dimension, Ausdehnung, hat, wird vom Orte umschrieben, d. h. er nimmt je nach der Menge und Grösse seiner Teile einen grösseren oder geringeren Teil des Raumes ein und ist von diesem sowohl nach seiner ganzen Ausdehnung als nach seinen einzelnen Teilen scharf begrenzt. Der Geist aber, da er keine Dimensionen hat, sondern allein durch die Definition bestimmt wird, kann vom Raume nicht umschrieben werden, und doch wird er von demselben in gewissem Sinne eingeschlossen, weil er, während er hier irgendwo gegenwärtig ist, anderswo nicht gefunden wird. Deshalb ist der Körper räumlich, weil er vom Raume umschrieben wird, aber auch der Geist wird mit Recht örtlich (localis) genannt, weil er im Raume eingeschlossen wird durch die Gegenwart seiner Natur und seiner Thätigkeit."[2]) Die Natur, das endliche, beschränkte, also der relativ unbeschränkten Dimension des Raumes untergeordnete Sein des geschaffenen Geistes ist demnach der Grund, die Thätigkeit, das selbstbewusste, einen grösseren oder kleineren Kreis beherrschende Wirken ist die Art und Weise seiner Gegenwart im Raume.

Wie einfach, klar und zutreffend ist doch diese Unterscheidung, ganz entsprechend der Lehre des hl. Thomas, der

---

[1]) Ib. pag. 224 B.

[2]) Ib. pag. 224: . . . . corpus locale est, quoniam loco circumscribitur; spiritus autem, quoniam in loco per praesentiam naturae et operationis concluditur, localis et ipse jure nominatur

über die räumliche Gegenwart körperlicher und geistiger Wesen für alle Zeiten den Grundsatz aufgestellt hat: „Während die körperliche Sache im Raume ist durch den Contact der dimensiven Quantität, ist es das geistige Wesen durch seine Wirksamkeit, durch den Contact seiner Kraft.[1]) Wenn es nun aber Hugo dennoch vermeidet, jene Erörterungen, welche die absolute Erhabenheit des Geistes, auch des geschaffenen Geistes über den Raum darzuthun versuchen, einer direkten und eingehenden Kritik zu unterziehen, so sind wir gewiss nicht berechtigt, mit Neander[2]) ihm „Missverständnis der Abälardschen Auseinandersetzungen" vorzuwerfen; vielmehr erklärt sich uns dies schon hinreichend aus seiner principiellen Abneigung gegen dialektische Polemik, und ausserdem dürfen wir darin auch einen Akt der Pietät gegen sein grosses Vorbild, den hl. Angustin erkennen, auf welchen die Gegner sich hauptsächlich beriefen. (Conf. Abälard l. c.)

So wenig übrigens auch der Viktoriner geneigt ist, auf müssige Spitzfindigkeiten sich einzulassen, so glaubt er doch einem Einwande entgegentreten zu müssen, der, wie es scheint, zu seiner Zeit vielfach gegen die wesenhafte Gegenwart Gottes in der Welt geltend gemacht wurde, da auch Petrus Lombardus,[3]) allerdings in fasst wörtlicher Übereinstimmung mit Hugo, ihn als eine „ganz gewöhnliche Frage" erwähnt und erörtert. „Unwissende, oder vielmehr grobsinnliche Menschen behaupten nämlich, bei einer wesenhaften Allgegenwart müsste Gott ja vom Schmutze körperlicher Dinge besudelt werden."[4]) Dieser Einwand wäre eigentlich, wie Hugo treffend bemerkt, „gar keiner Antwort würdig"; übrigens ist die Entgegnung des Viktoriners der crassen Frage vollständig angemessen: Wie kann Gott, der

---

[1]) S. Thomas Contr. Gent. lib. III, c. 68: Res corporea est in aliquo loco secundum contactum virtutis dimensivae; res autem incorporea in aliquo esse dicitur secundum contactum virtutis. Cf. S. theol. I, q. 8 a, 1.

[2]) A. Neander, Allg. Gesch. d. christl. Rel. u. Kirche III. Aufl. Gotha 1856 II. Bd., II. Abt. S. 574: „Hugo a S. Victore verteidigt die Lehre von einer wesentlichen Allgegenwart Gottes, vielleicht gegen Abälards missverstandene Auseinandersetzung." Doch gibt Neander selbst zu, dass Abälard, „um räumliche Vorstellung auszuschliessen, die wirksame Gegenwart Gottes sehr stark hervorgehoben habe." Ib. S. 573.

[3]) P. Lomb. Sentt. lib. I. dist. 37, 8 „Solet quaeri" etc.

[4]) De Sacr. lib. I. pos. III. c. 17 pag. 223.

reinste Geist, von der Materie berührt werden, da nicht einmal der menschliche Geist von seinem eigenen Leibe, und wäre dieser selbst mit dem Schmutze des Aussatzes behaftet, verunreinigt wird? Zudem, wenn Gott überhaupt existiert, so muss er doch irgendwo sein. Ist er aber irgendwo und nicht überall, so gibt es einen Ort, wo er nicht ist; dann aber ist er bereits räumlich beschränkt, also nicht nach jeder Hinsicht vollkommen, wie dies doch sein Begriff verlangt.[1])

Wie ist aber eine solche unermessliche Allgegenwart möglich bei der strengen Einfachheit des absoluten Geistes? — Hugo erläutert dies aus der Analogie mit der den ganzen Körper durchdringenden, in jedem Teile des Körpers gegenwärtigen und doch dem Wesen nach einfachen menschlichen Seele. „Obwohl wir", so sagt er,[2]) „durch die Vernunft belehrt, an der Wesenseinheit unserer Seele nicht zweifeln können, so zeigt uns doch unser Gefühl, dass sie im ganzen Körper, den sie belebt, zugegen ist; denn welcher Teil des beseelten Körpers auch immer verletzt wird, so ist es doch nur ein Princip, auf welches alles Schmerzgefühl sich zurückzieht, und dies könnte nicht der Fall sein, wenn nicht ein und dasselbe Princip im ganzen Körper zugegen wäre. Wenn also die vernünftige Menschenseele, obwohl sie einfach ist, doch den ganzen Körper, den sie regiert, durchdringt, so ist es nicht entsprechend (dignum), von dem Schöpfer, der alles regiert und besitzt, zu glauben, dass er von irgend einem Raume umschlossen werde und nicht vielmehr alles erfülle."

Ausgehend also von dem Grundsatze, dass Gott als dem absolut vollkommenen Wesen die Vorzüge der Geschöpfe in der vorzüglichsten Weise zukommen müssen, betrachtet er die gleichzeitige, wesenhafte Gegenwart der einen, einfachen menschlichen Seele in allen Teilen des Körpers und erkennt darin eine grosse, wenn auch nur relative, beschränkte Vollkommenheit des geistigen Seins. Vollkommenheiten aber, die dem geschaffenen Geiste nur in der Beschränkung zukommen, finden sich im Schöpfergeiste unbeschränkt; deshalb muss auch die wesenhafte Gegen-

---

[1]) Ib. p. 224 A: Si enim alicubi est et ubique non est, est ubi est, et est ubi non est; et jam localis fit Deus, et termino et fine concluditnr, quod omnino impossibile est.

[2]) Erud. did. lib. VII. c. 19 pag. 828.

wart im Raume, die bei unserem Geiste eng begrenzt ist, in Gott auf die vollkommenste Weise, d. i. grenzenlos, unbeschränkt vorhanden sein, wie dies in der That die Harmonie und Ordnung des Universums bestätigt.

Diese Idee, zur Illustrierung der göttlichen Allgegenwart die Gegenwart der menschlichen Seele in ihrem Leibe als Vergleich zu verwenden, ist übrigens durchaus nicht originell, sondern bereits von den Vätern oft benützt worden.[1]) Aber wie schon der hl. Augustin[2]) die Gefährlichkeit dieser Vergleiche aus eigener schlimmer Erfahrung kennen lernen musste, so verfehlt auch Hugo nicht, nachdrücklich darauf aufmerksam zu machen, dass Gott unmöglich in ähnlicher Weise auf den Raum angewiesen sein kann, wie die menschliche Seele auf ihren Körper, dass es also ein grosser Irrtum sei, im pantheistischen Sinne etwa Gott als Weltseele zu denken. „In keiner Weise", so warnt er,[3]) darf man annehmen, es sei, wie die menschliche Seele mit dem Körper, den sie beseelt, persönlich vereinigt ist, so auch jener Schöpfergeist mit dem Körper der sichtbaren Welt zur Personeneinheit verbunden; denn anders erfüllt Gott die Welt und anders die Seele den Körper. Die Seele erfüllt den Körper und wird von demselben umschlossen, weil sie umschrieben werden kann, d. h. weil ihr Wirkungskreis als der einer geschöpflichen Kraft genau begrenzt ist. Gott erfüllt die Welt, aber er wird von der Welt nicht umschlossen; denn überall gegenwärtig, kann er nirgends umfasst werden"; mit anderen Worten: Da Gott als dem absoluten Wesen auch die Vollkommenheit der Gegenwart in unbeschränkter Weise zukommt, so kann er nicht dem Raume, der absolut immer noch ein endlicher Begriff ist, irgendwie unter- oder gleichgeordnet sein.

Übrigens wäre auch a posteriori eine persönliche Einheit von Gott und Welt unvereinbar mit dem geschöpflichen Sein der Dinge, wie mit dem Streben derselben nach einem ausser ihnen liegenden Gute, und umgekehrt wäre Gott selbst nicht mehr Gott, das absolute Urwesen, wenn er im bedingten Sein

---

[1]) Cf. J. B. Heinrich: Dogmatische Theologie III. Bd. Mainz 1879. S. 504.

[2]) S. Aug. Confess. lib. VII. c. 1.

[3]) Erud. did. l. c. pag. 828.

der Welt aufginge. Dies spricht Hugo zwar nicht direkt aus, aber es ergibt sich aus einem weiteren, seinem hauptsächlichsten Beweise für Gottes Allgegenwart, welcher durch Betrachtung der geschaffenen, geordneten und nach einem bestimmten Ziele hinstrebenden Welt uns das Wirken und in dem Wirken die Gegenwart des absoluten Schöpfers, Ordners und Zieles zeigt. „Da wir nämlich die Wirkungen der göttlichen Kraft nirgends fehlen sehen, warum sollen wir zweifeln, dass dieselbe göttliche Kraft allen Dingen innewohne? Nun aber gibt es in Gott keinen realen Unterschied zwischen Wesen und Eigenschaften; es ist demnach die Kraft Gottes nichts anderes als Gott selbst. Wenn also die Kraft Gottes überall ist, so ist es auch Gott selbst."[1])

Trotz seiner Kürze ist dieser Beweis klar und überzeugend; denn, wenn auch die einzelnen Thesen des Schlusses an dieser Stelle von Hugo nicht bewiesen werden, so konnte der Viktoriner auf anderwärts gegebene Darlegungen verweisen, die wir der Hauptsache nach bereits im Vorausgehenden erwähnt haben. Was vor allem die „unzweifelhaften Wirkungen der göttlichen Kraft" betrifft, welche wir überall wahrnehmen, so sind dies keine anderen als jene, auf welche Hugo auch seine Gottesbeweise baut, nämlich die aus und durch sich selbst bestehende Schöpfermacht, welche den bedingten, abhängigen, unselbstständigen Dingen dieser Welt Princip des Entstehens wie Bestehens[2]) ist, die höchste Weisheit und allwaltende Vernunft, welche die Bewegungen der leblosen wie die Triebe der belebten Wesen nach unabänderlichem, harmonievollem Plane ordnet,[3]) endlich die allbeherrschende, zweckmässige Leitung und das gemeinsame beseligende Ziel aller Strebungen.[4]) Dass solche Kräfte nicht dem schwachen, geschöpflichen Sein von Natur aus eignen können, das bezeugt das Gesetz des Widerspruches; dass sie jedoch auf der anderen Seite auch nicht Accidenzien oder wechselnde Eigenschaften des absoluten Seins darstellen

---

[1]) Erud. did. l. c. pag. 828. Cum divinae virtutis effectus nusquam deesse cernimus, cur eandem Dei virtutem omnibus inesse rebus dubitemus? Si autem Dei virtus ubique est, cum alia non sit Dei virtus quam Deus, constat, quod nusquam Deus deest.

[2]) Erud. did. lib. VII. c. 17 pag. 825.

[3]) Erud. did. c. 18 pag. 826.

[4]) Ib. c. 19 pag. 827.

können, ergibt sich aus der Betrachtung des im höchsten Grade einfachen göttlichen Wesens;[1]) dass schliesslich die Allgegenwart in der That eine Vollkommenheit und nicht eine Unvollkommenheit ist, leuchtet zwar dem gesunden Menschenverstande an sich schon ein und Hugo hat es daher nicht für nötig erachtet, einen Beweis hiefür zu liefern; doch hat Suarez[2]) in einer nach Heinrichs Worten „einfachen und einleuchtenden Induktion" auch dieses nachgewiesen und seine Schlussreihe zugleich zu einem Beweise für Gottes Unermesslichkeit ausgebildet, der mit einem bereits erwähnten Gedanken Hugos merkwürdige Ähnlichkeit hat, wie sich dies schon hinreichend aus dem Schlusssatze seines Raisonnements ergibt: „Eine unendliche Gegenwärtigkeit aus und durch sich selbst zu besitzen, ist eine unendliche, jede Unvollkommenheit ausschliessende Vollkommenheit und daher Gott, dem reinsten und unendlichen Geiste notwendig eigen."[3])

Aber auch der letzterwähnte Hauptbeweis Hugos für Gottes Unermesslichkeit, jener nämlich, welcher von dem allerorts sich zeigenden Wirken Gottes ausgeht, ist in die spätere Theologie übergegangen und insbesondere vom hl. Thomas in mehrfacher Weise verwertet worden. So folgert der englische Lehrer aus der Eigenschaft Gottes als der Universalursache des ganzen Seins, dass er auch dem ganzen Sein präsent sei, ferner findet er, wie Hugo, in allen Dingen der Welt unzweifelhafte und unmittelbare Wirkungen Gottes, Wirkungen, die sich nur aus der unmittelbaren Gegenwart des göttlichen Wesens erklären lassen.[4])

---

[1]) Ib. c. 17 pag. 825. In ep. ad Rom. M. 175 pag. 439.

[2]) Suarez, De Deo l. II. c. 2 nr. 2; ed. Vivès t. 1. p. 49. Heinrich, Dogmatik l. c. III. S. 520/21.

[3]) Vgl. hiezu: Erud. did. c. 19 pag. 828. Si rationalis spiritus hominis, cum sit simplex, per omne quod regit corpus diffunditur, dignum non est, ut ille Creator ... uno in aliquo coarctari et non omnia potius implere credatur. Cf. oben S. 96/97.

[4]) Contr. Gent. lib. III. c. 68. Quum Deus sit causa universalis totius esse, oportet, quod in quocunque est invenire esse, ei adsit divina essentia. Ib. In qualibet autem re est aliquis effectus proximus et immediatus ipsius Dei; ostensum est enim, quod solus Deus creare potest; in quolibet autem re est aliquid, quod per creationem causatur: in rebus quidem corporalibus prima materia, in rebus autem incorporeis simplices earum essentiae, ut ex his apparet, quae sunt determinata.

Hiermit ist zugleich der Einwand erledigt, als ob zur Allwirksamkeit Gottes in der Welt nicht seine Allgegenwart erfordert würde, da Gott ja auch durch Mittelursachen wirken können. Indem Hugo seinen Beweis für Gottes Allgegenwart auf Wirkungen der göttlichen Kraft aufbaut, d. h. auf Thatsachen, die durch geschöpfliche Ursachen überhaupt nicht gewirkt werden können, ist jener Einwendung von vorn herein die Spitze abgebrochen und bereits ein Gedanke berührt, den Thomas an der erwähnten Stelle näher ausführt, wenn er sagt: „Will jemand durch eine Mittelursache eine Wirkung erzielen, so muss diese doch auch im stande sein, die ganze zu dieser Wirkung erforderliche Kraft aufzunehmen. Nun aber ist zur Schöpfung, Erhaltung, Regierung der Welt eine Kraftfülle erforderlich, die, weil absolut und unbeschränkt, einer geschaffenen secundären Ursache überhaupt nicht mitgeteilt werden kann. Wie man sich auch immer von Gott bewirkte Ursachen vorstellen mag, niemals werden sie genügen zu einer Leistung, wozu göttliche Kraft notwendig ist."[1]

Übrigens erscheint dem Viktoriner ein Wirken durch Mittelursachen überhaupt als Beschränkung des göttlichen Wesens als Unvollkommenheit und von diesem prinzipiellen Gesichtspunkte aus schon gilt ihm eine solche Wirksamkeit bei Gott für ausgeschlossen. „Denn nicht wie ein Mensch bedarf Gott zum Wirken einer fremden Kraft, sonst würde er ja ebenso ohnmächtig sein wie der Mensch, welcher oft durch fremde Unterstützung vollbringt, was er aus eigener Kraft nicht vermag."[2] Ein Wirken durch Mittelursachen, seien diese nur materiell wie z. B. der Stein, den man auf einen Gegenstand schleudert, der Stab mit dem man man etwas berührt, oder selbstwirkend, wie ein Kriegsheer mit dem ein König Schlachten schlägt und Siege erficht, obwohl er selbst nicht mit ins Feld zieht, ein solches Wirken spricht Hugo dem intellektuellen Ur-

---

[1] Inconveniens est dicere, quod divina actio non se extendat ad alia nisi mediante uno primo... quia quocunque modo effectus divini accipiantur, non sufficienter explere poterunt divinae virtutis executionem. S. Thom. Contr. Gent. III, 68.

[2] Erud. did. lib. VII. c. 19 pag. 828: Neque enim ut homo ad operandum aliena virtute Deus indiget, quia homo saepe alieno adminiculo perficit, quod facere propria virtute non valet.

heber überhaupt nur in uneigentlichem, unvollkommenen Sinne zu.[1]) „Gott aber, der mächtig genug ist, durch sich selbst und aus eigener Kraft alles zu thun, ist überall gegenwärtig durch sein Wirken und ebenfalls auch gegenwärtig durch seine Gottheit."
Wenn daher Hugo auch nicht, wie dies in der späteren Theologie üblich wurde, die Gegenwart Gottes in der Welt näherhin als eine Gegenwart: per potentiam, per essentiam et per praesentiam ausdrücklich bestimmt, so ist es doch nicht zweifelhaft, dass er auch in dieser schwierigen Frage ganz auf dem Boden der gesamten kirchlichen Wissenschaft sich bewegt und auch in diesem Punkte die Erhabenheit des christlichen Gottesbegriffes durchaus gewahrt hat. Allerdings konnte er sich hiebei auf die lichtvollen Darlegungen der Väter stützen, die bei der Verteidigung des christlichen Monotheismus gerade die Allgegenwart Gottes mit besonderem Nachdrucke geltend machen mussten; denn nichts lag ja den anthropomorphen heidnischen Vorstellungen über das höchste Wesen ferner als ein Gott, „den man nicht zeigen und nicht sehen könne, der aber gleichwohl überall umherlaufe, überall gegenwärtig sei, der die Sitten, die Handlungen ja selbst die Worte und die geheimen Gedanken mit aller Genauigkeit ausforsche." Ein solcher Gott schien ihnen höchst belästigend und höchst belastet, ein „unruhiger, unverschämt neugieriger Plagegeist, der weder mit einzelnen Dingen sich beschäftigen könne, da er im Universum aufgehe, noch auch dem Weltganzen genügen könne, da er um Einzelheiten sich kümmere."[2])

Zwar hatte der Viktoriner nicht mehr gegen solch unwürdige Verzerrungen des Gottesbegriffes zu kämpfen; die erhabenen christlichen Ideen hatten auch in diesem Punkte bereits die allgemeine Anschauung geläutert; aber dennoch hatte sich der wissenschaftliche Begriff von Gottes Allgegenwart, wie wir gesehen haben noch nicht vollständig geklärt; indem man den

---

[1]) Ib.: Multa quidem sunt talia, sed horum omnium nihil proprie dicitur, quia alteri tribuitur, quod alter operatur. Deus autem, qui per semetipsum cuncta propria virtute facit, ubicunque praesens est opere, praesens etiam necesse est ut sit deitate.

[2]) Einwendungen des Heiden Cäcilius gegen das Christentum in: M. Minucii Felicis Octavius c. 10. Hurter: SS. Patrum opp. sel. Oenip. 1871. XV. pag. 31.

Versuch machte, in übertriebenem Schematisieren Gott bezüglich seiner räumlichen Gegenwart auf gleiche Stufe zu stellen wie den geschaffenen Geist, huldigte man nur scheinbar einer reinen, idealen Auffassung der Geisterwelt, zog vielmehr in Wahrheit den ungeschaffenen Geist wieder in die Sphäre der Geschöpflichkeit hernieder.

Wenn nun auch Hugo dieser im Gewande strenger Dialektik auftretenden Meinung nicht direkt mit dialektischen Gründen entgegentritt, so hält er doch für sich selbst die absolute Überlegenheit Gottes über jede geschöpfliche Vollkommenheit entschieden fest und begründet diese seine Überzeugung mit Beweisen von allgemeiner Bedeutung, Beweisen, die nach Inhalt und Form zum grössten Theile Hugos persönliches Eigentum sind und von ihm übergingen in die Werke der grössten späteren Theologen. Diese Beweise sollen nun allerdings zunächst nur eine relative Eigenschaft des göttlichen Wesens darthun, nämlich seine Gegenwart im geschaffenen Raume; daneben aber halten sie deutlich auch den Blick gerichtet auf Gottes absolute Unermesslichkeit, die nicht nur behauptet, sondern auch, namentlich als Postulat der allseitigen Vollkommenheit, direkt nachgewiesen wird.[1] —

Ist aber nun das göttliche Wesen in seiner unteilbaren Einfachheit unbeschränkt nach Ort und Zeit, ist es zu jeder Zeit allumfassend, so kann niemals eine Zunahme, niemals eine Abnahme, also niemals ein Wechsel seiner Vollkommenheit gedacht werden, vielmehr muss Gott alles was der Raum an Vollkommenheiten birgt, was die Zeit an Herrlichkeiten hervorbringt, unverkürzt und unvermehrbar in seligem Besitze immerdar vereinigen. So ergibt sich für den Viktoriner als Krone und Vollendung der umfassenden Wesenseinheit die

§ 5.
Einheit Gottes im unwandelbaren Vollbesitze jeglicher Güte — Gottes Unveränderlichkeit.[2]

Schon in der äusseren Form, wie die Unveränderlichkeit Gottes von Hugo behandelt wird, erkennen wir sie als den

---

[1] Cf. oben Seite 97.
[2] De Sacr. lib. I. pars III. c. 13 etc.; Erud. did. lib. VII. cc. 19, 20.

künstlerischen Abschluss eines planmässig angelegten Systemes. Denn wie sie einerseits aus dem Vorhergehenden leicht und ungezwungen sich entwickelt, so unterscheidet sie sich auch von dem einfacheren Unterbau durch reichere Gliederung, durch feinere Distinktionen. Vor allem ordnet Hugo das weite Gebiet der Veränderlichkeit nach drei grossen Gesichtspunkten: er unterscheidet eine Wandelbarkeit nach Ort, Form und Zeit.[1])

Dem Orte nach ändert sich ein Ding, wenn es von einem Orte zum anderen übergeht, d. h. wenn es aufhört zu sein, wo es war, und anfängt zu sein, wo es nicht war. Die formelle Veränderung besteht beim körperlichen Wesen in der wechselnden Anordnung der Teile unter einander und zum Ganzen, beim Geiste, der seinem Wesen nach unveränderlich ist, im Wechsel seiner Kraft und Thätigkeit, vor allem in seinem wandelbaren Erkennen und Wollen. Die zeitliche Veränderung ist, da die Zeit nichts anderes bedeutet als die „Aufeinanderfolge"[2]) verschiedenartiger Zustände, nur eine naturgemässe Folge, eine Wirkung der beiden ersteren Arten.

Ein Wesen kann also in doppelter Weise der Veränderung unterliegen: Einmal dadurch, dass in seinem Inneren selbst, in seinen Bestandteilen, in seinen Kräften ein Wechsel sich vollzieht, oder zweitens dadurch, dass sein Verhältnis zur zeitlich-räumlichen Aussenwelt ein anderes wird.

Dass nun letztere Art von Wandelbarkeit vom göttlichen Wesen ausgeschlossen ist, ergibt sich bereits aus seiner Ewigkeit und Unermesslichkeit. Weil Gott ohne Anfang und ohne Ende ist, deshalb kann es für ihn keine Veränderung vom Sein zum Nichtsein geben, er nimmt also im Reiche des Seins stets eine positive Stellung ein, und weil er überall ist, deshalb ist eine Bewegung von einem Orte zum anderen bei ihm undenkbar, er nimmt also im Reiche des Seins stets dieselbe Stellung ein.[3]) Demnach bleibt nur die formelle, d. h. die in und an

---

[1]) Tribus modis fit omnis mutabilitas: loco, forma et tempore. Erud. did. lib. VII. c. 19, pag. 327.

[2]) Successio, quae tempus vocatur..., tantum infertur et non infert, quoniam effectus solus est. De Sacr. l. I. prs. III. c. 15. p. 222. Die ganze Entwicklung s. Erud. did. l. VII. c. 19 pag. 827/28.

[3]) Erud. did. l. c. pag. 828: Quod in omni loco est, de loco ad locum transire non potest.

dem Wesen selbst sich vollziehende Änderung zu betrachten. Diese ist nach Hugo eine dreifache:[1])
1. Zunahme, Vermehrung oder Wachstum;
2. Abnahme oder Verminderung;
3. Alteration oder Änderung der Form bei gleichbleibendem Wesensbestande.

Aber auch diese drei Weisen der Veränderung sind in Gott ausgeschlossen. Gott kann

1. keinen Zuwachs seines Wesens erhalten. „Denn alles, was durch Zunahme wächst, muss zu dem, was es selbst ist, noch etwas dazu erhalten. Was immer aber ausser seinem selbsteigenen Bestande noch etwas empfängt, muss dies notwendig anderswoher empfangen, weil nichts sich selbst geben kann, was es nicht hat", mit anderen Worten: Wenn Gott zu seinem Wesen noch etwas anderes hinzuerhalten würde, so müsste dies von einem ausser Gott existierenden Princip herkommen. Nun aber gibt es ausser Gott kein auf sich selbst stehendes Wesen, von dem Gott etwas erhalten könnte, vielmehr ist alles aussergöttliche Sein nur ein Ausfluss seiner schöpferischen Willensmacht. „Der Schöpfer der Dinge aber, von wem sollte der etwas empfangen, was er noch nicht hat, da alles, was existiert, von ihm stammt? Dazu kommt, dass Gott seiner Ausdehnung nach unermesslich ist; das Unendliche aber schliesst jede Mehrung aus. „Es kann also Gott nicht wachsen, weil er zu seinem unendlichen Wesen nichts mehr erhalten kann."[2])

2. Ebensowenig kann Gott eine Einbusse, eine Minderung erleiden. Dem widerspricht seine absolute, jede Teilbarkeit ausschliessende Einheit. „Was nämlich weniger werden kann, als es ist, das ist nicht wahrhaft eins, weil das, was in der Absonderung sich trennt, in der Verbindung nicht ein und dasselbe gewesen ist. Gott also, dessen Eigentümlichkeit es ist, in höchster

---

[1]) Ib. pag. 829.

[2]) Ganz den gleichen Gedanken spricht der hl. Thomas aus in seinem dritten Beweise für Gottes Unveränderlichkeit S. th. I. q. 9 a. 3: Omne quod movetur, motu suo aliquid acquirit, et attingit ad illud, ad quod prius non pertingebat; Deus autem cum sit infinitus, comprehendens in se omnem plenitudinem perfectionis totius esse, non potest aliquid acquirere, nec extendere se in aliquid, ad quod prius non pertingebat.

Einfachheit zu sein, was er ist, kann in keiner Weise kleiner werden als er ist."[1])

3. Aber wie nach Quantität, so ist das göttliche Wesen auch der Qualität nach absolut unveränderlich, wie eine Vermehrung oder Abnahme, so ist auch der Wechsel der inneren Qualitäten, die Alteration,[2]) in Gott ausgeschlossen. Dies ist vor allem klar bezüglich der „körperlichen" Alteration, welche dadurch entsteht, dass die einzelnen Bestandteile des Körpers ihre gegenseitige Lage und ihr Verhältnis zum Ganzen ändern, ohne dass jedoch in der Quantität eine Wandlung eintritt. Da nun Gott als der unabhängige, über jede stoffliche Beschränkung erhabene Urquell des Seins, als der Schöpfer der Geister und die absolute Einfachheit, nur Geist und zwar reiner Geist sein kann, so findet sich in ihm, weil kein Körper, deshalb auch keine körperliche Alteration.

Aber trotz der Stetigkeit des Wesens, die auch dem geschaffenen Geiste als dem relativ vollkommensten Ebenbilde der absoluten göttlichen Einfachheit zukommt, finden wir diesen — den geschaffenen Geist — doch wenigstens in seinen Qualitäten, in seinen Eigenschaften und namentlich in den Grundeigenschaften — Verstand und Wille — den wechselnden inneren Stimmungen und äusseren Eindrücken in hohem Grade unterworfen. Bezüglich des Erkennens ist es besonders der Wechsel des Erkenntnisgegenstandes und Erkenntnisgrades, bezüglich der Willenszustimmung der Wechsel von Trauer und Freude, in welchem sich die Veränderlichkeit dieser Geisteskräfte bekundet.[3])

Was nun zunächst diese letztere Art von Veränderung betrifft, so scheint Hugo den Unterschied von Freude und Trauer, der an die allgemein scholastische Unterscheidung einer pars concupiscibilis und irascibilis erinnert, vorzüglich aus ethischen

---

[1]) Erud. did. l c. pag. 829: Deus, cui totum unum est esse, quod est, nullo modo semetipso minor fieri potest.

[2]) De Sacr. l. l. prs. III. c. 15 pag. 221: Quae alterationem suscipiunt, non illis accedere quidquam videtur, quod non erat aut quod erat recedere probatur; sed quod erat, tantum alteratur et aliter habetur.

[3]) Erud. did. lib. VII. c. 20. pag. 829: Alteratio corporum fit in transpositione partium et vicissitudine qualitatum. Alteratio spirituum per cognitionem et affectum. Secundum affectum mutantur spiritus, ut nunc tristes, nunc hilares; secundum cognitionem ut nunc minus, nunc amplius sapientes.

Motiven herzuleiten. „Zwei Dinge sind es vor allem, welche den Affekt des Handelnden zu ändern pflegen, nämlich entweder das Bewusstsein, etwas Bereuenswertes in der Vergangenheit gethan zu haben oder die Vorstellung von irgend etwas Ungeordnetem für die Zukunft." Doch so ehrenvoll diese Betonung von Reue und Furcht als der ausschliesslichen Motive der Trauer für Hugos Geistes- und Gemütsrichtung auch sein mag, da sein frommer Sinn nur in der Abweichung vom letzten Ziele, in der Sünde, einen wahren und eigentlichen Grund der Trauer entdecken konnte, so lässt sich doch nicht leugnen, dass einerseits auch beim reinen Geiste ein unverschuldeter Mangel des ihm entsprechenden Guten an sich denkbar ist und andererseits die Veränderung des Willens sich durchaus nicht auf den Wechsel von freudigen und traurigen Stimmungen beschränkt, dass vielmehr auch innerhalb dieser beiden Grundstimmungen unzählige Grade und Abstufungen denkbar sind, ja dass mit jedem vom Verstande dem Willen dargestellten Objekte und selbst bezüglich des nämlichen Objektes die Affekte sich verändern und vervielfachen. Hugo selbst kann sich diese Mannigfaltigkeit der Willensbewegung nicht verhehlen, weshalb er an einer anderen Stelle[1]) vom geschaffenen Geiste im Allgemeinen und besonders auch vom Willen sagt: „In beständigem Wechsel geht er von einem Gegenstande über zum anderen; er ist zugänglich für den Wandel von Freude und Schmerz, von Reue und den verschiedensten Willensakten."[2]) Da jedoch ein von aussen her Gottes Willen bestimmender Einfluss schon durch die von Hugo so oft betonte Unbedingtheit und allumfassende Unermesslichkeit ausgeschlossen ist, so glaubte der Viktoriner bei der Untersuchung über Gottes innere Willensstimmung mehr auf die im eigenen Geiste liegende, in der eigenen Gewalt stehende Willensverfassung, auf selbsterworbene Freude und selbstverschuldete Trauer Gewicht legen zu müssen, und so begegnen wir hier einem ebenso unerwarteten als eigentümlichen Beweise für Gottes ewig freudenreiches Leben, für Gottes Seligkeit, die weder Reue kennt über vollbrachte Thaten noch Unruhe betreffs zu vollbringender Werke.

---

[1]) L. c. Duo sunt praecipua, quae affectum operantis mutare solent, id est sive quia aliquid poenitendum fecerit in praeterito sive aliquid inopinatum proponat in futuro.

[2]) De Sacr. lib. I. pars III. c. 16. pag. 222.

„Dass Gott über etwas Vergangenes keine Reue empfindet, das zeigt deutlich genug jener unveränderliche Lauf aller Dinge, welcher so nach ewigem Gesetze sich vollziehend, die Art und Weise seiner ersten Einrichtung nicht verlässt. Dass er aber nichts Ungeordnetes sich vorsetzt, das beweisen die vernunftgemässen Wirkungen, die in dem ganzen grossen Weltkörper doch nirgendswo in Widerspruch oder Gegensatz geraten. Immer also ist unwandelbar der Wille Gottes, der weder seinen Ratschluss ändert betreffs des Vergangenen, noch seinen Vorsatz für die Zukunft."[1])

So richtig nun auch die Gedanken des angeführten Argumentes sind, so werden wir dieses doch nicht als stringenten Beweis für Gottes unwandelbare Willensstäte betrachten dürfen; und als ein solcher will es gewiss auch nicht gelten, da es ja nur eine bestimmte Art von Wandelbarkeit, die sittliche Trauer, vom göttlichen Willen ausschliesst. Diese hat nach Hugo zwei Motive: Reue über begangene, und Furcht vor zu begehenden Unordnungen. Würde nun, so argumentiert Hugo, Gott in seinen Werken etwas zu bereuen haben, so würde er es wieder gut machen; dabei ist allerdings bereits Gottes unumschränkte Macht vorausgesetzt, die zwar in Hugos Gottesbeweisen bereits angedeutet wurde, aber als Eigenschaft des göttlichen Wirkens erst später von ihm ausführlicher behandelt wird. Die Folge dieser Verbesserungen nun wäre eine fortwährende Störung im Weltlaufe. Diese aber ist nicht vorhanden. — Es wird also die Einheit des Weltlaufes als Beweis für die Unveränderlichkeit Gottes angeführt, während gerade umgekehrt in der Theologie die Veränderlichkeit der Welt bei Behandlung dieser göttlichen Eigenschaft als ein allerdings unschwer zu lösender Einwand geltend gemacht zu werden pflegt. In der That, weder der empirische Weltlauf noch die Offenbarung mit ihrer Lehre von einem dereinstigen Weltuntergang und von einer Erneuerung des Himmels und der Erde kennen eine Unveränderlichkeit der Welt, die auch nur annähernd sich vergleichen liesse mit der durch Gottes reine Aktualität, Einheit und Vollkommenheit geforderten Unwandelbarkeit im Streben wie in den Stimmungen, und deshalb kann diese Eigenschaft Gottes aus der dieselbe

---

[1]) Erud. did. lib. VII. c. 20 pag. 829.

durchaus entbehrenden Schöpfung gewiss nicht auf affirmativem, sondern lediglich auf negativem Wege zwingend erschlossen werden. Denn wenn auch die majestätische Ruhe, Einheit und Regelmässigkeit des Weltlaufes auf einen seiner Absicht sich wohlbewussten Weltenlenker hindeutet, der, weil er alles beherrscht und durchdringt, auch alle Ursachen und Wirkungen in seiner Gewalt hat und dem Wechsel unangenehmer Zufälligkeiten durchaus entzogen ist: so würde doch mit der Negation der äusseren Beeinflussung immer noch die Möglichkeit bleiben, im innergöttlichen Wesen eine Mehrheit von freien Willensakten anzunehmen; und diese Möglichkeit, weit entfernt durch die Erscheinungen der Erfahrungswelt widerlegt zu werden, fände in der äusseren Veränderlichkeit derselben noch einen Schein von Berechtigung, wenn nicht das innere Wesen der Welt zum Entstehen und Bestehen einer reinen Aktualität, einer allseits einfachen und vollkommenen Ursache bedürfte. Mit dem Hinweise auf die äussere Regelmässigkeit des Weltlaufes wird also vom Viktoriner mehr eine entferntere Analogie, als ein eigentlicher, strikter Beweis für Gottes unwandelbare Willenseinheit geliefert, eine Auffassung, die Hugo selbst uns nahe zu legen scheint, wenn er das ganze Argument nur für ein „hinreichend deutliches Zeichen"[1]) erklärt und damit zu verstehen gibt, dass er von eigentlich logischen Beweisen für diesen Punkt absieht. Die zwingenden Argumente Hugos für die Unveränderlichkeit des innergöttlichen Wesens müssen wir vielmehr in dem Nachweise der Unwandelbarkeit des göttlichen Erkennens suchen; und da nach einem alten Grundsatze der Wille dem Intellekte folgt, so ist in der That mit der Unveränderlichkeit des letzteren auch die gleiche Eigenschaft für den ersteren, ja für alle Geisteskräfte, die wesentlich auf diesen beiden ruhen, erwiesen.

Was nun die in der Erkenntnis mögliche Änderung betrifft, so kann sie nach Hugo wiederum, analog der Wesensänderung, eine dreifache sein:

a) durch Wachstum, wenn wir lernen, was wir nicht wissen. Eine solche Veränderung aber ist in Gott deshalb undenkbar, weil, wie sein Wesen, so auch das mit ihm identische

---

[1]) L. c. „Satis evidenter ostendit etc."

Erkennen unendlich ist. „Der nämlich kann nicht von mangelhafter Erkenntnis sein, der alles schafft, leitet, durchdringt und trägt, und da er allen Dingen gegenwätig ist durch seine Gottheit, kann er nicht abwesend sein durch sein Schauen"[1]), mit anderen Worten: Gott ist in allen Dingen nicht nur durch seine Macht, sondern auch durch sein Wesen und zwar durch bewusste Gegenwart. Nichts kann also seinem allsehenden Blicke sich entziehen, und ebendeshalb ihm nichts verborgen sein, durch dessen Offenbarung sein Wissen einen Zuwachs erfahren könnte.

b) Aber auch gemindert kann das göttliche Erkennen nicht werden; denn sein Gegenstand ist ein durchaus einfacher und unteilbarer, nämlich das göttliche Wesen selbst, das dem im höchsten Sinne seiner selbstbewussten Geiste immerdar vorschweben muss und in sich jede Wahrheit, jede Realität vereinigt, die ungeschaffene wie die geschaffene, welch letztere nur eine Wirkung der ersteren ist. Wenn also der nächste Gegenstand des göttlichen Erkennens unteilbar und dieser unteilbare Gegenstand stets dem Erkenntnisvermögen präsent ist, so kann natürlich das Erkennen selbst ebenso wenig sich mindern als sein Gegenstand.[2]) Und eben desshalb weil Gott, erhaben über Raum und Zeit, in seinem einfachen aber allumfassenden Wesen die ganze Fülle des wirklichen und möglichen Seins in ewig gleicher, ewig unendlicher Klarheit gegenwärtig hat, so ist

c) auch im immergöttlichen Erkenntnisakte kein Wechsel denkbar, weder den Objekten nach,[3]) als ob der Erkenntnisakt, unfähig, das Weltall in einer einzigen Idee zu erfassen, sich bald auf diesen, bald auf jenen Gegenstand richten müsste, noch auch dem Grade nach, als ob Gott, um ein Gesamtbild zu gewinnen ein und denselben Gegenstand bald unter diesem, bald unter jenem Gesichtspunkte auffassen müsste, noch nach Ort oder Zeit, Unterscheidungen, die wesentlich mit den beiden ersteren zusammenfallen. Vielmehr umfasst die göttliche Weis-

---

) Erud. did. lib. VII. c. 20 pag. 830: Qui omnibus praesens est deitate, absens esse non potest visione.

[1]) Erud. did. l. c. Minui non potest, qui aliunde non est, quidquid est, sed idemipsum, quidquid est, ab ipso est, ab uno et unum totum, quod est.

[2]) Ib. Omnia videt, et de omnibus omnia videt, et semper videt et ubique videt.

heit alles zugleich und ein für allemal unter einem einzigen Strahl des Schauens," ¹) zugleich, das fordert seine Ewigkeit und Unermesslichkeit, mit welcher er jeder Wesenheit, jeder Form, jedem Orte und jeder Zeit gegenwärtig ist, ein für allemal, das verlangt seine absolute Einfachheit, welche das Verschwinden und Wiederaufleben von Erkenntnisbildern ausschliesst. Gibt es aber in Gott nur einen Erkenntnisakt, und ist auf der anderen Seite alles ihm gegenwärtig, so muss dieser eine Akt schlechthin alle wirklichen und möglichen Erkenntnisgegenstände umfassen. „Was bei ihm einmal ist, das ist immer, und was immer ist, das ist allumfassend. Gott sieht alles und von allem sieht er alles, er sieht es immer und überall. Was zukünftig ist, sieht er voraus, was gegenwärtig ist, sieht er, was vergangen ist, hält er fest, nicht etwa in Abhängigkeit von der Aussenwelt, sondern durch sein einfaches, aber allumfassendes Wesen. ²)

In der allumfassenden Einheit also erkennt Hugo, wie später der hl. Thomas, ³) den letzten Grund der intellektuellen wie essentiellen Unveränderlichkeit Gottes. „Denn was nur ein Teilwesen ist, das ist veränderlich, was aber nicht aus dem Teil ist, d. h. weder einen Teil des All ausmacht, noch aus Teilen zusammengesetzt ist, das ist unveränderlich. Gott nun, bei dem Sein, Leben und Erkennen dasselbe ist, kann, da er seiner Natur nach kein Teilwesen ist, auch seiner Erkenntnis nach nicht teilbar, nicht veränderlich sein." ⁴) Hugo sucht diese Wahrheit zu veranschaulichen durch Fiktion eines Wesens, dessen Körper nichts als Auge und dessen Sein nichts als Er-

---

¹) Ib. Quomodo vicissitudinem recipere possit sapientia, quae omnia simul et semel sub uno visionis radio comprehendit?

²) Nec aliud quam quod in ipso est praevidet, videt et retinet, sed quod advenit in tempore, fuit in visione et quod praeteriit in tempore, permanet in visione.

³) S. Thom. S. th. I. q. 9. a. 1. In omni eo, quod movetur, attenditur aliqua compositio. Ostensum autem supra quod in Deo nulla est compositio, sed est omnino simplex.

⁴) Erud. did. l. c. Quidquid ex parte est, mutabile est; et quidquid ex parte non est mutabile non est. Deus autem, cui idem est esse, vivere et intelligere, cum per essentiam ex parte non sit, nec per sapientiam ex parte esse poterit; sed sicut immutabilis est essentia, ita quoque immutabilis est sapientia.

kennen ist. Einem solchen Wesen würde in einem bestimmten Umkreise sich nichts entziehen können, und wohin auch immer die Dinge sich wenden möchten, der eine, sich gleichbleibende Strahl der Erkenntnis würde sie trotz ihrer Beweglichkeit unverändert treffen. Nun ist aber in der That Gottes Wesen nichts anderes als Erkennen und sein Wirkungskreis unbeschränkt. Mit ein und demselben Blicke kann er also das ganze grosse Reich der Unendlichkeit überschauen; und dieser allumfassende Blick erhält durch die absolute Einfachheit Gottes, welche eine Teilung und damit Vermehrung oder Minderung wie des Wesens, so auch des mit Gottes Wesen identischen Denkens ausschliesst, seine Permanenz, seine Unveränderlichkeit.[1] —

Mit ungewöhnlicher Sorgfalt also sehen wir den Viktoriner alle ihm erdenklichen Arten des veränderlichen Seins im Lichte des christlichen Gottesbegriffes erwägen, um die Krone und den Schlussstein der göttlichen Wesenseinheit,[2] seine absolute Unveränderlichkeit, möglichst allseitig darzuthun. Und in der That hat er im Laufe dieser Untersuchungen die Bedeutung und Tragweite jener göttlichen Eigenschaft eingehend dargelegt und treffende Gründe für dieselbe geltend gemacht, Gründe, die z. T. Gemeingut der späteren Theologie geworden sind.[3] Wenn dagegen die Folgezeit dem Lehrer der Viktorinerschule in seiner weitläufigen, induktiven Methode zur Darlegung der göttlichen Unveränderlichkeit nicht gefolgt ist, so ist vor allem zu bedenken, dass diese göttliche Eigenschaft gewöhnlich in einem viel engeren Sinne gefasst zu werden pflegt, als Hugo dies gethan hat, welcher unter derselben ganz allgemein die unlösbare Vereinigung und den stets gleichbleibenden Besitz jeglicher Vollkommenheit versteht und insofern selbst Gottes Ewigkeit und Allgegenwart als Unveränderlichkeit in Zeit und

---

[1] Ib. Quemadmodum si totum corpus tuum esset oculus, nec aliud tibi esset esse et aliud videre, quocunque se res verteret, praesens tibi non esse non posset. Res transiret et staret visio, et quocunque sua se mobilitate verteret, stanti non nisi praesens esset.

[2] Erud. did. lib. VII. c. 19. pag. 827: Quod vere et summe unum est, essentialiter et invariabiliter unum est.

[3] Unter den drei vom hl. Thomas (S. th. I. q. 9. a. 1.) für Gottes Unveränderlichkeit angeführten Beweisen treffen wir die Argumente aus der Einheit und absoluten Vollkommenheit auch schon bei Hugo.

Raum dem allgemeinen Begriffe der Unwandelbarkeit unterordnet.[1]) Übrigens müssen wir zugeben, dass die von Hugo hier angewendete Methode bei aller Klarheit und Allseitigkeit doch auch die Gefahr der Eintönigkeit und mannigfaltigen Wiederholung einschliesst, welcher auch der Viktoriner nicht ganz entgangen ist, abgesehen von der nur teilweise gelösten Schwierigkeit, wie bei jeder der zahlreichen Distinktionen eigene und eigentümliche, aber auch überzeugende Beweisgründe erbracht werden sollen.

Doch dürfen wir solche mehr äusserliche Mängel in einer Zeit, die nur mit Mühe zu systematischem Denken sich emporringen musste, nicht allzusehr betonen und vor allem die seltenen Vorzüge nicht übersehen, durch welche sich Hugos Darstellung des göttlichen Wesens würdig an die erhabene Spekulation des hl. Anselm reiht und alles weit überragt, was berühmtere Zeitgenossen wie Abälard und Lombardus in diesem Punkte geleistet haben. Mag auch die äussere Anordnung und die logische Schlussfolgerung noch nicht jene Klarheit und scharfe Präcision zeigen, wie sie in der Blütezeit der mittelalterlichen Theologie uns entgegentritt, so verstand es Hugo umso besser, seinen Erörterungen über Gottes Wesenseinheit einen ebenso originellen als fruchtreichen Ideengang zu grunde zu legen. Während der hl. Anselm seine Entwicklung des göttlichen Wesens, wie er sie in seinem Monologium[2]) niedergelegt hat, mehr auf abstrakten Ideen aufbaut, legt Hugo derselben die ganze empirische Wirklichkeit des Seins und des Strebens in seinen Gottesbeweisen zu grunde. Aus der Unselbstständigkeit der Welt erschliesst er den **absoluten Selbststand**, aus den mannigfach beschränkten, relativen Vollkommenheiten der Geschöpfe den Urquell und Inbegriff aller **Vollkommenheit**. Dieses höchste Wesen kann als das vollkommenste nur **eines** sein und muss alle diese Vollkommenheiten unzertrennlich, d. i. in unteilbarer **Einfachheit** in sich besitzen. Eben deshalb ist es erhaben über die Veränderungen des **Raumes** und der **Zeit** aber auch erhaben über jeden **Wechsel im eigenen Wesen und im eigenen Wirken.** So ist der Begriff der vollkommensten Ein-

---

[1]) Erud. did. l. c. Tribus modis fit omnis mutabilitas etc.
[2]) Migne 158; pag. 144—223.

heit und einheitlichen Vollkommenheit nach allen wesentlichen Seiten berührt und alles, was eine spätere Theologie, selbst der hl. Thomas, in diesem Punkte geleistet hat, baut sich immer wieder auf jenen grundlegenden Wesensvollkommenheiten Gottes auf, die Hugo von S. Viktor zwar nicht zuerst entdeckt, aber wohl zuerst zu einem klaren systematischen Zusammenhang verbunden und auf das Fundament der Einheit und Einfachheit des göttlichen Wesens gegründet hat, eine Einteilung, die durch den hl. Thomas sozusagen Allgemeingiltigkeit in der theologischen Behandlung des göttlichen Wesens erlangt hat. Aber nicht nur die lichtvolle Entwicklung und Zusammenstellung der göttlichen Seinsvollkommenheiten im Allgemeinen, sondern auch die nähere Ausführung der einzelnen Eigenschaften ist durchaus nicht ohne Wert für den Fortschritt der Theologie gewesen, was schon daraus hervorgeht, dass Hugos Beweise, wie wir gesehen haben, häufig in irgend einer Form beim hl. Thomas wiederkehren. Und dass der englische Lehrer in diesem Teile der Theologie auch den grossen Viktoriner zu seinen Führern zählte, dürfen wir sowohl im allgemeinen aus seiner grossen Hochachtung für den Gründer der Viktorinerschule folgern als auch insbesondere daraus, weil Hugos Zeitgenossen, namentlich auch der grosse Sentenzenmeister des Mittelalters, Petrus Lombardus, die Lehre „von dem einen Gott" so gut wie gar nicht behandelten. Umsoweniger können wir dem Talente und feinen Verständnisse des Viktoriners unsere bewundernde Anerkennung versagen, der nach den tiefsinnigen Speculationen eines Anselm die Lehre von Gottes Wesenheit in einer wesentlich neuen, gewiss ebenso fruchtbaren Weise betrachtete, und mit geschickter Hand als der erste Summist dem Gesamtschatze der christlichen Theologie einen wesentlichen, von seiner Zeit jedoch vernachlässigten Teil eingefügt hat, damit er als das Fundament des christlichen Gottesbegriffes eine unüberwindliche Schutzwehr sei gegen alle Zerrbilder rein menschlicher Gottesvorstellungen.

IV. Capitel.
Hugos Trinitätslehre.
§ 1.
Erkennbarkeit der Trinität. Hugo und Abälard.

Die Eigenschaften des göttlichen Seins finden, wie wir gesehen haben, bei Hugo ihren vollendeten Abschluss in der allseitigen Einheit, in der unbedingten und unermesslichen Erhabenheit über jede geschöpfliche Vollkommenheit, über alles geschaffene Sein. Aber dieser eine und einfache Gott mit seiner unnahbaren Hoheit und ewigstarren Unwandelbarkeit möchte in unserer Vorstellung nur allzuleicht die Idee des unbeugsamen Gewaltherrschers, des unabänderlichen, sich selbst und die Welt in unlösbaren Fesseln haltenden Naturzwanges annehmen, wenn uns nicht in dieser absoluten Einheit zugleich auch ein wunderbar reiches inneres Leben geoffenbart würde durch das Geheimnis der allerheiligsten Dreifaltigkeit. „Vor und über aller Creatur steht der Schöpfer, zwar einzigartig aber nicht einsam,"[1] das ist also der erhabene Gedanke, mit welchem Hugo an die Lehre von Gottes Wesenseinheit sogleich die Entwicklung seiner Dreipersönlichkeit anschliesst, zumal da nach des Viktoriners hoher Auffassung die Eigenschaften des göttlichen Wirkens, wie auch dieses Wirken selbst gerade von dem dreipersönlichen Gottesbegriffe ihre volle Klarheit und ihr lichtvolles Verständnis erhalten.

Aber während die Entwicklung der göttlichen Seinsvollkommenheiten durchaus als eine originelle und verdienstvolle Leistung Hugos anerkannt werden muss, ist man sehr geneigt, dem Viktoriner in seiner Behandlung der Trinität eine sclavische Abhängigkeit von seinem grossen Zeitgenossen Abälard zum Vorwurfe zu machen. Selbst I. E. Erdmann,[2] der doch den Lehrer der Viktorinerschule als den heftigsten Gegner Abälards

---

[1] De Sacr. lib. I. prs. III. c. 31 col. 232: Ante omnem creaturam Creator quidem solus erat, sed tamen non solitarius.

[2] E. Erdmann: Gesch. d. Philos. I. 3. Aufl. Berlin 1878. S. 279. „Die Behandlung der Dreieinigkeit ist sehr dem Abälard ähnlich."

bezeichnet, findet seine Darstellung der Trinität „dem Abälard sehr ähnlich." Da nun aber gerade Abälard es ist, welcher neben Gilbert de la Porrée zu Hugos Zeit einige von der allgemeinen Glaubenslehre der Kirche sich entfernende Meinungen aufstellte und so die kirchliche Wissenschaft zu einer Weiterbildung des Trinitätsdogmas veranlasste, so ist es notwendig, seine Sondermeinungen uns kurz zu vergegenwärtigen, um sowohl Hugos angebliche Abhängigkeit von dem grossen Dialektiker als auch die allgemeine Bedeutung des Viktoriners für die Entwicklung der Trinitätslehre bei der Darstellung seines trinitarischen Systems verfolgen zu können. —

Abälard gilt mit Recht als der Rationalist des zwölften Jahrhunderts, allerdings weniger nach seiner subjektiven Ueberzeugung, die durchaus gläubig und kirchlich war, wohl aber in der Verteidigung des Glaubens gegen die Einwände der Ungläubigen, die man mit ihren eigenen dialektischen Waffen schlagen und durch die Zeugnisse ihrer eigenen Philosophen widerlegen müsse.[1]) Dieser Gedanke ist jedoch an sich weder neu noch irrig, vielmehr wurde er wie auch Abälard zu seiner Rechtfertigung anführt, bereits von den Vätern praktisch verwertet und von der Kirche stets gebilligt. Aber während die kirchliche Wissenschaft allezeit den übernatürlichen Charakter der Glaubenswahrheiten betont und durch äussere wie innere Gründe nur die Vernünftigkeit der Zustimmung zu einer in ihren höchsten Sätzen dem menschlichen Verstande unbegreif-

---

[1]) Wiederholt rechtfertigt Abälard seine rationalistische Behandlung der christlichen Mysterien mit dem Hinweis auf die Hartnäckigkeit der Ungläubigen, die sich durch die Autorität der hl. Schrift nicht bestimmen lassen, und ebensooft erklärt er sich zum Widerruf etwaiger Unrichtigkeiten in seiner Darstellung bereit, ein Versprechen, das er in der That nach seiner Verurteilung (1121 zu Soissons, 1141 zu Sens) treu erfüllt hat. Cf. Theol. christ. III. Migne 178, 1227: Cum talium importunitas corrixariorum neque sanctorum neque philosophorum auctoritate compesci possit, nisi humanis rationibus eis resistatur, qui humanis rationibus invehuntur, decrevimus et nos stultis secundum stultitiam suam respondere et eorum impugnationes ex ipsis artibus, quibus nos impugnant, conquassare . . . In quo quidem si culpis meis exigentibus a catholica, quod absit, exorbitavero sententia et locutione, ignoscat ille mihi, qui ex intentione opera diiudicat, parato semper ad omnem satisfactionem de male dictis vel corrigendis vel delendis, cum quis fidelium vel virtute rationis vel auctoritate Scripturae correxerit.

lichen Offenbarung darthut, will Abälard gerade den objektiven Glaubensinhalt, nicht den subjektiven Glaubensakt, der menschlichen Vernunft unterwerfen, er leugnet jede übervernünftige Wahrheit und will nichts annehmen, „weil Gott es gesagt hat, sondern weil er überführt wird, dass es so sei."[1] —

Von diesem Standpunkte aus kann naturgemäss auch die Lehre von der göttlichen Dreieinigkeit keine übervernünftige Wahrheit sein; und in der That schreibt Abälard schon den Juden sowohl als den Heiden die Kenntnis dieses Geheimnisses zu, und der Vorzug der christlichen Wahrheit beschränkt sich nach ihm darauf, das die Trinitätslehre von Christus nur deutlicher und sorgfältiger ausgeführt worden sei.[2] Insbesondere erkennt er einen klaren Hinweis auf die Trinität in der platonischen Unterscheidung zwischen Gott, dem Nous und der Weltseele.[3]

Findet aber Abälard dieses Geheimnis so vernunftgemäss, so liegt die Vermutung nahe, dass er überhaupt über den tiefen Inhalt dieser erhabensten christlichen Lehre sich nicht klar gewesen ist oder doch wenigstens dieses Geheimnis in seiner wissenschaftlichen Speculation nicht nach allen Seiten gewürdigt hat. In der That versteht er unter den drei göttlichen Personen nichts anderes als die Attribute derselben, die drei Eigenschaften der Macht, Weisheit und Güte, welche jedem Geiste und deshalb auch dem vollkommensten und höchsten Geiste notwendig zukommen müssen.[4]

---

[1] Introd. ad theol. II, 3 Migne 178, 1050: Nec quia Deus id dixerat creditur, sed quia hoc sic esse convincitur. — Auch wenn man mit Deutsch (P. Abaelard S. 118 ff.) obige Stelle nicht im behauptenden, sondern im einfach referierenden Sinne fasst, lässt sich Abälards rationalistische Tendenz nicht in Abrede stellen.

[2] De unitate et trinit. div. ed. Stölzle I, 2: Hanc divinae Trinitatis distinctionem non a Christo incoeptam, sed ab ipso apertius ac diligentius traditam esse ostendamus, quam quidem divina inspiratio et per prophetas Judaeis et per philosophos gentibus dignata est revelare. — Diese Stelle hat Abälard wörtlich wiederholt in Theol. christ. I, 2. Migne 178 col. 1126.

[3] Theol. christ. IV, 4. Migne 178, 1307.

[4] De unit. et trinit. div. I, 2: Nomine patris potentia designatur, nomine filii sapientia, nomine spiritus sancti bonus affectus circa creaturas. Cf. Theol. christ. IV, 4. Migne 178, 1314. Stark modalistisch angehaucht ist auch Abälards Vergleichung des Personenunterschiedes in Gott mit der virtuellen Verschiedenheit accidenteller Eigenschaften. z. B. De unit. et trinit. div. III, 1 (Stölzle S. 68): Sicut dicimus hanc animam esse diversam diffinitionibus, secun-

Wenn er nun dem bei seiner Trinitätslehre unvermeidlichen Modalismus entgehen wollte, so sah er sich genötigt, jene Eigenschaft, welche nach ihm die einzelne göttliche Person constituieren soll, natürlich dieser Person in einem gewissen ausschliesslichen Sinne zuzuschreiben, weshalb ihn der heilige Bernhard beschuldigt, er habe im Vater die volle göttliche Macht, im Sohne nur eine gewisse, im hl. Geiste gar keine Macht angenommen.[1]) Um den Unterschied von Sohn und hl. Geist zu erklären, liess er zwar den Sohn, nicht aber den hl. Geist aus der Substanz des Vaters hervorgehen[2]), wogegen ihm Bernhard mit Recht den Einwand machte, dann müsse eben der hl. Geist aus dem Nichts erschaffen sein: kurz, es ist ein Schwanken zwischen Modalismus und Tritheismus, zwischen rationalisierendem Nominalismus und krassem Realismus, wie es nur aus der rücksichtslosesten Beiseitesetzung der gesamten wissenschaftlichen und doktrinellen Überlieferung sich ergeben konnte.[3])

---

dum hoc scilicet, quod est sapiens et justa, ita deum concedimus esse diversas diffinitionibus personas, secundum hoc scilicet, quod est potens et sapiens et benignus.

[1]) Denzinger, Enchiridion (5. Aufl. 1874) S. 118 no 310: Capitula Abaelardi. — S. Bernh. Contr. haereses P. Abael. c. 2. Migne 182, 1049; Id. De errorib. Abael. 1 col. 1085. Abälard selbst gibt seine Trinitätslehre am vollständigsten in Introductio lib. II. cc. 13—18. M. 178, 1080—85 und Theol. christ. lib. IV. col. 1297 ff.

[2]) Introd. lib. II, 18. Migne 178, 1085 B.

[3]) Schon diese skizzenhafte, aber quellenmässige Darstellung von Abälards trinitarischen Sondermeinungen lässt keinen Zweifel, dass A. thatsächlich in manchen Punkten sich mit der seit den Väterzeiten in der Kirche festgehaltenen Lehre in Widerspruch gesetzt hat. Gerne stimmen wir Hausrath bei, wenn er (Peter Abaelard S. 62) behauptet, Abälard sei es nicht „um etwas anderes zu thun gewesen als darum, die kirchlich festgesetzte Lehre von der Dreieinigkeit logisch begreiflich zu machen." Aber folgt daraus, dass die kirchlichen Kreise nicht das Recht hatten, gegen seine Irrtümer vorzugehen, dass Abälard (wie Hausrath a. a. O. und später S. 216 ff. behauptet) sowohl zu Soissons als zu Sens ein „Opfer theologischer Bosheit" oder kleinlicher, gehässiger Intrigue geworden ist? — Ein solches Urteil, unterstützt durch solche und ähnliche, äusserst willkürliche und subjektive Gründe, mag allerdings in der Vorliebe H.s für den Helden seiner Darstellung, z. T. auch in seiner Abneigung gegen die kirchliche Wissenschaft, seine Erklärung finden, aber auf objektive Giltigkeit scheint es mir nicht Anspruch machen zu können. Es ist nicht vorurteilsfrei, und darum nicht gerecht, und darum auch nicht wissenschaftlich.

Wenn wir nun im Anschluss an diesen von Abälard und seinen zahlreichen Anhängern vertretenen Rationalismus die Ansicht Hugos über die Erkennbarkeit der allerheiligsten Dreifaltigkeit prüfen, so möchte es uns fast befremden, bei dem so streng kirchlichen und so oft als Feind jeder Vernunfterkenntnis verschrieenen Viktoriner zuweilen eine Ausdrucksweise zu finden, die mit Abälards Grundsätzen scheinbar übereinstimmt. Denn nicht nur erkennt er in der Natur die „Spuren", wie des einen, so auch des dreieinen Gottes, sondern er spricht auch geradezu von „Beweisen", die wir auf grund der Schöpfung für die Dreipersönlichkeit Gottes führen können, und zwar nicht etwa von Wahrscheinlichkeitsargumenten, sondern von unwiderlegbaren Vernunftbeweisen. „Es hat die Vernunft", so sagt Hugo u. a., „für die Trinität mancherlei Gleichnisse in den geschaffenen Dingen: denn Gott, der in sich nicht geschaut werden kann, hat sich geoffenbart in seinem Werke"[1]; und an einer anderen Stelle[2]: „Die Vernunft findet durch natürliche Gründe, dass Gott existiert; aber dazu kommen noch andere Vernunftgründe, welche beweisen, nicht nur, dass Gott existiert, sondern auch, dass er nur einer und doch dreifach ist", und als ob diese und ähnliche Ausdrücke noch nicht deutlich genug wären, krönt er gleichsam seinen Rationalismus mit dem Ausspruche[3]: „Durch unbestreitbar wahren Vernunftbeweis werden wir gezwungen, in der Gottheit die Dreiheit der Personen und die Einheit der Substanz zu erkennen."

Doch betrachten wir diesen angeblich zwingenden Vernunftbeweis näher! Ausgehend von dem unzählige Male ausgesprochenen Grundsatze, dass das Werk immer auf die Beschaffenheit des Urhebers schliessen lasse[4], findet es Hugo ganz

---

[1] S. Sent. tract. I. c. 6. Migne 176 col. 51 A.

[2] De Sacr. lib. I. prs. III. c. 11 col. 220 A. Cf. Ib. c. 19 col. 225 D: Arguit et commendat (ratio), quod non solum unus, sed trinus est Deus; Ib. c. 28 p. 230; In ep. ad Rom. q. 40 Migne 175 col. 441: Philosophi soli rationi innixi multa non solum in comprehensione veritatis circa creaturas, sed etiam circa Creatorem cognoverunt, scilicet quod Deus est, et unus est, et quod trinus est.

[3] Erud. did. lib. VII. c. 21 col. 832: Inexpugnabili ratione veritatis cogimur in deitate personarum trinitatem et substantiae unitatem cognoscere.

[4] De Sacr. l. c. c. 20 col. 225: Omnis natura loquitur ad auctorem suum et indicat quod factum est opificem intelligendi sensum habentibus.

natürlich, dass die Welt, das Werk Gottes, uns über das innere Wesen ihres Schöpfers irgendwelche Aufschlüsse gebe. Je vollkommener nun diese Schöpfungswerke sind, desto klarer müssen sie naturgemäss die höchste, ungeschaffene Vollkommenheit widerspiegeln.[1]) Das vollkommenste Geschöpf aber, das wir kennen, ist unsere eigene, vernünftige Seele, die in ganz vorzüglicher und eigentlicher Weise nach dem Ebenbilde Gottes geschaffen ist. Deshalb muss auch das innerste Wesen des Schöpfers, nämlich seine Dreieinigkeit am deutlichsten aus der Beschaffenheit unseres Geistes erkennbar sein. „So hat also der Mensch die Spur der Trinität bereits damals gefunden, als er zum erstenmale zu erkennen anfing, was in ihm selbst war."

Wenn nämlich der vernünftige Geist sich selbst betrachtet, so findet er, dass aus ihm als erster und vorzüglichster Akt, als erste und hauptsächlichste Manifestation des vernünftigen Lebensprincips der Gedanke, der Verstand, die Weisheit hervorgeht.[2]) Indem nun der Mensch auf diesen seinen Verstand, mit dem er sowohl sich selbst als auch alles ausser sich erfasst, sein Augenmerk richtet und erwägt, wie scharfsinnig derselbe die Wahrheit unterscheidet, wie er überhaupt erst dem Menschen die ihm entsprechende Würde verleiht und für ihn eine Quelle reinster Freude wird, dann muss er notwendig sofort an ihm sein Wohlgefallen haben und ihn lieben, und dies nicht etwa nur in dem Grade, wie er auch jedes andere beliebige Gut liebt, sondern in einer ganz vorzüglichen und gewissermassen einzigartigen Weise als das Princip all seiner Freuden, die ja keine Freuden sind, wenn sie nicht durch das Erkenntnisvermögen zum Bewusstsein gebracht werden. Daher gilt für den vernünftigen Geist der

---

[1]) De Sacr. lib. I. pars III. col. 225: Sunt in his simulacra quaedam quasi de longe significantia et habentia similitudinem pro parte; quaedam vero expressa imagine et perfecta aemulatione consignata claram demonstrationem efficiunt. In his ergo citius, quod invisibile Dei est agnoscitur ... Hoc autem est ipsa rationalis creatura, quae excellenter et proprie ad illius similitudinem facta est ... In hoc ergo primum trinitatis vestigium inventum est, cum agnoscere coepit ipsa, quod erat in se.

[2]) L. c. col. 225 C; Erud. did. lib. VII. c. 21 col. 831: Certe mens rationalis una est et generat de se intellectum, una unum. Quem nonnunquam dum conspicit, quam subtilis, quam verus, quam conveniens, quam jucundus sit, mox diligit eum et complacet sibi in ipso.

Satz: „Erkenntnis, Weisheit ist Leben, und Liebe zur Weisheit ist des Lebens Seligkeit."[1])

Drei Dinge also sind es, welche das vernünftige Sein in seiner Vollkommenheit constituieren, nämlich: a) die **Substanz des Geistes**, seine innere Lebenskraft oder der Geist schlechthin, dann b) der **Intellekt**, welcher aus dem Geiste geboren wird, und endlich c) der **Affekt** oder die Liebe, welche gleichmässig aus beiden entsteht[2]); und trotz dieser scheinbaren Dreiheit bildet doch der vernünftige Geist die vollkommenste Einheit, die wir durch die Erfahrung kennen, eine gewisse Dreieinigkeit, wenn auch die dieselbe constituierenden Momente weder unter einander gleichwertig, noch auch von einander absolut untrennbar sind. Doch diese letzteren Unvollkommenheiten sind im göttlichen Wesen ausgeschlossen, während jene drei dem aktuellen vernünftigen Geiste notwendigen Dinge: Geist, Erkenntnis und Wille Gott, dem höchsten Geiste, unmöglich fehlen können. Auch aus dem göttlichen Geiste wird also die Weisheit geboren, und auch in Gott geht aus der Verbindung von Geist und Weisheit die Liebe hervor. Aber Weisheit und Liebe, die beim geschaffenen Geiste nur zeitliche Accidenzien sind, können dies nicht sein im göttlichen Wesen, in welchem es überhaupt keine Accidenzien gibt.[3]) Insbesondere können sie nicht dem zeitlichen Ursprung oder Wechsel unterliegen; denn „wenn Gott einmal ohne Weisheit gewesen wäre, wer hätte ihm dann seine Weisheit geben sollen, ganz abgesehen davon, dass es in sich schon eine absurde Behauptung wäre, derjenige, welcher die Quelle und der Ursprung der Weisheit ist, sei einmal ohne Weisheit gewesen."[4]) Hatte aber Gott stets seine Weisheit, so hat er sie auch stets geliebt; und deshalb ergibt sich für die gött-

---

[1]) Sapientia enim vita, et amor sapientiae est felicitas vitae. L. c. c. 32 col. 832.

[2]) Ib. c. 31. col. 831: De mente intellectus nascitur, de mente pariter et intellectu amor oritur.

[3]) De Sacr. lib. I. prs. III. c 22, 226 A: Trinitas est vera, et unitas manet perfecta, quoniam in Deo nihil esse potest, quod Deus non est.

[4]) Erud. did. l. c. 831: Nam si aliquando sine sapientia fuisse dicitur, quis eum postmodum sapientem fecerit, aut a quo sapientiam acceperit, nullo modo invenitur, cum et hoc absurdissimum sit et ab omni ratione alienum credere eum, qui est fons et origo sapientiae, aliquando sine sapientia exstitisse.

liche Weisheit und Güte ebendasselbe ewige Dasein, wie es der eigentliche Wesensgrund des göttlichen Geistes besitzt. Und dennoch scheinen dem Viktoriner diese Eigenschaften nicht mit ihrem Urgrunde nach allen Seiten identisch zu sein, da sie ja aus diesem Urgrunde hervorgehen.[1]) — So findet also die Vernunft in Gott dem Wesen nach eine Einheit, und doch in gewissem Sinne wieder eine Dreiheit[2]), eine Entdeckung, welche durch die Offenbarung erklärt und bestätigt wird.

Wenn wir diesen Beweis an sich betrachten und damit die bei der Behandlung der Trinitätslehre stets sich wiederholenden Stellen vergleichen, welche geradezu von strikten Beweisen für die göttliche Dreieinigkeit sprechen, so können wir nicht leugnen, dass Hugo einen Vernunftbeweis für die Trinität nicht positiv ausgeschlossen hat, in dem Sinne nämlich, dass wir auch ohne die Offenbarung, lediglich durch Betrachtung unseres Geistes zu einer, wenn auch unklaren Unterscheidung einer gewissen Dreiheit in und trotz der Einheit Gottes gelangen könnten. In dieser Thatsache ist also die Ähnlichkeit mit Abälard unverkennbar, und die Unbefangenheit, mit welcher Hugo bei Behandlung dieses Punktes zum Teil in Abälards Redewendungen sich bewegt, zeigt deutlich, dass bei Abfassung seiner Schriften sich noch nicht jener allgemeine Sturm gegen den rationalistischen Dialektiker erhoben hatte, der zu seiner Verurteilung auf dem Concil von Soissons im Jahre 1141, dem Todesjahre Hugos führte.[3])

---

[1]) De Sacr. l. c. col. 226 A: Neque enim, qui a nullo est, esse potest ille, qui ab alio est; et qui ab utroque est vel ille, qui a nullo est, vel qui ab illo tantum est, esse potest.

[2]) Erud. did. VII. c. 21, 832 A: Quia superius Creatorem omnium summe et vere unum esse asseruimus, haec tria in Deo unum esse substantialiter oportet confiteamur.

[3]) Wie unter diesen Umständen noch Hausrath von Hugo im allgemeinen als einem der „entschiedensten Gegner Abälards" sprechen (Abälard S. 224), oder gar die „mystische Schule" und vorab den hl. Bernhard von langer Hand gegen den berühmten Lehrer in Paris „intriguieren" lassen kann, ist mir unbegreiflich. Hugo erkennt Abälard als hervorragenden Lehrer rückhaltlos an, und wenn er ihn ausdrücklich erwähnt (wie z. B. In ep. ad Rom. q. 39 Migne 175. 440), so geschieht es mit aufrichtiger Hochachtung. Freilich ist er nicht überall mit den Resultaten Abälards einverstanden, aber dieses Recht kann man ihm als einem selbstständigen Gelehrten doch wohl nicht absprechen. Und wenn dann die Polemik gegen die „Grübler und Vernünftler" (De Sacr.

Doch bei dieser äusseren Gleichheit der Ausdrücke dürfen wir den inneren Unterschied der Anschauungen nicht übersehen; dass es nicht dasselbe ist, wenn zwei dasselbe sagen, das bewahrheitet sich auch hier. Vor allem ist zu beachten, dass Hugo unter Vernunfterkenntnis in der Theologie niemals die natürliche, auf sich selbst gestellte Einsicht allein versteht, sondern immer das durch den Glauben erleuchtete Erkennen; „denn die menschliche Vernunft kann den Weg der Wahrheit nicht finden, wenn sie nicht durch das Wort Gottes erleuchtet wird."[1]) Es ist also der Beweis für Gottes Dreieinigkeit, wenn er auch aus der Vernunft geführt wird, immerhin nur der Beweis für eine bereits im Glauben feststehende These, und Hugo mit seiner strengen Beurteilung der rein natürlichen Wissenschaft wäre gewiss der letzte, welcher bei den Heiden Zeugnisse für dieses Geheimnis suchen würde. Denn die Wissenschaft der Heiden ist ihm nur mustergiltig, soweit sie sich auf die äussere Natur erstreckt, aber bereits in der Erforschung des menschlichen

---

1, 2 c. 22) zuweilen etwas herber wird, so erklärt sich dies hinreichend aus den gewagten, unkirchlichen Behauptungen, welche von Abälards Schule aufgestellt wurden, und insbesondere aus der anmassenden Sprache dieser lästigen Dialektiker, die, wie H. selbst zugibt, nicht ohne Grund mit der ägyptischen Froschplage verglichen wurden. Niedrige Motive, wie sie H. nach berühmten Vorgängern den Gegnern Abälards und selbst dem hl. Bernhard zu imputieren sucht, scheinen mir nicht durch hinreichende Beweise verbürgt und im Widerspruch zu sein mit dem sonst bekannten Charakter jener Männer, die sich zumeist gegen Abälards Neuerungen verwahrten. Hugo und Bernhard waren ernste Männer der Wissenschaft, und mindestens ebensogut als ihre modernen Kritiker haben sie das Recht, ernst genommen und gerecht beurteilt zu werden. Aber ist es eine ernste Beurteilung, wenn H., gestützt auf ganz inkompetente Richter, zumeist notorische Gegner Bernhards, von Leichtgläubigkeit (Otto v. Freising), Eifersucht (Arnold v. Brescia!), Eitelkeit (Berengar v. Poitiers, der später selbst seine Anklage widerrief) des grossen Mannes redet (S. 223), wenn er die Verhandlungen zu Sens nach einem höchst tendenziösen, geradezu gehässigen Berichte anführt (S. 248) und während Abälard selbst der Disputation durch Appellation nach Rom aus dem Wege ging, dem hl. Bernhard die Schuld davon beimisst, „weil dieser Abälards überlegene Gelehrsamkeit und Schlagfertigkeit fürchtete" (S. 225). Bei solchen Beurteilungen kirchlicher Personen und kirchengeschichtlicher Ereignisse scheint mir doch allzusehr der erste Grundsatz billiger Beurteilung missachtet zu werden: Malum non praesumitur, sed **probari** debet.

[1]) De Sacr. I, 3 c. 21, 234 C: Ratio humana, nisi verbo Dei fuerit illuminata, viam veritatis videre non potest.

Geistes und seiner wahren Bedürfnisse führt ihr umdüsterter Blick auf Irrwege, das Wesen des göttlichen Geistes aber war ihr fast vollständig verschlossen. „Der menschliche Verstand schien zwar Fortschritte zu machen in dem, was ausser ihm lag, aber in der Betrachtung seines eigenen inneren Wesens zeigte er sich mangelhaft, und den, der über ihr stand, fand er gar nicht."[1]) Wenn daher auch der Viktoriner bei Erklärung des Römerbriefes die Frage, ob auch die Heiden eine Dreiheit in Gottes Wesenheit erkannten, nicht schlechtweg negiert, so will er doch auch bei ihnen eine solche Erkenntnis nur als das Werk der Gnade ansehen,[2]) und nicht mit Unrecht erkennt hierin K. Werner[3]) einen wesentlichen Fortschritt zur thomistischen Auffassung von der absoluten Übernatürlichkeit unserer Trinitätserkenntnis. Jedenfalls aber hat Hugo dieser erhabensten Lehre des Christentums ihren Charakter als Geheimnis insofern gewahrt als er die Einsicht in die letzten Gründe jener Wahrheit für ausser dem Bereiche menschlicher Forschung liegend erklärt: „Mag auch die Vernunft noch so eifrig nachforschen, warum dies so sei, sie wird es doch nicht leicht hierin zum Wissen bringen, obwohl sie daran nicht zweifeln darf."[4]) Deshalb trägt er auch kein Bedenken von der göttlichen Trinität mit dem hl. Ambrosius zu bekennen: „Das Denken versagt, die Stimme schweigt, nicht nur die des Menschen, sondern auch die der Engel; dieses Geheimnis übersteigt jeden geschaffenen Verstand."[5])

Aus all dem ergibt sich zur Genüge, was Hugo selbst von seinem angeblich stringenten Trinitätsbeweise gehalten wissen will: Eine gewisse Dreiheit, und zwar die des Seins, des Erkennens und des Wollens können wir zwar in Gott auf grund

---

[1]) In hierarch. coelest. Migne 175, 925 A: Videbatur extra se proficere, sed defecit in se, et eum, qui erat supra se, non invenit.

[2]) In ep. ad Rom. q. 40. M. 175, 441 C: Ad hanc cognitionem (sc. quod Deus unus et quod trinus est) philosophi non videntur pervenisse sine gratiae adjutorio.

[3]) Carl Werner, Der hl. Thomas v. Aquin, Regensburg 1858, I. Bd. S. 52.

[4]) De Sacr. I, 3 c. 25, 227 A: Et diligenter conquirat ratio, quare ita sit, cum nec ita esse dubitare liceat, nec quomodo sit, facile sciri possit.

[5]) S. Sent. I. c. 7, 53 D: Mens deficit, vox silet, non hominis tantum, sed angelorum; super angelos, super cherubim, super seraphim, super omnem sensum est.

unseres eigenen Geistes ahnen und selbst wie der Viktoriner in seiner lebendigen Glaubensüberzeugung sagt, durch unwiderleglichen Vernunftschluss erkennen, ebenso dass diese Unterschiede nicht accidentelle, und hinwiederum, dass sie keine substantiellen sind. Dass jedoch eine **persönliche** Dreiheit zugleich mit einer wesenhaften Einheit bestehen kann, das vermag nur die Autorität der Offenbarung dem Menschen **gewiss zu machen**, und nur, wenn er im Glauben diese übervernünftige Wahrheit angenommen hat, befähigt ihn sein durch das übernatürliche Licht geschärfter Verstand wenigstens dazu, den Vorwurf der Widervernunft von diesem Dogma abzuweisen; denn „von dem, was er nicht ganz einsieht, sieht er doch etwas, und die Wahrheit, die nicht begriffen werden kann, verurteilt uns dennoch nicht zur einfältigen Ignoranz."[1]) Und dieses Etwas, das wir sehen, ist eben nichts anderes als die Dreiheit der dem vernünftigen Geiste in seiner vollkommenen Ausgestaltung eignenden Kräfte, die mit der göttlichen Einheit und Unveränderlichkeit in Einklang zu bringen sind, ohne dass jedoch irgend eine Kraft ihre selbstständige Bedeutung verliert. Diese bereits beim geschöpflichen Geiste sich findende Dreiheit in der Einheit kann Hugo in der That als unwiderlegbares Argument für die Trinität geltend machen, allerdings nicht in dem Sinne, als ob die Dreipersönlichkeit Gottes mit Gewissheit **erschlossen** werden könnte, sondern insofern dadurch die **Vernunftgemässheit** des durch den Glauben erkannten Geheimnisses unbestreitbar dargethan wird. Aber hier müssen wir zugeben, dass Hugo weder im Worte noch im Sinne genau unterschieden hat zwischen zwingenden Vernunftbeweisen und erklärenden Analogieen.

Doch diese unbefangene Sprache und Anschauung war in der damaligen Theologie nichts ungewöhnliches, sonst würde Hugo wohl mehr Bedenken getragen haben, den kühnen Ausführungen Abälards, deren bedenkliche Folgen er augenscheinlich nicht in ihrer ganzen Ausdehnung überschaute, wenigstens dem äuseren Ausdrucke nach in dem Grade sich anzuschliessen, als wir dies bei ihm wahrgenommen haben. In der That be-

---

[1]) De Sacr. I, 3 c. 25, 227 B: Videt aliquid ex eo, quod totum non videt, nec ignorare permittitur, quod non sinitur apprehendere.

zeichnet auch Anselm von Canterbury als den Zweck seines die Gotteslehre behandelnden Monologiums den, „das nichts durch die Autorität der hl. Schrift der Ueberzeugung nahegelegt werden solle, sondern dass der Vernunftzwang das aufnötigen, und die Helle der Wahrheit das klar machen solle, was der Glaube bezüglich der einzelnen Fragen behauptet." [1]) Und für die Zulässigkeit eines solchen Verfahrens beruft sich Anselm mit Recht auf den hl. Augustinus, der in seinem 15. Buche über die Trinität,[2]) „die Frage, ob das Schöpferwesen dreieinig sei, nicht nur für die Gläubigen durch die Autorität der göttlichen Schrift, sondern auch für die einfachen Vernunftmenschen durch irgend einen Vernunftgrund zu lösen sucht, wenn dies möglich sei." Und so findet auch Augustin schon, trotz seiner strengen Betonung der göttlichen Unbegreiflichkeit fast in demselben Denkprozess wie sein Schüler, „der zweite Augustinus", eine gewisse Dreiheit in der göttlichen Einheit. „Wenn wir nämlich", so führt der grosse Kirchenlehrer

---

[1]) S. Anselmi Monolog. praef. Migne 158, 1 col. 143: Fratres hanc mihi formam praestituerunt, quatenus auctoritate Scripturae penitus nihil in ea persuaderetur, sed quidquid per singulas investigationes fides assereret, et rationis necessitas breviter cogeret et veritatis claritas patenter ostenderet. Cf. Ib. c. 64 col. 210. — Mignon (Les origines de la Scolastique etc. I, 292) findet zwischen Anselm und Hugo den Unterschied, dass A. noch die ganze Trinitätslehre, H. dagegen nur die Thatsache der Dreipersönlichkeit Gottes, nicht aber die eigentümlichen Merkmale der einzelnen Personen aus der Vernunft habe erschliessen wollen. Ich kann dieser Aufstellung nicht beistimmen. Denn weder stellt Anselm die Notwendigkeit der Offenbarung bezüglich des Trinitätsgeheimnisses in Abrede, noch beschränkt Hugo diese Notwendigkeit lediglich auf die Proprietäten. Zur Stellung Anselms in diesem Punkte vgl. z. B. Monol. c. 64 Migne 158, 1 col. 210: Videtur mihi huius tam sublimis rei secretum transcendere omnem intellectus aciem humani, et idcirco conatum explicandi, qualiter hoc sit, continendum puto. — Anselm und Hugo stehen hier nach meinem Dafürhalten auf ganz gleichem Standpunkte; sie erkennen und betonen die Unterordnung der natürlichen Vernunft unter die Offenbarung, aber die klare und genaue Abgrenzung des natürlichen und übernatürlichen Gebietes in der trinitarischen Speculation ist erst dem hl. Thomas gelungen. S. unten S. 128!

[2]) S. Aug. de Trinit. 15, 1 Migne 42, 1057: Natura non creata, sed creatrix utrum sit Trinitas, non solum credentibus divinae Scripturae auctoritate, verum etiam intelligentibus aliqua, si possumus, ratione iam demonstrare debemus.

aus¹), „schon im Menschen eine Trinität entdecken, nämlich den Geist, das Erkennen, mit welchem er sich erfasst, und die Liebe, mit welcher er sich liebt, . . . warum erkennen wir in diesem Bilde nicht die göttliche Trinität? Oder kann man von jener Weisheit, welche Gott genannt wird, sagen, dass sie sich nicht erkenne und nicht liebe?"

Wir sehen also, dass Hugo in der Behandlung der erhabensten und geheimnisvollsten christlichen Glaubenslehre, sich doch in letzter Linie auf eine gewichtigere Autorität stützte als sie ein zeitgenössischer Lehrer zu bieten vermochte, dem man weder kirchlichen Geist noch kirchliches Leben in besonders hohem Grade zusprechen konnte. Und gerade diese bewährtere Führung wie auch das lebendige Glaubensbewusstsein des Viktoriners selbst erklärt es uns, dass dieser von den Ausartungen der Abälard'schen Speculation, Modalismus und extremem Rationalismus, bewahrt blieb. Vielmehr war es ihm, wie auch seinem grossen Vorbilde, dem hl. Augustin, bei seinen Vernunfterklärungen hauptsächlich darum zu thun, den Vorwurf der Thorheit und des Widersinnes vom christlichen Trinitätsglauben zurückzuweisen, und zu diesem Zwecke sucht er, weit entfernt von der verwegenen Hoffnung vollständiger Durchdringung eines solchen Geheimnisses, in der geschaffenen Welt wenigstens „eine Spur der höchsten Trinität nach Massgabe der beschränkten menschlichen Vernunft aufzufinden."²) — Ebendeshalb begnügt er sich auch nicht mit diesem sog. „Beweise", sondern zieht gleichzeitig auch Analogieen aus der unvernünftigen Welt als Erklärungsversuche herbei, und indem er beide Arten gemeinsam als Anzeichen (indicia), Spuren (vestigia), Gleichnisse (similitudines), Abbilder (imagines) des dreieinen göttlichen Wesens bezeichnet³), gibt er uns deutlich zu erkennen, was wir

---

¹) Ib. c. 6 M. 42, 1064: Sic enim in homine invenimus trinitatem, i. e. mentem et notitiam, qua se novit, et dilectionem, qua se diligit . . . Cur itaque ibi non cognoscimus Trinitatem? An haec sapientia, quae Deus dicitur, non se intelligit, non se diligit?

²) De Sacr. I, 3 c. 28, 230 B: Ecce demonstravimus vestigium aliquod Trinitatis summae, quantum valet humana ratio de modico, quod suum est et datum est illi et est in illa, et modicum est ad perfectum totum.

³) Cf. S. Sent. I, 6, 51 A; De Sacr. I, 3 cc. 19 u. 21.

von seinem ersten, „unbestreitbaren" Vernunftschluss zu halten haben. — Wie nämlich in der vernünftigen Creatur sich das Bild des dreieinigen Gottes, allerdings in „unvollkommener Ähnlichkeit" zeigt, so kann auch die vernunftlose Welt die Spur ihres Urhebers nicht ganz verleugnen[1]): der vom Glauben erleuchtete, gottsuchende Menschengeist findet in ihr, wenn auch nicht ein deutliches Bild, so doch ein nicht zu verkennendes Zeichen der geheimnisvollen Dreieinigkeit. Die gewaltige Lebenskraft des Vaters ist ihm versinnbildet in der ungeheueren Ausdehnung des Weltalls, die Weisheit des Sohnes in der allverklärenden Schönheit, die Güte und die Willenskraft des hl. Geistes in der Nützlichkeit, in der dem Guten zugewendeten Zielstrebigkeit aller Dinge. Wie nun Kraft, Weisheit und Güte die Vollkommenheit der vernünftigen Wesen enthalten, so beruht auf den drei Merkmalen der Ausdehnung, Schönheit und Zweckmässigkeit die Vollendung aller körperlichen Dinge[2]), und so sind auch diese ein, wenn auch schwacher Abglanz der in unergründlicher Dreiheit sich vollendenden Vollkommenheit des höchsten Wesens.

Mit Recht legt Hugo auf solche Analogieen hohen Wert; denn sie sind uns fast die einzigen Anhaltspunkte, von denen aus wir einigermassen zum Verständnis des dreipersönlichen Gottesbegriffes vordringen können. Desshalb waren auch bereits die Väter bemüht, in der Schöpfung Gleichnisse dieser erhabensten Seinsweise aufzufinden[3]); schon der hl. Augustin legte geradezu das Bild des geschaffenen Geistes seiner Trini-

---

[1]) De Sacr. I, 3 c. 28, 230 C: Et apparuerunt tria foris signa Trinitatis, sed non imago, ut illa, quae intus erant: et haec ipsa imperfecta similitudine erant. cf. S. Sent. I, 10: Signum potentiae est rerum immensitas, sapientiae pulchritudo, bonitatis utilitas. — Auch der hl. Thomas findet im vernünftigen Geiste das Bild, in der unbeseelten Welt die Spur der Trinität. Vgl. Contr. Gent. IV, 24: Propter remotam repraesentationem et obscuram in irrationalibus rebus dicitur in eis esse Trinitatis vestigium, non imago; ebenso: S. theol. I. q. 45 a 7.

[2]) De Sacr. l. c. Nec potuit ratio his adicere quidquam, quae perfecta erant, neque tollere aliquid, quae constabant discreta.

[3]) Ueber Erklärungsversuche der göttlichen Trinität bei den Vätern und besonders beim hl. Augustin vgl. Schwane, Dogmengeschichte der patristischen Zeit, Münster 1869, S. 244—252.

tätslehre zu grunde, ein Verfahren, welches Hugo adoptiert und der hl. Thomas in der vollendetsten Weise ausgebildet hat. Auch jene entferntere Analogie der göttlichen Dreieinigkeit, welche Hugo in der Unermesslichkeit, Schönheit und Zweckmässigkeit der Welt gefunden hat, wurde von dem grossen Aquinaten gebilligt, nur dass dieser an Stelle der äusseren Ausdehnung, der „Immensitas", entsprechend der höheren Entwicklung philosophischer Begriffe, die innere „Substanz" gesetzt hat[1]). Aber diese Gleichnisse aus dem Reiche der Schöpfung sind dem grossen Klassiker der christlichen Theologie eben auch nichts weiter als Gleichnisse, durch welche die unnahbare Majestät des Geheimnisses zwar einigermassen erklärt, nicht aber von vorn herein erschlossen und erwiesen werden kann. Denn da wir Gott auf natürlichem Wege nur in seinen Werken als das Princip der Schöpfung erkennen, diese Schöpfungsthätigkeit aber den drei Personen zugleich als einem Principe zukommt, so ist sein Wirken nach Aussen durchaus einheitlich und lässt also wohl die Einheit des göttlichen Wesens, nicht aber eine Personendreiheit in diesem Wesen erkennen[2]). Demnach ist die Trinität eine Wahrheit, deren Auffindung und volle Ergründung der natürlichen Vernunft schlechthin sich entzieht, die also dem Menschengeiste nur durch übernatürliche Offenbarung bekannt ist. Dieser Wahrheit gegenüber besteht nach dem englischen Lehrer die Aufgabe der Theologie darin, dass sie dieselben aus dem Offenbarungsschatze erhebt, klar formuliert, scheinbare Widersprüche als unstichhaltig darlegt und die Einwendungen der Ungläubigen zurückweist[3]). — Dass zu Hugos Zeit gerade bezüglich des Trinitätsglaubens die Trennung von philosophischer und theologischer Wahrheit sich noch nicht mit dieser Klarheit und Entschiedenheit vollzogen hatte, darüber

---

[1]) Cf. S. Thom. Contr. Gent. lib. IV. c. 24; Ib. lib. IV. c. 1. S. th. I. q. 45 a. 7.

[2]) S. Thom. S. th. q. 32 a. 1: Hoc solum ratione naturali de Deo cognosci potest, quod competere ei necesse est secundum quod est omnium entium principium. Virtus autem creativa Dei est communis toti Trinitati: unde pertinet ad unitatem essentiae non ad distinctionem personarum. Per rationem igitur naturalem cognosci possunt de Deo ea, quae pertinent ad unitatem essentiae, non autem ea, quae pertinent ad distinctionem personarum.

[3]) Contr. Gent. lib. IV. c. 1. Ostendendum est quod rationi naturali non sunt opposita, ut ab impugnatione infidelium defendantur.

kann nach den obigen Darlegungen kein Zweifel mehr obwalten[1]), aber ebensowenig sind wir nach diesen Erörterungen berechtigt, den Viktoriner eines positiven Irrtums bezüglich der Erkennbarkeit der göttlichen Dreieinigkeit zu zeihen. Vielmehr dürfen wir mit gutem Grunde uns hier der ebenso pietätvollen als geistreichen Lösung bedienen, mit welcher der hl. Thomas eine Stelle des Richard von S. Viktor erklärt, welche in ähnlicher Weise, wie wir dies bei Hugo gesehen, für jeden Satz der Offenbarung, also auch für die Trinitätslehre „zwingende Beweise" (necessaria argumenta) für möglich hält. Dieser Satz, so bemerkt der englische Lehrer[2]), hat seine Geltung, nicht als ob lediglich durch die Kraft der Vernunft die Dreieinigkeit Gottes erschlossen werden könnte, sondern insofern als Vernunftgründe mit dieser Wahrheit, nachdem sie einmal gesetzt ist, übereinstimmen, also insofern der Trinitätsglaube, wie jede Offenbarungswahrheit vernunftgemäss ist und mit überzeugenden Vernunftgründen gegen alle Einwendungen verteidigt werden kann. Auch bei Richards Lehrer, Hugo von S. Viktor, sind die „Argumente", welche er für die göttliche Dreieinigkeit aus der Vernunft führt, nicht als eigentliche Beweise, sondern vielmehr als Erklärungsversuche eines durch die Offenbarung und zwar nur durch die Offenbarung bereits feststehenden Satzes zu fassen; dies ergibt sich sowohl indirekt aus den scharfen Grenzen, mit welchen er die Vernunfterkenntnis bestimmt, als auch direkt aus manchen, im obigen z. T. erwähnten Aussprüchen, als auch insbesondere daraus, dass der Viktoriner,

---

[1]) Richtig sagt daher Ueberweg: Gesch. der Philos. II. 197 (5. Aufl. Berlin 1877): Die Herrschaft aristotelischer Philosophie in der späteren Scholastik hatte die entschiedene Durchführung der bisher nur unvollkommenen Sonderung einer theologia naturalis von der theologia revelata zur Folge, indem nunmehr der Trinitätsglaube auf die Offenbarung allein gestützt und als theol. Mysterium dem philosophischen Denken entzogen wurde.

[2]) S. theol. I. q 32 a. 1 ad 2. Richard de S. Vict. dicit in lib. I. de Trinitate c. 4 (Migne 196 pag. 892): Credo sine dubio, quod ad quamcunque explanationem veritatis non modo probabilia, imo etiam necessaria argumenta non desint.... Resp.: Ad aliquam rem dupliciter inducitur ratio.... Primo ergo modo potest induci ad probandum Deum esse unum et similia; sed secundo modo se habet ratio, quae inducitur ad manifestationem Trinitatis, quia scilicet Trinitate posita congruunt huiusmodi rationes, non tamen ita quod per has rationes sufficienter probetur Trinitas personarum.

während er alle übrigen Sätze seiner Gotteslehre, nur vom rein philosophischen Standpunkte aus betrachtet und beweist, er gerade der Behandlung dieses Mysteriums in seiner Summa Sententiarum den Autoritätsbeweis aus der hl. Schrift voranstellt und darauf seine sog. Vernunftbeweise folgen lässt mit den ausdrücklichen Worten: „Für diese (an der Hand der Offenbarung) gefundene und erwogene Wahrheit hat auch die Vernunft manche Gleichnisse in den geschaffenen Dingen"[1]).

Auf grund dieser Analogien nun, ohne welche eine speculative Erörterung des Trinitätsdogmas überhaupt unmöglich ist, entwickelt der Viktoriner die Lehre vom dreipersönlichen Gott ungefähr in folgendem Ideengange[2]).

Ausgehend von einer in der vernünftigen wie vernunftlosen Welt wahrnehmbaren Dreiheit, die, wie sie aus einem Princip sich entwickelt, so auch in ihrem Zusammenwirken sich zur harmonischen Einheit verbindet, erkennt Hugo auch in Gott eine Dreiheit, und zwar keine zufällige, sondern eine naturgemässe, aus einem Urgrunde hervorgehende und die Einheit der Natur nicht beeinträchtigende Fülle. Diese Dreiheit zeigt die Offenbarung als Personendreiheit, welche jedoch die Wesenseinheit nicht aufhebt. Diesen Bestimmungen der kirchlichen Lehre haben sich die Ausdrücke, die Namen, welche vom dreipersönlichen Gott gebraucht werden, genau anzupassen, insbesondere muss die Berechtigung und Bedeutung der Attribute und Proprietäten gewürdigt werden, welch letztere in ihrem gegenseitigen Verhältnisse, in den Relationen den einzigen, realen Unterschied in Gott angeben und mit den Personen vollständig identisch sind.

Schon aus dieser kurzen Übersicht ersehen wir, dass Hugo in der Darstellung der Trinitätslehre, gleichsam als Vorläufer der späteren Theologie, vor allem sein Augenmerk darauf richtet,

---

[1]) S. Sent. tract. I. c. 6. pag. 51 A: Huius quoque investigationis et considerationis habet ratio quaedam exemplaria in iis quae facta sunt.

[2]) Wir folgen hier hauptsächlich der Summa Sententiarum (tract. I. cc. 6—11 pag. 50—61), weil sie die relativ umfassendste und übersichtlichste Darstellung der Hugonischen Trinitätslehre enthält. Doch sind im Nachfolgenden auch die Ausführungen desselben Gegenstandes in De Sacr. (lib. I. prs. III. cc. 21—31 pag. 225—234) und Erud. did. (lib. VII. cc. 21—24 pag. 831—834) durchgehends berücksichtigt worden.

den scheinbaren Gegensatz von Dreiheit in der Einheit und Einheit in der Dreiheit unter strengem Anschluss an die kirchliche Lehre zu lösen und zu erklären. Nach beiden Beziehungen hin ist seine Darlegung für uns äusserst wichtig, da sie uns seine Stellung zu den in jener Zeit auftretenden, in gewissem Sinne entgegengesetzten trinitarischen Irrtümern Abälards und Gilberts kennzeichnen. Während Ersterer die Dreipersönlichkeit Gottes, indem er sie in die drei Eigenschaften der Macht, Weisheit und Güte verlegte, zum logischen Modalismus verflüchtigte, zerstörte umgekehrt der Porretaner die göttliche Wesenseinheit, indem er als extremer Realist auch in Gott den Unterschied von Besonderem und Allgemeinem finden wollte und zwischen Wesen und Dasein, Form (die Gottheit) und Materie (die drei göttlichen Personen) unterschied.[1]) Doch würden wir auch hier uns sehr täuschen, wenn wir eine scharf ausgeprägte Polemik gegen die dem Viktoriner bekannten und von ihm verurteilten Irrtümer erwarten wollten. Ruhige, sachgemässe Entwicklung der wahren Lehre ist ihm auch hier die beste Widerlegung des Irrtums; deshalb werden entgegengesetzte Meinungen nur äusserst selten ausdrücklich angeführt;[2]) aber deutlich tritt bei aller Vorliebe für die Trinitätslehre des hl. Augustin auch die Rücksicht auf die Bedürfnisse der Zeit in der Behandlung dieses Gegenstandes zu tage, in dessen Anordnung wir nach den obigen kurzen Darlegungen drei Abschnitte unterscheiden können:

1. Ursprung und gegenseitiges Verhältnis der einzelnen Principien in Gott;

2. Begriff der göttlichen Personen und Verhältnis derselben zum göttlichen Wesen;

3. auf grund des Vorhergehenden Erklärung der Namen, Attribute und Proprietäten.

---

[1]) Cf. Böhringer: Die Kirche Gottes und ihre Zeugen, Zürich 1849 II. Bd. 1. Abt.; Denzinger: Enchiridion 5. Aufl., 1874, S. 119.

[2]) Nur die „Meinung der Griechen" betreffs des Ausganges der dritten göttlichen Person (S. Sent. tract. I c. 6. pag. 52) und der Streit „Einiger" bezüglich der Identität von Proprietäten und Personen (Ib. c. XI. pag. 58) bilden kaum bemerkenswerte Ausnahmen.

§ 2.
Ursprung und innerer Zusammenhang der drei Principien in Gott.

Wie aus dem menschlichen Geiste der Intellekt, aus Geist und Intellekt die Liebe hervorgeht, so ist auch in Gott die Dreiheit nicht zufällig oder zusammenhangslos, nicht eine willkürliche Nebeneinanderstellung, sondern naturgemässe Entfaltung und streng geschlossene Entwicklung. Analog dem menschlichen Geiste, welcher Urgrund und Ursprung des Gedankens und der Liebe ist, gibt es auch in Gott ein erstes Princip, aus welchem seine subsistierende Weisheit von Ewigkeit erzeugt wird, und beide Principien vereinigen sich hinwiederum in gleich ewiger Liebe, den Geist der Liebe hauchend.

„Von der Betrachtung seines eigenen Geistes, so führt dies Hugo aus [1]), „steigt der Mensch zu seinem Schöpfer empor und erwägt, dass auch dieser Weisheit habe; und da er niemals ohne Weisheit gewesen ist, so findet die Vernunft auch, dass er seine Weisheit immer geliebt hat; denn die Liebe ist mit dem ewigen gleich ewig, weil sie die Liebe des Ewigen zu seiner gleich ewigen Weisheit ist."

Dass aber Weisheit und Liebe thatsächlich in Gott ewig und unverändert sein müssen, das beweist Hugo an einer anderen Stelle [2]) aus der Vollkommenheit, Unveränderlichkeit und Einfachheit des göttlichen Wesens. „Wenn nämlich Gott einmal ohne Weisheit gewesen sein soll, so kann man nicht finden, von wem er später die Weisheit empfangen hätte, und zudem ist es schon ganz absurd und gegen jede Vernunft, zu glauben, der, welcher die Quelle und der Ursprung der Weisheit ist, sei jemals ohne Weisheit gewesen. Immer also war in ihm die Weisheit, weil er immer die Weisheit hatte, immer war von ihm die Weisheit, weil aus seinem Wesen immer die Weisheit hervorging oder gezeugt wurde."

Wenn wir also von Ursprung und Hervorgang in Gott sprechen, so verstehen wir darunter einen fortdauernden und doch zugleich vollkommenen, in gewissem Sinne abgeschlossenen Akt und deshalb will Hugo z. B. vom Hervorgang des Sohnes weder den Ausdruck gelten lassen: „Er wird gezeugt", noch

---

[1]) S. Sent. tract. I. c. 6. pag. 51.
[2]) Erud. did. lib. VII. c. 21 pag. 831.

auch: „Er ist gezeugt worden", sondern nach dem Vorgange des hl. Gregor[1]): „Er ist immer gezeugt worden", um sowohl die Permanenz der Zeugung, als auch die Vollkommenheit des Erzeugten auszudrücken. Immerhin aber entspricht nach des Viktoriners tiefsinniger Bemerkung auch dieser Ausdruck nicht vollständig dem geheimnisvollen Hervorgang in Gott; denn „was noch nicht hervorgegangen ist, kann eigentlich nicht mit dem Tempus der Vergangenheit ausgedrückt werden"[2]), mit anderen Worten: das überzeitliche Wesen Gottes kann nach keiner Hinsicht unter den Begriff der Zeit fallen.

Wenn nun aber auch jedes der drei Prinzipien in Gott, wie dies die absolute Einfachheit und Ewigkeit des göttlichen Wesens verlangt, durchaus ohne Anfang und ohne Ende ist, wenn sie also in ihrer Dauer nicht im Geringsten von einander unterschieden sind, so findet doch ein wahrer und eigentlicher Hervorgang des einen vom anderen statt. Das beweisen deutlich die Namen, mit denen die drei Personen in der hl. Schrift bezeichnet werden. Vater heisst das erste Princip schon im absoluten Sinne, weil er über allem, was ist, als der ungezeugte Urgrund steht[3]), dann auch relativ zum Unterschied vom Sohne[4]), der seinen Namen daher hat, weil er aus der Substanz des Vaters gezeugt wurde. Dass er aber nicht ausser und neben dem Vater besteht, sondern mit ihm in der Wesenseinheit verbunden ist, das ergibt sich aus seinem Namen „Weisheit". Denn die Weisheit ist im Geiste, wenn auch unterschieden vom Geiste[5]).

Ähnliches folgt für das dritte Princip in der Gottheit aus seinem Namen „Liebe", „wie der hl. Geist sehr oft in der heiligen Schrift genannt wird."[6]) Denn wie die Weisheit, so ist

---

[1]) S. Gregorius: Moralium lib. 29 c. 1. Migne lat. 76 p. 477.
[2]) S. Sent. tract. I. c. 6 pag. 54: Quamquam hoc ipso, quod perfectum dicimus, multum ab illius veritatis expressione deviamus; quia quod factum non est, non potest dici perfectum.
[3]) Ib. pag. 51: Pater, qui a nullo est...
[4]) Ib. Illa persona, quae a nullo est, appellatur Pater, quia de substantia sua genuit filium.
[5]) Ib. Sapientia, quae est in ipsa (mente)... mens non est sapientia vel amor, nec sapientia mens.
[6]) S. Senr. l. c. pag. 51: Qui saepissime in Scripturis amor Patris et Filii appellatur.

auch die Liebe im Geiste und doch nicht mit Geist und Weisheit identisch, vielmehr geht sie von beiden hervor. Schon von diesem rationellen Standpunkte aus hält Hugo gleich dem hl. Anselm[1]) den Ausgang des hl. Geistes von Vater und Sohn gegen die Griechen unbedingt aufrecht, und begründet diese Wahrheit überdies noch mit Stellen der hl. Schrift, indem er gleichzeitig den Einwand, als ob das nicänische Glaubensbekenntnis den Ausgang des hl. Geistes vom Sohne ausschliesse, zurückweist mit der Begründung, dass diese Lehre vom Nicaenum überhaupt nicht berührt, also auch nicht verworfen worden sei.

Wenn nun der hl. Geist vom Vater und vom Sohne ausgeht, so folgt, dass man für seinen Ausgang nicht dieselben Ausdrücke gebrauchen darf, wie für den Ausgang des Sohnes; man kann von ihm nicht sagen, er werde gezeugt oder geboren; aber ebensowenig darf man ihn ungezeugt nennen, was Hugo mit den Worten des hl. Augustinus[2]) zurückweist: „Der Glaube thut unbestreitbar kund, dass der hl. Geist weder gezeugt, noch ungezeugt sei, denn wenn wir ihn ungezeugt nennen, so scheint es als nähmen wir zwei Väter in Gott an, nennen wir ihn aber gezeugt, so könnte man uns den Vorwurf machen als glaubten wir an zwei Söhne." Es ist also zur klaren Unterscheidung notwendig, dass man sich strenge an die Begriffe hält, wie sie einmal von der Kirche eingeführt worden sind. Denn darin liegt ja die Bedeutung dieser Begriffe, „dass sie uns anzeigen, was von Gott zu sagen ist, damit wir doch einigermassen erkennen können, was wir niemals ganz zu erfassen vermögen."[3]) Das Hervorgehen des hl. Geistes aber wird als ein Gehauchtwerden, Gegebenwerden bezeichnet entsprechend seinen Namen „Hauch, Geist" und „Geschenk": und wenn diese Ausdrücke auch zunächst sein zeitliches Wirken in der Welt ausdrücken, so kann

---

[1]) L. c. pag. 52; cf. S. Anselm: De process. S. Spiritus contr. Graecos. Migne 158 pag. 317: Scimus, quod non omnia, quae credere et confiteri debemus, ibi dicta sunt; nec illi, qui Symbolum illud dictavere, voluerunt fidem Christianam esse contentam ea tantummodo credere et confiteri, quae ibi posuerunt.

[2]) S. Augustin. Ad Orosium in dial. q. 7; Sum. Sent. l. c. c. 7 p. 53.

[3]) De Sacr. lib. III. c. 31. Migne 176 pag. 234: Ideo sumpta sunt vocabula ad significandum id, quod dicendum erat de Deo, ut intelligi aliquatenus posset, quod comprehendi non poterat.

man doch aus der Art der zeitlichen Sendung auf den ewigen Ursprung schliessen. Deshalb heisst „vom Vater und Sohn gegeben oder gehaucht werden ebensoviel als vom Vater und Sohne sein."¹)

Daraus aber, dass man vom hl. Geiste nicht sagen kann, er sei gezeugt, folgt nicht, dass er etwa nicht aus der Substanz des Vaters sei, wie Abälard annahm.²) Vielmehr ist es die eine göttliche Substanz, die ihm vom Vater und vom Sohne als von einem Spirator mitgeteilt wird, aus der er also ebensogut hervorgeht als der Sohn. In welcher Weise aber dieses wechselseitige Geben und Empfangen der einen göttlichen Substanz in den drei göttlichen Personen vor sich geht, das ist uns durchaus unbegreiflich. „Beide gehen vom Vater aus, aber auf eine unsagbare und verschiedene Weise."³) Zwar weist der Viktoriner sehr oft auf die geistige Zeugung des Gedankens und auf die Hervorbringung von Willensakten aus Geist und Gedanke hin als auf ein ganz entsprechendes Bild der Dreieinigkeit, aber es scheint doch, als ob er Bedenken getragen habe, diese Analogie so ohne Weiteres auf das unerforschliche Wesen Gottes zu übertragen, und als ob er jede tiefere Speculation bezüglich des Trinitäts-Geheimnisses aus Furcht vor Irrtum gescheut habe. Deshalb sagt er auch bezüglich der göttlichen Processionen: „Was in Gott das Geborenwerden, was das Hervorgehen bedeute, das kann in diesem Leben nicht gewusst werden."

Bekanntlich ist hier die Theologie vor und nach Hugo weiter gegangen, indem sie den Ausgang des Sohnes näherhin durch die Thätigkeit des Denkens, den Ausgang des hl. Geistes durch die Thätigkeit des Wollens sich vollziehen lässt.⁴) Aber die Art und Weise dieses geheimnisvollen Hervorganges hat sie

---

¹) Sum. Sent. tract. I. c. 6. pag. 51 D. Inspirari a Patre et Filio, hoc est illi esse a Patre et Filio . . . . et dari a Patre et Filio non aliud illi est quam esse a Patre et Filio.

²) S. oben S. 117. Dagegen De Sacr. l. c. pag. 234: Quod est Filium esse, a Patre est esse; quod est Spiritum sanctum esse, ab utroque est esse... Substantia Patris et Filii et Spiritus S. una est et aequaliter est.

³) S. Sent. l. c. c. 7 pag. 53: Uterque procedit a Patre, sed ineffabili et dissimili modo . . . Quid autem sit gigni, quid procedere, in hac vita sciri non potest.

⁴) Cf. S. Thomas: S. theol. I. q. 27 a. 3: In divinis sunt duae processiones, scilicet processio Verbi et quaedam alia, quae est processio amoris.

trotz ihrer gesteigerten philosophischen Kenntnis auch nicht zu ergründen vermocht, und hätte sie volles Licht hierüber verbreiten können, so wäre die Trinität kein Geheimnis mehr. Wenn also z. B. der hl. Thomas die Erzeugung des Sohnes näherhin als den Ausgang des Wortes oder Gedankens, die Processio des hl. Geistes als den Hervorgang der Liebe bestimmt, so glaubt er selbst wohl am allerwenigsten damit eine Lösung der Trinitätsschwierigkeiten zu geben. Immerhin aber hat der englische Lehrer, indem er auch in diesem Punkte das Analogon des geschaffenen Geistes mit dem ungeschaffenen folgerichtig durchführte, sowohl die Art der beiden Processionen als insbesondere auch ihre Verschiedenheit auf eine viel einleuchtendere Weise dargethan als der Viktoriner, der in diesem Punkte sich vielleicht zu sehr von der an sich berechtigten Scheu, geschöpfliche Zustände auf den Ungeschaffenen zu übertragen, bestimmen liess. Denn der Hinweis auf die verschiedene Art und Weise, wie einerseits das Erkannte und andererseits das Gewollte im Geiste ist, macht uns unbestreitbar die Wahrheit von der inneren Verschiedenheit beider Processionen in Gott anschaulicher als die von Hugo versuchte Demonstratio ad absurdum, dass nämlich bei der Gleichheit der Processionen, d. h. bei einer Zeugung des hl. Geistes „dieser zwei Väter haben müsse und so in der Trinität eine Verwirrung der Begriffe entstünde." [1])

Ebenso wird dadurch die Erklärung des Namens „hl. Geist" bei Hugo äusserlicher und gekünstelter als beim hl. Thomas. Während nämlich der Aquinate [2]) in seiner lichtvollen Weise die Bezeichnung Geist oder Hauch von jener Lebensbewegung (vitalis motio) deutet, die im Menschen bei kräftiger Willensbethätigung sich bemerkbar macht, und so unmittelbar mit dem Hervorgang der dritten Hypostase der Gottheit in Verbindung bringt, versteht Hugo diesen Namen zunächst nur von dem liebevollen Einhauchen der Gnade Gottes in die menschliche Seele und erkennt erst auf indirektem Wege in dieser Benennung die Art des Hervorganges des hl. Geistes, der nur deshalb von Vater

---

[1]) S. Sent. l. c. pag. 53 D.
[2]) S. Thomas: S th. I. q. 27 a. 4: Quod procedit in divinis per modum amoris, non procedit ut genitum vel ut Filius, sed magis procedit ut spiritus. Quo nomine quaedam vitalis motio vel impulsio designatur, prout aliquis ex amore dicitur moveri vel impelli ad aliquid faciendum.

und Sohn gehaucht, d. h. gesandt werden könne, weil er von Vater und Sohn sei.[1])

Wie wir also in der Frage nach der Erkennbarkeit der Trinität den Viktoriner, wenn auch nicht in der Gedankenfolge, so doch in einzelnen Ausdrücken fast über die kirchliche Lehre hinausgehen sahen, so können wir ihm in der Entwicklung dieses Dogmas eher eine allzu grosse Scheu und Zurückhaltung zuschreiben. Die fortschreitende Theologie hat eben auch hier das richtige Prinzip der spekulativen Behandlung eines so unerfassbaren Geheimnisses finden müssen, nämlich: bereitwillige Hinnahme der Offenbarungswahrheit auf grund der hinreichend erkannten göttlichen Autorität, aber vernunftgemässe Darlegung, Erklärung und Verwertung dessen, was durch natürliche Gründe nicht hat aufgefunden werden können[2]).

Übrigens ist diese ängstliche Sorgfalt, bei der eigentlichen Darlegung des Trinitätsdogmas auch jeden Schein von Rationalismus zu vermeiden, dem Viktoriner durchaus nicht zum Tadel anzurechnen; denn es ist dies das stillschweigende Zugeständnis, dass die Wissenschaft seiner Zeit noch nicht fähig war, auf diesem Gebiete selbständig voranzugehen, und wie sehr dieses Bekenntnis gerade hier am Platze war, das beweisen deutlich genug die missglückten trinitarischen Speculationen seiner Zeitgenossen Abälard und Gilbert de la Porée. Auch Petrus Lombardus, welcher doch die Trinitätslehre mit einer für seine Zeit ungewöhnlichen Ausführlichkeit behandelte, ist mit Hugo der Meinung, wir könnten, solange wir hier leben, zwischen der generatio des Sohnes und der processio des hl. Geistes nicht unterscheiden.[3])

Legen wir aber die Analogie des vernünftigen Geistes für die Betrachtung von Gottes Trinität nicht zu grunde, so ist es für uns auch nicht klar, warum wir gerade eine Dreiheit, warum nicht eine grössere oder kleinere Zahl der Personen annehmen müssen. In der That hat der Lombarde diese Frage

---

[1]) S. Sent. I. c. 6, 51 D: Qui a Patre et Filio procedit, dictus est Spiritus sanctus, quia inspiratur a Patre et Filio ad sanctificandum ... sed inspirari a Patre et Filio, hoc est illi esse a Patre et Filio. Cf. De Sacr. I. 3 c. 24, 226 D.

[2]) S. Thom. Contr. Gent. IV, 1; cf. S. th. I. q. 32 a. 1.

[3]) P. Lomb. Sent. lib. I. dist. 13, 3 (Migne 192, 555): Inter generationem filii et processionem Spiritus sancti, dum hic vivimus, distinguere non sufficimus.

der Vernunft nicht vorgelegt, sondern sie einzig als Glaubenswahrheit hingenommen. Da sie jedoch naturgemäss sehr nahe liegt, so konnte Hugos besonnener Blick sie nicht leicht übergehen; aber wie er dieselbe von einer blos äusserlichen Betrachtung der Trinität aus stellt, so wird sie auch hauptsächlich von aussen her gelöst. Während nämlich der hl. Thomas[1]) die Antwort im Wesen des Geistes selbst findet, bei welchem es neben dem Hervorgang des Intellektes und des Willes keine processio mehr geben könne, lehnt Hugo seine Lösung vor allem an die Attribute der Macht, Weisheit und Güte an, auf welche die gesamte Vollkommenheit Gottes zurückgeführt werden könne. „Es erhebt sich, so sagt er, die schwierige Frage, warum man in Gott, wenn man drei Personen annimmt, weil (?) er mächtig, weise und gütig ist, warum man nicht vielmehr vier oder fünf oder noch viel mehrere annimmt, da er doch auch stark, gerecht, barmherzig, getreu u. s. w. ist? — Darauf kann man sagen, dass, was immer von Gott gesagt und wahrheitsgetreu in Gott angenommen wird, auf diese drei Eigenschaften sich zurückführen lässt. Wenn man ihn nämlich stark, unzerstörbar, unwandelbar udgl. nennt, so gehört das alles zu seiner Macht. Nennt man ihn die Vorsehung, den Allwissenden, den Einsichtigen, so gehört das zu seiner Weisheit, nennt man ihn getreu, huldvoll, barmherzig, so gehört das zu seiner Güte. Und in diesen dreien besteht die ganze Vollkommenheit; wo nämlich diese drei Eigenschaften: Können, Wissen und Wollen sich vereinigt finden, da fehlt nichts; wenn du aber nur etwas davon wegnimmst, so ist die Vollkommenheit nicht mehr die höchste. Gerade so, wie sie ist, ist also die Trinität vollkommen und kann weder gemehrt noch gemindert werden"[2]).

---

[1]) S. theol. I. q. 27 a. 5: Processiones in divinis accipi non possunt, nisi secundum actiones, quae in agente manent; huiusmodi autem actiones in natura intellectuali et divina non sunt nisi duae scilicet intelligere et velle.

[2]) S. Sent. 1. 10 col. 57 D; cf. De Sacr. I, 3 c. 29 col. 231 A: Quaecunque de Deo dicuntur et creduntur veraciter in Deo, ad haec tria referuntur et constant in his tribus in ipso, quibus si quid tollas, perfectum non est, quod relinquitur; si quid adiicere coneris, maius non est, quod explicatur. — Der Gedanke ist unzweifelhaft von Abälard entlehnt. cf. Abälards Traktat de unitate et trinitate divina ed. Stölzle lib. I c. 2: His tribus, potentia scilicet, sapientia, benignitate tota boni perfectio consistit, ac parvi pendendum est quidquid horum sine duobus aliis.

Aber so weit auch diese Darlegung von der Meinung des hl. Thomas entfernt, so eng sie selbst mit dem Abälard'schen Irrtum, nach welchem die Personenunterschiede lediglich auf den Attributen beruhen, äusserlich verwandt erscheint, so läuft sie doch im grunde auf die Gedanken des englischen Lehrers hinaus. Denn unter Macht, Weisheit und Güte sind hier, wie Hugo ausdrücklich bemerkt[1]), nicht jene absoluten, determinationslosen Eigenschaften verstanden, die dem gesamten göttlichen Wesen, also allen drei Personen in gleicher Weise zukommen, sondern diese Ausdrücke sind hier in einem engeren, bestimmteren, determinierten Sinne zu nehmen und sollen geradezu die Art und Weise des Ausganges der drei göttlichen Personen angeben[2]). In diesem Sinne kommt dem Vater, dem ungezeugten Prinzip und Urgrund der ganzen Trinität ganz besonders die Macht (potentia) zu, nach Hugo „eine gewisse Kraft, durch welche entstehen kann, was noch nicht da ist", dem Sohne die Weisheit, „weil die aus dem Menschengeiste hervorgehende Weisheit ein Bild des ewigen, vom Vater gezeugten Wortes ist"[3]), dem hl. Geiste die Liebe, weil auch im geschaffenen Geiste die Liebe aus der Lebenskraft und aus dem Verstande zugleich hervorgeht, wie der hl. Geist vom Vater und vom Sohne und zwar als die Liebe des Vaters und des Sohnes ausgeht. Die Liebe aber ist bei dem guten Gott identisch mit dem Willen. Da also Hugo diese Attribute nur als den begrifflichen Ausdruck, als den logischen Reflex der innergöttlichen Prozessionen fasst, so ist die Zurückführung aller göttlichen Vollkommenheiten auf diese drei Attribute nur die abstrakte, logische Demonstration

---

[1]) S. Sent. I, 10 col. 56 D: Illa nomina, quae ad unitatem divinae substantiae pertinent, per determinationes, quandoque etiam sine determinatione, accipiuntur in personarum distinctione . . . Haec nomina: potentia, sapientia, bonitas, nomina substantiae sunt et singulis personis aequaliter conveniunt; et tamen saepissime in sacra Scriptura per potentiam Pater, per sapientiam Filius, per bonitatem Spiritus sanctus intelligitur. — Vgl. dagegen die oben citierte Stelle von Abälard de un. et. trinit. div. III, 1, wo die Personenunterschiede fast zu rein intellektuellen, logischen Unterscheidungen „diffinitiones" verflüchtigt werden.

[2]) De Sacr. l. c. col. 229 A: vis quaedam, ex qua esse posset, quod nondum erat.

[3]) Ib. Sapientiam Filio, quoniam haec in se imago illius erat, quae a potentia orta erat.

dessen, was die Wirklichkeit, die Natur des Geistes uns viel unmittelbarer zeigt, nämlich, dass es hier nur zwei Arten von inneren Processionen, die des Denkens und die des Strebens geben könne. Übrigens hat Hugo selbst auch diese direkte Lösung bereits angedeutet, wenn er sagt: „Drei Dinge sind es, auf denen die Vollkommenheit jedes vernünftigen Wesens beruht — nämlich Geist, Vernunft und Wille — und ohne diese drei kann kein vernünftiges Wesen vollkommen sein"[1]).

Daraus ergibt sich, dass die Dreiheit der Personen durchaus nicht willkürlich, sondern in der Natur des vollkommensten Wesens begründet ist. Deshalb bedarf die Frage, ob der Vater den Sohn durch seinen freien Willen oder unter dem Druck einer Notwendigkeit gezeugt, weiter keiner Erläuterung. Mit dem hl. Augustin antwortet Hugo einfach: „Gott hat seinen eingeborenen Sohn weder durch einen freien Willensakt, noch infolge irgend einer Nötigung gezeugt, sondern wie der Vater von Natur aus Gott ist, so hat er von Natur aus den Sohn gezeugt[2]).

§ 3.
Personendreiheit in der Wesenseinheit. Hugo und Gilbert de la Porrée.

Trotz seiner absoluten Einheit und Einfachheit gibt es also in Gott, wie die Vernunft ahnt und die Offenbarung bestätigt, eine wahre und wirkliche Unterscheidung. Denn wenn die hl. Schrift von drei Prinzipien in Gott spricht, von denen das zweite aus dem ersten, das dritte aus den beiden vorhergehenden hervorgeht, so ist es unmöglich, diese Prinzipien unter sich nach jeder Beziehung identisch zu setzen; was nämlich aus einem anderen ist, muss von dem, woraus es ist, irgendwie unterschieden sein[3]). Um nun diesen beiden Begriffen der Einheit und der Unterscheidung in Gott gerecht zu werden, hat

---

[1]) De Sacr. lib. I. pars III. c. 28 pag. 230: Sunt enim tria haec quae omne rationale perficiunt, nec sine his perfectum est aliquid.

[2]) S. Sent. l. c. c. 7, 53 D. Cf. S. Aug. De Trinit. lib. XV. c. 20 n. 38. Migne 42, 1087. Ganz dieselbe Lösung hat auch Petr. Lombardus; Sent l. I. dist. 6.

[3]) Erud. did. lib. VII. c. 21 pag. 832: Ille qui genitus est, non potest esse ille, a quo genitus est, neque ille, qui a gignente et genito procedit, ille esse potest, qui est gignens vel genitus.

die Theologie die Dreiheit in Gott näherhin als Drei persön lichkeit, die Einheit als Wesenseinheit bestimmt. Hugo ist sich also wohl bewusst, dass diese Ausdrücke explicite weder in der Offenbarung enthalten sind, noch auch unmittelbar und sofort sich daraus ergaben, vielmehr erkennt er in dieser Unterscheidung, soweit die formale Seite dabei in Betracht kommt, die Frucht angestrengter philosophischer Speculation. „Der Name Person", so sagt er, ist erfunden worden, damit man auf eine etwaige Frage, was denn das für drei unterschiedene Prinzipien in Gott seien, sofort antworten könnte: Drei Personen"[1]).

Doch ist Hugo weit entfernt von jener Meinung, die auch der hl. Thomas[2]) bekämpft, als ob nämlich der Name Person rein willkürlich durch den Gebrauch in die Trinität gekommen sei und hier etwas ganz Verschiedenes bezeichne, als etwa im gewöhnlichen philosophischen Sprachgebrauche. Vielmehr hält er die Definition des Boëthius: Person ist die unteilbare Natur einer vernünftigen Substanz[3]) — im wahren und eigentlichen Sinne aufrecht. Denn bei der absoluten Unveränderlichkeit des göttlichen Wesens ist es für ihn undenkbar, dass etwa die aus dem ersten Prinzip der Gottheit hervorgehende ewige Weisheit oder die aus beiden entspringende Liebe, wie beim Menschen nur Affekte oder Accidenzien des göttlichen Wesens seien.[4]) „Denn was als Accidenz ausgesagt wird, ist veränderlich", dh. es hat in sich keine feste Subsistenz und ist auch der Substanz selbst nicht unbedingt notwendig, also auch in seiner Verbindung mit einer Substanz wenigstens nicht gegen die Möglichheit einer Änderung geschützt. In Gott aber ist eine Änderung weder thatsächlich noch möglich. Andererseits besteht in Gott, wie Hugo auf grund der Analogie des vernünftigen Geistes und auf

---

[1]) S. Sent. tract. I. c. 9 pag. 56: Est inventum hoc nomen persona, ut cum quaereretur, quid tres vel quid tria, uno nomine responderetur, sc. tres personae. Cf. S. Aug. De Trin. lib. VII. c. 4.

[2]) S. th. I. 9. 29. a. 4. Nomen persona hoc, quod stat pro relativo, non solum habet ex usu, ut prima opinio dicebat.

[3]) Persona est rationalis substantiae individua natura S. Sent. tract 1. c. 9 pag. 56.

[4]) Ib. c. 6 pag. 52; c. 9 pag. 55; De Sacr. lib. 1. prs. III. c. 25 pag. 227: Quod secundum accidens dicitur mutabile est.

grund der Offenbarung nachgewiesen hat, ein wirkliches Hervorgehen des Sohnes vom Vater und des hl. Geistes aus beiden also auch eine wirkliche Dreiheit[1]). „Denn es kann nicht der, welcher von Niemanden ist, zugleich der sein, welcher von diesem ist, und der von beiden ausgeht, kann nicht einer von diesen beiden sein." Jedes Princip muss also für sich selbst etwas Besonderes sein, muss seine eigentümliche Subsistenz haben, und da das gesonderte, selbstständige Sein bei dem vernünftigen Geiste eben mit „Person" bezeichnet wird, so muss dieser Name jedem Prinzip in der Gottheit zukommen, sodass wir trotz der einen und einfachen göttlichen Natur drei Personen im göttlichen Wesen zu unterscheiden haben, unbeschadet der absoluten Einfachheit des göttlichen Wesens. Aber wenn Gott nur **eine** Substanz ist, und die Person eben als einheitliche, unteilbare, unmittelbare Substanz definiert wird, so ergibt sich die schwierige Frage: Wie kann es in ein und derselben Substanz drei Subsistenzen, drei Personen geben?

Gilbert de la Porrée[2]) suchte diese Frage dadurch zu lösen, dass er den in jener Zeit überall aufgesuchten Unterschied von Allgemeinem und Besonderem, von Wesen und Dasein, von Form und Materie auch auf das göttliche Sein anwendete. Ausgehend von dem Grundirrtum, dass in Gott zwischen Wesenheit und Träger dieser Wesenheit, ähnlich wie im Menschen ein metaphysischer Unterschied bestehe[3]), erkennt er das Geheimnis der Trinität darin, dass eine numerisch einheitliche Form, nämlich die eine göttliche Wesenheit zugleich in drei verschiedenartigen Trägern dieser Natur, d. h. in den drei göttlichen Personen wirklich ist. Die natürliche Folge dieser Ansicht aber ist, dass entweder die einzelnen Personen bei durchaus gleicher Form eben zu **einer** Person zusammenschmelzen oder, wenn doch ein Unterschied in dem Constitutivum der Personen angenommen werden soll, dass dann nicht jede Person

---

[1]) lb. c. 22 pag. 226: Neque enim qui a nullo est, esse potest ille, qui ab alio est et qui ab utroque est.

[2]) Über Gilbert de la Porrée s. Stöckl, Gesch. d. Philos. d. M. Mainz 1864, I. Bd, S. 282—288; Böhringer, die Kirche Christi und ihre Zeugen. Zürich 1849 II, 1. S. 551 ff. — Deutsch, P. Abaelard 261 ff.

[3]) Gaufridi libellus contr. capp. Gilberti in appendice ad opp. S. Bernardi. Migne 185, 595 ss; — S. Bernardi sermo 80. Migne 183 pag 1169—71.

für sich der ganze Gott genannt werden kann, sondern nur die drei Personen zusammen, insofern erst in ihnen die eine göttliche Wesenheit ihre volle Entfaltung findet. Ferner sind dann die drei Personen nicht mehr eine göttliche Substanz, sondern drei Substanzen[1]), die nur durch die eine göttliche Wesenheit zusammengehalten werden, und so gibt es in Gott nicht nur einen Unterschied der drei Personen, sondern diese selbst auch sind real verschieden von ihrer gemeinsamen Wesensform, der einen göttlichen Natur, weshalb bereits seine Gegner[2]) ihm und zwar mit Recht, den Vorwurf machten, er nehme statt einer Trinität in Gott eine Quaternität an. Um jedoch den Unterschied der drei Personen trotz der einheitlichen Wesensform aufrecht erhalten zu können, musste Gilbert für jede Person noch eine specifische Eigentümlichkeit annehmen, die ihm wiederum nicht die Person selbst ist, und so konnte er endlich seine mannigfachen, jedoch schwer zu beurteilenden Irrtümer niederlegen in dem Satze: „Die göttlichen Personen sind verschieden (diversae) sowohl unter sich (nämlich durch ihre von der Person selbst wieder verschiedenen Relationen), als auch von der göttlichen Wesenheit, welche nur die von den drei Subsistenzen verschiedene Form dieser göttlichen Personen ist"[3]).

Gilberts trinitarische Irrtümer, wie sie zum Teil aus seinen noch erhaltenen Schriften ersichtlich, zum Teil in den Werken seiner Zeitgenossen besonders des hl. Bernhard und des auf Bernhards Antrieb ihn befehdenden Mönches Gaufridus, uns erhalten sind, beruhen also wesentlich darauf, dass der Porretaner seine dialektische Unterscheidung von erster und zweiter Substanz auch auf das Gebiet der Trinitätslehre übertragen wollte,

---

[1]) Zwar spricht Gilbert, dem theologischen Sprachgebrauche folgend und insbesondere auch im Anschluss an seinen Gewährsmann Boëthius oft aus, dass die drei Personen nur eine Natur oder Substanz seien; aber hierunter versteht er nur die substantia secunda, das id quo est, nur die allgemeine Wesenheit, wie er selbst sagt: Manifestum est igitur, quod horum trium est una substantia tantum, quae Graece quidem οὐσία dicitur, Latine vero, sicut dictum est, substantia vel ut expressius dicatur essentia. In Boëth. Migne 64 pag. 1305.

[2]) S. Bernard. De consid. lib. M. 5 c. 7,15. Migne 182 pag. 787.

[3]) Gilb. Porret. In lib. de praed. trium person. M. 64 p. 1303: Illa, quae nominibus his: Pater, Filius, Spiritus s. praedicantur, diversa esse non modo a se invicem, verum etiam ab essentia.

und so zu Distinktionen in Gott gelangt, die mit der absoluten Wesenseinheit des höchsten Urgrundes aller Dinge unvereinbar sind. So constatiert er:[1])

a) einen Unterschied zwischen dem göttlichen **Wesen** und dem in den drei Personen subsistierenden göttlichen **Dasein**,

b) einen Unterschied zwischen den einzelnen göttlichen **Personen** und den sie constituierenden (bedingenden) **Relationen**.

Wenn nun auch diese Irrtümer erst einige Jahre nach Hugos Tode stärker angegriffen und erst 1148 vom Concil zu Rheims durch ein eigenes Glaubensdekret beseitigt wurden, so müssen wir doch Hugos Stellung in diesen allerdings subtilen Fragen etwas näher untersuchen, da ja Gilbert vor seiner Erhebung auf den Bischofsstuhl (1142) also unzweifelhaft noch zu Hugos Zeit als Lehrer in Paris wirkte, und diesem daher die unkirchliche Strömung wenigstens im allgemeinen bekannt sein konnte.[2]) Freilich dürfen wir auch hier nicht eine heftige Polemik gegen Gilbert von seiten Hugos erwarten, ja es ist nicht einmal notwendig, dass der Viktoriner, wenn er einen derartigen Irrtum bekämpft, gerade Gilbert als den Urheber und Hauptvertreter dieser Meinung gekannt habe; aber dass Irrtümer wie die oben erwähnten unserem Autor bei Behandlung der Trinitätslehre bereits vorschwebten, dafür haben wir mehr als einen Anhaltspunkt in den Einwänden, die Hugo gegen die kirchliche Lehre anführt und abweist.

Schon der Umstand, dass Hugo den Ausdruck „Verschiedenheit diverstitas" nicht nur nicht in Gott gebraucht, sondern ihn

---

[1]) Conc. Rhem. a. 1148 ab Eugenio III. celebrati decreta in Denzingers Enchiridion, 5. Aufl. Würzb. 1874, pag. 119. — Auch Otto von Freising bezeichnet als die beiden ersten und Hauptpunkte, die Gilbert auf dem Concil von Rheims zum Vorwurf gemacht wurden: a) quod assereret divinam essentiam non esse Deum, b) quod proprietates personarum non essent ipsae personae. Vgl. Hayd in Wetzer u. Weltes K. L. V. B. S. 601.

[2]) Dass übrigens Gilberts Lehren schon lange vor seiner Verurteilung Aufsehen erregten, beweist das Wort, das ihm Abälard bei seiner Verurteilung auf dem Concil von Sens 1141 zugerufen haben soll: Nam tua res agitur, paries dum proximus ardet (Horat. ep. 18, 84). Hist. littéraire de la France tom. XII. pag. 467.

direkt als undogmatisch verwirft,[1]) stellt ihn in Gegensatz zu dem Porretaner, der überhaupt für die Unterscheidungen in Gott keinen anderen Ausdruck zu kennen scheint. Wenn er ferner sagt, „die ganze Trinität ist eine einzige Substanz",[2]) nicht etwa: sie ist durch ein und dieselbe Substanz oder: sie hat ein und dieselbe Substanz, so würde Gilbert wohl diesen Ausdruck nur schwer mit seiner Auffassung haben vereinigen können; den contradiktorischen Gegensatz zu des Porretaners Behauptung aber spricht Hugo aus mit den Worten:[3]) „Wir sagen nicht, dass die drei Personen aus derselben Wesenheit seien, als ob die Wesenheit etwas anderes wäre als die Person, sondern wir sagen, dass die drei Personen dieselbe Wesenheit haben oder vielmehr, dass sie ein und dieselbe Wesenheit sind." Vergleichen wir damit die oben angeführte Stelle aus Gilberts Commentar zu Boëthius, wo der Porretaner sagt, die drei Personen seien nicht nur unter einander, sondern auch von der göttlichen Wesenheit verschieden, so werden wir nicht zweifeln können, dass der Viktoriner wohl einen bestimmten Grund und Zweck gehabt habe, als er so nachdrucksvoll die Einheit von Gottes Wesen und Dasein hervorhob. Ganz deutlich aber weist endlich jene Stelle auf einen Gegensatz zu den rationalisierenden Dialektikern von der Art eines Gilbert hin, die einen Einwand gegen die Identität von Relationen und Personen mit folgenden Worten zurückweist:[4]) „Manche wollten sagen, dass jene Proprietäten nicht die Personen selbst seien, indem sie folgenden Einwand erhoben: Wenn durch die Proprietäten die Personen unterschieden werden, wie sind 'sie dann die Personen selbst?" Wir sehen, es ist die Unterscheidung von erster und zweiter Substanz, des „id, quod est" und „id, quo est", was auch hier der absoluten Einheit Gottes entgegenge-

---

[1]) S. Sent. tract. I. c. 9 pag. 55: In trinitate non est diversitas, sed distinctio. Cf. P. Lomb. Sent. lib. I. dist. 23, 9.

[2]) S. Sent. tract. I. c. 8 pag. 55 A: Tota trinitas est una substantia simplex et individua.

[3]) Ib. c. 6 pag. 51 D. Tres personas eiusdem essentiae vel tres personas unam essentiam dicimus, tres autem personas ex eadem essentia non dicimus quasi aliud quod essentia, aliud quod persona. Cf. S. Aug. De trinit. lib. VII. c. 6, 11 Migne 42, 943.

[4]) Ib. c. 11 pag. 58 D.

setzt wird. Dem aber stellt Hugo gegenüber die Autorität der Kirchenväter und die eigene Vernunft. Von Augustinus, seinem grossen Lehrmeister erwähnt er das lichtvolle Princip, das sich durch seine ganze Trinitätslehre hindurchzieht: „Was in Gott ist, das ist Gott",[1]) also auch die Proprietäten, die jedoch nur dann in ihrer Mehrheit wahrhaft der eine Gott sein können, wenn sie mit den Personen, von denen jede einzelne Gott ist, zusammenfallen. Ferner verweist er auf eine Stelle des heiligen Hieronymus,[2]) in welcher die Personen als durch die Proprietäten ausgedrückt bezeichnet werden, und wo umgekehrt die Proprietäten näherhin als die Personen erläutert werden.

Sein Vernunftbeweis für diese Wahrheit ist eigentlich nur eine Erklärung des oben angeführten Citates vom hl. Augustin; ausgehend von der unzweifelhaft feststehenden Glaubenswahrheit, dass Gott, trotzdem er in drei Personen subsistiert, doch absolut einfach ist, argumentiert er folgendermassen:[3]) „Wenn es in Gott drei Relationen oder Proprietäten gibt, die nicht die göttliche Substanz selbst sind, so ist es klar, dass ausser der göttlichen Substanz, welches die Trinität ist, von Ewigkeit her noch etwas anderes in Gott ist. Nun aber besteht, wie der Glaube lehrt, nur die Trinität, welche der eine Gott ist, von Ewigkeit. Wollen wir also bekennen, dass die drei Personen nichts anderes sind als ihre entsprechenden Proprietäten, und dass die einen wie die anderen nur der eine Gott sind, die eine göttliche Wesenheit oder Substanz."

Aus all dem ergibt sich, dass Hugo die Gilbert'schen Irrtümer, wenigstens in ihren Hauptformen, bereits wohl gekannt und zwar als Irrtümer erkannt hat. Die Art und Weise, wie er sie zurückweist, ist durchaus treffend und würdevoll, ja, wir können sagen, es ist die für seine Zeit allein mögliche und allein

---

[1]) Conf. S. Aug. De Trinit. lib. I. c. 12, 25. Migne 42, 838: Jam enim ostendimus in hac Trinitate per multos divinarum locutionum modos etiam de singulis dici, quod omnium est, propter inseparabilem operationem unius ejusdemque substantiae.

[2]) S. Hieronymus ad Damasum papam De explan. fid. Confundentes Arium unam eandemque substantiam Trinitatis dicimus, impietatem Sabellii declinantes tres personas expressas sub proprietate distinguimus; non enim nomina tantummodo, sed etiam nominum proprietates, id est personas confitemur.

[3]) Ib. pag. 59.

wirksame Art. Denn indem der Viktoriner sich hier wie überhaupt in seiner ganzen Trinitätslehre ausschliesslich auf das in den Schriften der Väter niedergelegte Glaubensbewusstsein der Kirche stützt, hat er bei den unzureichenden philosophischen Hilfsmitteln, die ihm zu gebote standen, die einzige Gewähr unverfälschter Wahrheit, wenn auch durch das stete Anlehnen an äussere Argumente dieser Teil seiner Theologie selbst veräusserlicht wird, wenn Hugo auch, statt in das Wesen der Begriffe einzudringen, vielfach mit althergebrachten Namen operiert, ohne selbst die Definition dieser Begriffe zu geben. Umso erfreulicher ist es, dass Hugo gerade bezüglich der Hauptfrage der Trinität, wie nämlich der Name Person bei einer durchaus einfachen Natur in der Mehrzahl angewendet werden könne, aus seiner bescheidenen, zurückhaltenden Objektivität heraustritt und in der Lösung dieser Frage eine Probe seines Scharfsinnes ablegt, welche uns ahnen lässt, was dieser erleuchtete Geist in der theologischen Wissenschaft hätte leisten können, wenn ihm die formalen, logischen Bildungsmittel der späteren Scholastik zur Verfügung gestanden wären.

Aus dem kirchlichen Dogma von der Dreiheit der Personen in der Einheit der Substanz „ergibt sich", wie Hugo ausführt,[1]) „eine nicht geringe Frage. Da nämlich der Name Person von der Substanz ausgesagt wird und das die Definition der Person ist: „Person ist die unteilbare Natur einer vernünftigen Substanz", wie ist das zu verstehen: Der Sohn ist eine andere Person als der Vater, während man doch zugleich auch sagen kann: Der Vater ist eine Person, d. i. eine vernünftige Substanz, der Sohn ist eine Person, d. i. eine vernünftige Substanz? Wenn wir also sagen können: Vater, Sohn und hl. Geist sind drei Personen, warum können wir nicht sagen: sie sind drei vernünftige Substanzen? — Darauf kann man sagen: „Wenn man für sich, d. h. ohne Rücksicht auf die übrigen Personen sagt: Der Vater ist eine Person, der Sohn ist eine Person, dann kann man mit vollem Rechte sich so ausdrücken: Der Vater ist eine Person, d. h. eine vernünftige Substanz; aber durch Hinzufügung einer näheren Bestimmung zum Personennamen wird die Bedeutung beschränkt; so z. B. wenn ich sage, der Sohn ist eine andere

---

[1]) S. Sent. tract. I. c. 9 pag. 56.

Person als der Vater, so drücke ich damit nicht etwa aus, er ist eine andere Substanz, sondern: er ist vom Vater unterschieden durch eine andere Proprietät.¹) Vater, Sohn und hl. Geist sind drei Personen, d. i. unterschieden durch drei Proprietäten. Wie nämlich der Sohn, wenn man ihn als Gott bezeichnet, dadurch nicht vom Vater geschieden wird, wohl aber, wenn man ihn „Gott von Gott" nennt, so ist es noch keine eigentliche Unterscheidung, wenn man sagt: Der Vater ist eine Person, der Sohn ist eine Person, wohl aber, wenn man hinzufügt: er ist eine andere Person, oder wenn man im Plural von drei Personen spricht . . . ." mit anderen Worten: Der Name Person kann in Gott in doppelter Beziehung genommen werden, einmal absolut, und dann bezeichnet er die eine, unteilbare göttliche Substanz, aber auch relativ, und so bezeichnet er die dreifache Subsistenz der einen göttlichen Natur, eine Subsistenz die verschieden ist durch die Art des Ausganges und das Verhältnis zu den übrigen Principien in Gott.

Wie übereinstimmend ist diese Erklärung mit der Lösung der Frage durch den hl. Thomas, welcher von dem Namen Person sagt, er bezeichne in Gott thatsächlich eine Hypostase, ein In- und Fürsichsein, aber nicht in dem Sinne als ob etwa der Sohn neben und ausser dem Vater ein eigentümliches Sein besitze, sondern in dem Sinne, dass der Sohn **dasselbe** Sein des Vaters in **eigentümlicher Weise**, nämlich durch Erzeugung aus dem Ungezeugten habe.²) Und wie eingehend und scharfsinnig auch die fortschreitende Theologie dieses Verhältnis von Person und Substanz weiter entwickelt hat, wie sie insbesondere die Verbindung der „absolut unabhängigen Persönlichkeit Gottes mit der relativen Subsistenzweise der Personen" nicht nur gegen den Vorwurf des Widersinnes verteidigt, sondern selbst als das Resultat einer „höheren Notwendigkeit" dargestellt hat: stets diente ihr als Grundsatz und Angelpunkt ihrer tieferen

---

¹) Ib. Quando per se dicitur, Pater est persona, Filius est persona, sane ita exponitur: Pater est persona, i. e. rationalis substantia; sed per additionem restringitur significatio, ut: Filius est alia persona, i. e. discretus per aliam proprietatem.

²) Cf. S. Thom. S. Theol. I. qq. 29, 80, wo der englische Lehrer den Begriff der göttlichen Person also bestimmt: Hoc nomen persona significat in divinis relationem ut rem subsistentem in natura divina (q. 30 a 1).

trinitarischen Speculation die auch von Hugo mit voller Entschiedenheit vertretene Wahrheit: Die Personen sind nicht nur mit den Beziehungen des Ursprungs im göttlichen Wesen identisch, sondern sie sind auch ganz wesentlich auf diese Beziehungen gegründet, eine Wahrheit, welche wir in einer neueren Dogmatik mit einfacher Klarheit ganz im Sinne des grossen Viktoriners ausgesprochen finden: „Insofern jede Person für sich ist, ist sie der eine Gott das eine Ich: Ich bin, der ich bin: Jahveh: insofern sie für die beiden anderen ist, ist sie Gott Vater, Gott Sohn, Gott hl. Geist."¹)

§ 4.
Folgerungen aus dem Trinitätsdogma insbesondere für die menschliche Erfassung und den begrifflichen Ausdruck dieses Geheimnisses.

Ist also die Relation die einzig mögliche reale Unterscheidung in Gott, und ist der Name „Person" die einzige substantielle Benennung, der einzige konkrete Ausdruck jener Abstraktion, so folgt, dass dieser Name allein von Gott trotz seiner unteilbaren Einheit und Einfachheit in der Mehrzahl gebraucht werden kann. Alle übrigen Bezeichnungen Gottes beziehen sich entweder auf die Substanz, die in der ganzen Trinität eine durchaus einheitliche ist, und ein und dieselbe bleibt in jeder Person für sich wie auch in ihrer Gesamtheit, oder auf die einzelne Person, welche hinwiederum in dem, was sie von der anderen scheidet, d. i. in ihrer Relation oder Proprietät durchaus individuell und einzigartig ist, also ihre speciellen Titel nicht mit den anderen Personen teilen kann. Welches sind nun diese Namen des dreipersönlichen Gottes? welche von diesen beziehen sich auf die Substanz, welche nur auf eine einzelne Person? und in welchem Sinne werden beide Arten in Gott ausgesagt? Das sind die Hauptfragen, mit deren Lösung der Viktoriner in seiner praktischen Weise nach der eigentlichen Darlegung des Trinitätsdogmas dieses Geheimnis begrifflich zu erläutern und gegen sprachliche Verirrungen zu schützen sucht.

Unter den Namen, die ausschliesslich auf die göttliche Substanz zu beziehen sind, steht in erster Linie der Name Gottes

---

¹) H. Schell: Dogmatik II. Bd. 3. Bch. S. 67.

selbst; denn dieser Begriff ist nicht nur in der Wirklichkeit, etwa vermöge der absoluten Einheit des göttlichen Wesens, sondern auch logisch in unserem Denken vollständig identisch mit dem Begriff der göttlichen Substanz. Weil aber diese Substanz nur eine ist und allen drei Personen in der gleichen Vollkommenheit zukommt, so muss auch die Bezeichnung „Gott" auf jede der drei Personen in demselben vollkommenen Sinne angewendet werden können, wie auf die ganze Trinität: „Der Vater ist also Gott, der Sohn ist Gott und der hl. Geist ist Gott, und doch sind es nicht drei Götter, sondern nur ein Gott, weil nur eine göttliche Substanz."[1])

„Deshalb sind die Drei eins, aber nicht einer; denn wenn sie nicht eins wären, so hätten sie nicht ein und dieselbe Wesenheit; und wenn die Drei einer wären, so wären es nicht drei; die Drei sind demnach eins, damit die Substanz nicht geteilt wird, und die Drei sind nicht einer, damit die Personen nicht vermischt werden. Was also der Vater ist, das ist der Sohn, weil eine ist die Natur des Vaters und des Sohnes, aber nicht der, welcher der Vater ist, ist auch der Sohn, weil eine andere ist die Person des Vaters und des Sohnes."[2])

Wenn aber die göttliche Substanz nur eine ist, und diese eine Substanz allen drei Personen ganz und ungeteilt zukommt, dann müssen auch die Eigenschaften dieser Substanz, die sachlich mit dem göttlichen Wesen identisch sind, jeder einzelnen Person in einer ebenso vollkommenen Weise zukommen wie der ganzen göttlichen Trinität. „Es ist nämlich für Gott der Natur nach nichts anderes, zu sein, als Gott sein, als allmächtig, ewig, unermesslich, gerecht, weise sein u. s. w., und deshalb ist wie nur eine Wesenheit und nicht drei, so auch nur ein Gott und nicht drei, aber auch nur ein Allmächtiger, Ewiger, ein Unermesslicher u. s. w."[3]) Es können daher die Eigenschafts-

---

[1]) De Sacr. lib. I. prs. III. c. 31 pag. 233: Quae de Deo secundum substantiam dicuntur, aequaliter dicuntur de Patre et Filio et Spiritu sancto; quoniam substantia Patris et Filii et Spiritus scti una est et aequaliter est. Deus nomen est substantiae, et hoc Deo esse est quod substantiam esse. Ideo Pater Deus est et Filius Deus est et Spiritus s. Deus est, et non tres dii, sed unus Deus, quoniam una substantia.

[2]) Ib. Tres unum sunt, sed tres unus non sunt.

[3]) S. Sent. tract. I. c. 7 pag. 52: Non enim aliud est illi natura esse quam Deum esse, omnipotentem esse, aeternum, immensum, justum, sapientem

bezeichnungen ebensowenig als die Substanz selbst, mit welcher sie real identisch sind, nicht in der Mehrzahl in Gott gebraucht werden; vielmehr bedeuten sie, wenn sie von den einzelnen Personen für sich ausgesagt werden, ganz das gleiche, wie wenn sie von allen drei Personen zusammen gebraucht werden. „Denn die ganze Gottheit ist im Vater, die ganze im Sohne, die ganze im hl. Geiste und zwar nicht geringer im Vater allein als im Sohne und hl. Geiste, aber auch im Sohne und im hl. Geiste nicht geringer als in der Verbindung mit den beiden anderen Personen.[1])

Aber wenn alle göttlichen Eigenschaften jeder einzelnen Person vollständig gleichmässig zukommen, weshalb werden dann bestimmte Eigenschaften bestimmten Personen zugeeignet, wie z. B. dem Vater die Macht, dem Sohne die Weisheit, dem hl. Geiste die Liebe? Es geschieht dies nicht etwa als ob eine Eigenschaft der betreffenden Person im höherem Grade zukäme, als ob im objektiven Wesensbestande der einzelnen Personen sich irgendwelche Verschiedenheit oder Besonderheit fände, sondern diese Unterscheidung dient nach dem Viktoriner lediglich der subjektiven Erfassung des Trinitätsgeheimnisses von seiten des menschlichen Geistes, allerdings nicht, ohne im objektiven Wesen der Trinität seine Begründung zu haben. Diese Begründung ist nach dem Viktoriner sowohl eine positive, die auf der Art des Ursprungs der göttlichen Personen ruht, als auch eine negative, insofern nämlich diese Attribute auch geeignet sind, die Hoheit und Reinheit unseres christlichen Gottesbegriffes zu wahren, und jede sinnlich menschliche Vorstellung aus der Anschauung über das höchste Wesen zu entfernen. Und gerade diesem letzteren, eigentümlichen Erklärungsgrunde scheint Hugo gemäss seiner ethisch praktischen Tendenz den Vorzug gegeben zu haben, da er denselben in seiner Summa Sententiarum[2]) geradezu als die alleinige Begründung der göttlichen Attribute anführt, und auch in seinem Werke: De

---

et similia. et ideo sicut una essentia et non tres, ita unus Deus et non tres, unus omnipotens, unus aeternus, unus immensus et caetera.

[1]) De Sacr. lib. I. prs. III. c. 31 pag. 233: Cum dicitur: Pater est Deus, non minus dicitur, quam cum dicitur: Pater et Filius et Spiritus sctus est Deus. Tota enim deitas in Patre, et tota in Filio, et tota in Spiritu scto.

[2]) S. Sent. tract. I. c. X. pag. 57.

Sacramentis[1]) ihm die erste Stelle zuweist, während er die positive Rechtfertigung nur gleichsam nebenbei erwähnt.

Da nämlich die Namen „Vater, Sohn und hl. Geist" von den geschaffenen Dingen übertragen sind auf den Schöpfer selbst, so besteht Gefahr, dass sie auch ganz in dem Sinne verstanden werden, wie sie bei Bezeichnung geschaffener Verhältnisse gebräuchlich sind[2]). Um nun diese Gefahr zu beseitigen wird jeder Person eine Eigenschaft appropriiert, welche mit dem Namen der Person für das naive Denken in einem gewissen Gegensatze zu stehen scheint, um so den menschlichen Geist zum Nachdenken und zu schärferer Unterscheidung zu veranlassen. Wenn z. B. dem einfachen Menschen die erste Person in der Gottheit mit dem Namen Vater bezeichnet wird, so könnte er leicht in Versuchung kommen, diesen höchsten Vater alles Daseins sich als einen ehrwürdigen, aber auch durch die Last der Jahre gebeugten Greis vorzustellen, der wohl daran denken dürfte, die Regierung des Weltalls seinem kraftvollen, eingeborenen Sohn zu überlassen. Bei den Menschen nämlich ist der Vater früher als der Sohn, und deshalb stellen sich auch früher die Schwächen des Alter ein, während er umgekehrt an geistiger Entwicklung und Erfahrung dem Sohne gewöhnlich überlegen ist. Um nun so unwürdige Vorstellungen von der Gottheit im voraus unmöglich zu machen, „wird dem Vater die Macht zugeschrieben, damit er nicht älter und deshalb ohnmächtiger scheine als der Sohn, diesem aber die Weisheit, damit er nicht jünger und deshalb weniger weise als der Vater scheine".

Ganz in analoger Weise wurde nach Hugo dem hl. Geiste das Attribut der Güte und Liebe deshalb beigelegt, „weil sonst der einfache Menschengeist sich Gott leicht unter dem Bilde eines strengen grausamen Gewaltherrschers vorstellen und das menschliche Herz im Gedanken an ihn sich entsetzen könnte, wenn man nämlich von Gott sagen würde, er habe einen Geist und nicht hinzusetzte, einen heiligen und gütigen Geist." Der

---

[1]) De Sacr. lib. I. prs. III. cc. 26 u. 27 pag. 227—29.
[2]) S. Sent. l. c. pag. 57: Cum haec nomina: Pater, Filius, Spiritus sctus, translata sint a creaturis ad ipsum Creatorem, ne videantur, quod in nobis significant, in Deo significare, attribuitur Patri potentia, Filio sapientia. In hominibus enim pater prior est filio... et ex antiquitate in patre defectus etc.

Viktoriner geht dabei von dem ebenso einfachen als psychologisch richtigen Gedanken aus, nach welchem im Reiche der Teilwesen nur derjenige als gerechter und wohlwollender Beurteiler eines Zustandes gilt, der selbst in ähnlicher Lage sich befindet, und dass desshalb der Mensch bei einem höheren Wesen, welches frei ist von allen Schranken und Unvollkommenheiten der Materie, wenig Verständnis und darum auch wenig Mitleid mit seiner eigenen Schwäche und Hilfsbedürftigkeit voraussetzt; und diesen Gedanken findet der Viktoriner schon im Wort „Spiritus" selbst ausgedrückt, das ja auch in der Nebenbedeutung von Überhebung, Hochmut gebraucht wird; ein Sinn, der auch in dem Ausdrucke „hochgeistig" unserer Vulgärsprache wiederkehrt[1]). So vertritt also Hugo bezüglich der Attribute der göttlichen Personen die eigentümliche Anschauung, dass sie nur deshalb den einzelnen Personen appropriiert würden, weil sie vom gewöhnlichen Denken bei den betreffenden Personen am wenigsten gesucht würden. „So heisst der Vater die Macht, nicht etwa weil er allein mächtig ist, und der Sohn wird Weisheit genannt, nicht als ob er allein weise wäre, denn die ganze Trinität ist eine einzige Allmacht und eine einzige Weisheit, aber dort musste man die betreffende Eigenschaft mehr betonen, wo man mehr hätte zweifeln können"[2]).

Petrus Lombardus hat[3]), deutlich im Anschlusse an diese Ausführungen des grossen Viktoriners, die göttlichen Attribute ganz in derselben Weise gedeutet, wie wir es hier von Hugo vernommen haben. Doch so zutreffend, ja geistreich und lichtvoll diese Erklärung der Attribute auch sein mag, sie lehnt sich doch viel zu sehr an den äusseren, naiven Wortsinn an, als dass sie wahrhaft wissenschaftlich genannt werden könnte, und deshalb ist sie in der That von den grossen Vertretern der kirchlichen Wissenschaft in der Folgezeit nicht aufgenommen worden. Denn die Wissenschaft verlangt einen inneren Erklärungsgrund,

---

[1]) De Sacr. l. 1. prs. III. c. 26. pag. 228: Dictus est Spiritus sctus bonus sive benignus, ne crudelis existimaretur Deus et consternaretur ad eum conscientia humana, si Spiritum habere diceretur Deus et non additum fuisset sanctus vel benignus

[2]) S. Sent. l. c. pag. 57: Ibi magis dicendum fuit, ubi plus dubitari potuit.

[3]) Petr. Lomb. Sent. lib. 1. dist. 34, 7 u. 8.

wo möglich eine Entwicklung der Begriffe aus dem innersten Wesen der Sache. Und diesen inneren Zusammenhang der göttlichen Attribute, der ja schon in der hl. Schrift nicht unklar angedeutet war, hatte die Theologie der Kirchenväter bereits richtig gefunden, nämlich im Ursprung der Personen selbst, in der Art der innergöttlichen Processionen; und Hugo, weit davon entfernt, diese Erklärung zu verwerfen, nimmt sie trotz ihres scheinbaren Widerspruchs mit seiner ersten und eigentlichen Erklärung unbedenklich in sein System auf. Nachdem er also den Zweck der göttlichen Attribute dahin bestimmt hatte, uns anzudeuten, dass den einzelnen göttlichen Personen auch jene Eigenschaften zukommen, welche man nach menschlichen Begriffen am wenigsten bei ihnen erwarten möchte, so findet er bereits im nächsten Capitel[1]) gerade umgekehrt in den Appropriationen jene Eigenschaften ausgedrückt, welche den göttlichen Personen mit Rücksicht auf ihre Stellung in der Dreieinigkeit in ganz besonderem, emphatischen Sinne zukommen, so zwar, dass diese Eigenschaften, die in Wahrheit allen drei Personen gemeinsam sind, in unserem Denken sich auf die einzelnen Personen specialisieren und zu einer Art geistiger Notionen werden. Doch ist der Gegensatz nur ein scheinbarer, der Widerspruch ist kein anderer, als wie er so oft besteht zwischen dem äusseren Scheine oder dem auf äusseren Schein sich gründenden naiven Denken und zwischen dem inneren Wesen. Während nämlich die erstere Erklärung sich einseitig und äusserlich an die Namen der Trinität anklammert, berücksichtigt die zweite das Wesen der Trinität und ihre naturgemässe Entwicklung, hat also einen entgegengesetzten Ausgangspunkt und einen verschiedenartigen Weg, verbindet sich aber mit dem ersten Erklärungsversuche in der Einheit des in beiden Fällen vernunftgemäss angestrebten Zieles.

Wie nämlich aus dem innersten Lebensprinzip des vernünftigen Geistes das Abbild und der Ausdruck dieses Geistes, der Gedanke, so entsteht aus dem ursprungslosen Princip der Gottheit, aus dem ungezeugten Vater durch immanente geistige Zeugung sein wesensgleicher Sohn, sein allumfassender

---

[1]) De Sacr. lib. I. prs. III. c. 27 pag. 228—30.

Gedanke, seine ewige Weisheit[1]). Und wie die Lebenskraft, durch den Gedanken erleuchtet, sich mit dem Guten eint im Streben der Liebe, die nach Hugo nichts anderes ist als die Freude des Geistes an seiner Weisheit, so geht aus dem Vater und Sohn in geheimnisvoller Verbindung die hypostasierte Liebe des hl. Geistes hervor. Indem wir also das Spiegelbild der göttlichen, unbegreiflichen Dreieinigkeit in unserem gottähnlichen Geiste schauen, vergleichen wir den Vater, den wesenhaften Urgrund der Trinität, mit dem Lebensprincip des geschaffenen Geistes und legen ihm das Attribut der „Potentia" bei, welche nach Hugo eine gewisse Kraft ist, aus welcher entstehen kann, was noch nicht da ist"[2]), und wir finden in seinem eingeborenen Sohn den vollkommenen, gleich wesentlichen Ausdruck des Vaters, sein hypostasiertes Wort, das hinwiederum mit seinem Urgrunde in einer ewigen Liebe sich einigt zur thatkräftigen Verwirklichung der unendlichen Vollkommenheit; und der aus dieser Verbindung hervorgehenden Person wird daher mit Recht das Attribut der Liebe, der Güte, der Willensmacht zugeschrieben, die ja auch in ähnlicher Weise aus Wesen und Denken hervorgeht. So unterschied der Mensch, wie Hugo schön sagt, „die Wahrheit nach dem Bilde, durch welches er sie gefunden hatte, und was er hier (nämlich in seiner Seele) als Spur des Ewigen Eigentümliches fand, das sagte er dort (d. i. in Gott) in einem ganz einzigartigen, singulären Sinne aus, gleichsam als eigentümliches Merkmal (proprietas) der Personen"[3]).

Und eben darin, dass die Attribute in engster Beziehung stehen zu den constitutiven Merkmalen der Personen, den Proprietäten, eben darin liegt der Grund, warum gerade diese und nur diese Eigenschaften den einzelnen Personen appropriiert werden, und warum nicht etwa die übrigen Eigenschaften Gottes auch als Attribute von ebensoviel Personen gebraucht werden können.

---

[1]) De Sacr. l. c. pag. 229: Ideo potentiam Patri (anima) tribuit, quia in se similitudo fuerat illius, et sapientiam Filio, quoniam haec in se imago illius erat, quae a potentia orta erat, et dilectionem Spiritui scto attribuit, quoniam in se a potentia et sapientia processit, sicut Sp. s. a Patre et Filio, quae dilectio est Patris et Filii.

[2]) Ib. pag. 229.

[3]) De Sacr. l. c. pag. 229.

Allerdings, wenn man wie Abälard diese Eigenschaften selbst als das Constitutivum der göttlichen Personen betrachtet, kann man dem Vorwurfe nicht entgehen, dass man dann keinen Grund mehr habe für die Beschränkung der Personenzahl, ein Vorwurf, der Abälard auch nicht erspart worden ist. Ganz anders aber Hugo. Mag auch die Berührung mit dem kühnen Dialektiker nicht ganz ohne Einfluss auf ihn geblieben sein, mag er auch in einem gewissen, abgeschwächten Sinne einen Vernunftbeweis für die Trinität nicht gerade ausschliessen, so sind ihm die Eigenschaften des geschaffenen Geistes: Lebenskraft, Verstand und Wille, doch nur Sinnbilder,[1]) nur Analogien, durch welche das geheimnisvolle trinitarische Leben Gottes zwar versinnbildet, nicht aber vollkommen erklärt werden kann. Wenn daher auch der Viktoriner die Attribute gleichsam eigentümliche Merkmale (quasi proprietates) nennt,[2]) so ist dieser Ausdruck nur im subjektiven Sinne zu verstehen, dahin nämlich, dass diese Eigenschaften, wenn sie emphatisch und determiniert als Attribut einer Person stehen, uns sofort an das eigentümliche Merkmal, die Proprietät dieser Person erinnern. Deshalb nämlich, weil der Glaube uns in Gott drei Personen zeigt, die in naturgemässer Weise analog den Kräften des geschaffenen Geistes aus einander hervorgehen und mit einander verbunden sind, deshalb werden die Namen der betreffenden Seelenkräfte auf die entsprechenden göttlichen Personen übertragen und diesen vom menschlichen Denken in ganz besonderer Weise zugeeignet, obwohl sie objektiv allen drei Personen und jeder einzelnen derselben „gemeinsam, ganz, eigentlich und gleichmässig" zukommen.[3])

Ebendeshalb, weil die Attribute der Personen nach ihrem wahren, objektiven Inhalte Eigenschaften des einen göttlichen Wesens, nicht aber unterscheidende Constitutiva der einzelnen Personen sind, kann man auch nicht sagen, dass die eine Person das Attribut der anderen etwa durch Mitteilung von seiten der letzteren besitze, dass also z. B. der Vater weise sei durch die von ihm erzeugte Weisheit. Denn die Weisheit als Eigenschaft

---

[1]) Ib. pag. 228: Simulacrum, vestigium, imago ineffabilis Trinitatis.
[2]) De Sacr. l. c. pag. 229.
[3]) Ib. necesse omnino est, ubi una est essentia, unam esse potentiam, unam sapientiam et unam dilectionem, et communem esse, et totam esse, et proprie esse, et aequaliter esse.

des göttlichen Wesens ist identisch mit Gott selbst. Wenn also, so argumentiert Hugo ganz richtig, der Vater weise wäre durch die von ihm erzeugte Weisheit, so hätte er mit der Weisheit auch das mit ihr identische Sein vom Sohne, und dann wäre die Ordnung in der Trinität gerade umgekekrt.¹) „Eine Macht, eine Weisheit, eine Liebe ist also die ganze Trinität; aber diese Eigenschaften, mit dem einen Wesen identisch, sind wie das Wesen im Vater ungezeugt, im Sohne gezeugt, im hl. Geiste als von beiden ausgehend. — Während also die Attribute mehr zur subjektiv menschlichen Unterscheidung der drei göttlichen Personen dienen, finden wir den objektiven Unterschied in Gott ausgedrückt durch das Verhältnis der Personen zu einander, durch ihre Relationen. Ausdrücklich und formell unterscheidet Hugo in Gott nur drei Relationen,²) nämlich:

1. das Verhältnis des Vaters zum Sohne (Patrem esse),
2. das Verhältnis des Sohnes zum Vater (Filium esse),
3. das Verhältnis des hl. Geistes zum Vater und zum Sohne (Spiritum sanctum esse, procedere, spirari, ab utroque esse).

Aber wenn er auch die aktive Spiration nicht eigens als Relation erwähnt, so ist diese einerseits mit der passiven Spiration als deren notwendiges Correlat gegeben und andererseits wird Vater und Sohn ausdrücklich als das gemeinsame Princip und damit als der eine Spirator des hl. Geistes bezeichnet.³) Mit diesen Relationen vollständig identisch fasst Hugo den Begriff der Proprietäten. Sie sind ihm also nicht, wie dem hl. Thomas⁴), dasselbe wie die Notionen, die, „ohne gerade den Begriff der Personen zu constituieren, immerhin doch zur Erkenntnis

---

¹) S. Sent. tract. I. c. 11 pag. 60: Si Pater esset sapiens sapientia genita ex se — cum ei sit esse quod sapientem esse — jam Pater a Filio haberet esse, non Filius a Patre .... Una sapientia tota est Trinitas, sed in Patre ingenita in Filio genita. Cf. Petr. Lomb. Sent. l. I. dist. 32, 3; S. Aug. De Trinit. lib. VII. c. 1.

²) S. Sent. l. c.; De Sacr. lib. I. prs. III. c. 31 pag. 234.

³) De Sacr. l. c. pag. 233; Ib. c. 23 pag. 226: Qui ab utroque erat.... Spiritus sanctus Patris et Filii, procedens a Patre et Filio; S. Sent. c. 6 pag. 51: Inspirari a Patre et Filio h. e. illi esse a Patre et Filio.

⁴) S. Thom. S. theol. I. q. 32 a. 2. relationes in abstracto, quae dicuntur proprietates et notiones.

und Unterscheidung der Personen dienen;"[1]) oder vielmehr, Hugo macht zwischen den die Personen constituierenden Unterscheidungen und den aus diesen Unterscheidungen oder Beziehungen sich ergebenden Merkmalen, Notionen der einzelnen Personen gar keinen Unterschied; ihm ist es weniger um subjektive, für unser Verständnis berechnete Erkennungszeichen der einzelnen Personen zu thun, als um die Darlegung des objektiven Unterschiedes in der Trinität, den er vor allem auf die Dreipersönlichkeit als die einzige reale Unterscheidung in Gott zurückzuführen bestrebt ist. „Denn was ist die Proprietät des Vaters, die Proprietät des Sohnes, die Proprietät des hl. Geistes anderes als die drei Personen selbst, von einander geschieden und unterschieden?"[2]) Deshalb will der Viktoriner nicht nur real, sondern auch begrifflich nicht mehr als drei Erkennungszeichen oder Eigentümlichkeiten oder wie die spätere Theologie sie nannte, „Notionen" gelten lassen. Wenn demgegenüber Petrus Lombardus zum Beweise einer grösseren Zahl von Proprietäten auf eine Stelle des hl. Augustin hinweist, wo die Innascibilitas des Vaters deutlich von seiner Paternitas geschieden ist[3]), so ist Hugo diesem Einwande bereits zuvorgekommen, wenn er sagt: „Die Eigentümlichkeit des Vaters ist, ungezeugt zu sein; das aber ist dasselbe wie Vater sein. Lass dich daher nicht verwirren durch das Wort Augustins: „Nicht dasselbe ist es zu sagen „ungezeugt", und zu sagen „Vater"; denn Vater wird gesagt in Beziehung auf den Sohn, aber der Ausdruck „ungezeugt" bezeichnet gar keine Relation." — Zwar ist es nicht dasselbe, so entgegnet unser Viktoriner, von dem ersten Princip der Gottheit auszusagen, es sei ungezeugt, und zu sagen, es sei der Vater, wohl aber ist es thatsächlich in der Trinität eins, ungezeugt sein und Vater sein."[4])

So entschieden also auch Hugo in den mannigfachsten Wendungen jenen Unterschied in der göttlichen Trinität hervorhebt, ohne welchen eine Dreipersönlichkeit in der Wesenseinheit

---

[1]) Oswald: Dogmatik Paderborn 1887 II. 183.
[2]) S. Sent. tract. I. c. 11 pag. 59: Quid est enim proprietas Patris, proprietas Filii, proprietas Spiritus scti, nisi istae personae inter se discretae et distinctae?
[3]) Petr. Lomb. Sent. l. I. dist. 28, 1; Aug. De Trinit. lib. 5. c. 6.
[4]) S. Sent. l. c. pag. 59.

überhaupt nicht bestehen kann, so misstrauisch verhält er sich gegenüber weiteren Einteilungen und tieferen Erörterungen dieses Punktes. Doch wir begreifen des Viktoriners Scheu vor Mehrung der Distinktionen, wenn wir an die Verwirrung denken, die gerade in jener Zeit durch angeblich geistreiche und scharfsinnige Unterscheidungen dem christlichen Trinitäts-Begriffe drohten. Dadurch dass Hugo als einzigen Unterschied in Gott den Personenunterschied betonte und diese Personen einzig und allein durch die Beziehungen des Ausganges begründet fand, ist er nicht nur der Gilbert'schen Quaternität entgegengetreten, sondern auch dem Abälard'schen Rationalismus, der in seinen Consequenzen zu einer sabellianischen Verflüchtigung des conkreten Personenbegriffes in die abstrakten Grundeigenschaften des Geistes führen musste. Dass Hugo diesen verschiedenartigen und zum Teil verführerischen Irrtümern gegenüber die kirchliche Lehre auch in der Wissenschaft rein und würdig vertrat, gereicht ihm zu umso grösserem Verdienste, als er dadurch dem hl. Bernhard in der Verteidigung dieser Lehre eine wesentliche Stütze, dem Lombarden in der Weiterbildung der kirchlichen Wissenschaft eine sichere Grundlage bot. — Aber auch an sich stellt Hugos Trinitätslehre in ihrer erhabenen Einfachheit und Klarheit der ersten scholastisch-systematischen Entwicklung dieses Geheimnisses, wie sie der hl. Anselm versucht hatte[1]), sich würdig an die Seite. Statt der in der späteren Scholastik so oft beliebten Häufung von Schwierigkeiten und Spitzfindigkeiten finden wir hier eine ruhige, sachgemässe und durchaus einheitliche Darstellung, die von der Ahnung dieses Geheimnisses im menschlichen Geiste aufsteigt zu einer naturgemässen, lebensvollen Entfaltung der absoluten Wesenseinheit Gottes im ewigen Wechselwirken der drei wesensgleichen Personen, deren Begriff und Bedeutung durch Analogien und Distinktionen auf grund der Kirchenväter für das menschliche Denken erläutert wird.

Hat so der Viktoriner den christlichen Gottesbegriff in seiner hocherhabenen und doch allumfassenden Einheit und in seinem unerschöpflichen inneren Leben dargestellt, so erübrigt

---

[1]) S. Ans. De divinitatis essentia Monologium. M. 158, col. 141—223; De fide Trinitatis lb. col. 259—85; De processione Spiritus scti lb. col. 285 bis 325.

ihm nur noch, die Verbindung zu finden zwischen diesem selbstvollendeten, sich selbst genügenden Wesen und der seiner bedürftigen und von ihm abhängigen Aussenwelt. Da nun diese Verbindung naturgemäss in Gott als der Erst- und Allursache ihren Anfang nehmen muss, aber in ihrem Wirken die ganze Schöpfung durchdringt, so glaubte der Viktoriner, die „Primordialursachen" alles Seins, die Eigenschaften des göttlichen Wirkens, in seinem theologischen Systeme als den naturgemässen Übergang vom Schöpfer zur Schöpfung verwerten zu können. Die spätere Theologie ist ihm hierin nicht gefolgt, offenbar weil sie mit einer solchen Gliederung die Einheit und Vollständigkeit ihres ersten Traktates: „De Deo uno" zu zerstören glaubte. Doch ist dieser Mangel, wofern man hier überhaupt von Mangel sprechen darf, in Hugos Schriften weitaus nicht in dem Grade bemerkbar, als dies etwa in einer Dogmatik der späteren Zeit der Fall wäre, da die Eigenschaften des göttlichen Wirkens infolge theologischer und häretischer Streitigkeiten zu einer den Gottesbegriff wesentlich beeinflussenden Bedeutung gelangten. Zudem wurden ja von Hugo diese Eigenschaften in seinen Gottesbeweisen wenigstens vorübergehend angedeutet. Nunmehr werden wir sie nicht nur in ihrem innergöttlichen, verborgenen Dasein, sondern auch in ihrer äusseren sichtbaren Entfaltung wiederfinden, sodass wir mit dem folgenden Traktate zugleich den Abschluss der Hugonischen Gotteslehre im engeren und eigentlichen Sinne beginnen.

V. Capitel.

Eigenschaften des göttlichen Wirkens,

und Gottes Verhältnis zur Welt
als deren Schöpfer, Erhalter und Ziel.

Vorbemerkung.

Den Übergang vom immanenten Sein Gottes zu seinem transeunten Wirken findet Hugo in den Appropriationen, in den Attributen, die auf grund der Analogie mit dem geschaffenen

Geiste dem dreipersönlichen Schöpfer beigelegt werden. Es ist die Weisheit, mit der Gott alles voraussieht und anordnet, der Wille, mit dem er das Sein der Dinge beschliesst, die Macht, mit welcher er seinen Beschluss sofort und vollständig in die Wirklichkeit umsetzt. Denn „auf diesen drei Eigenschaften beruht jegliche Vollkommenheit, die innere und die äussere, und wo diese drei in vollkommenster Weise vereinigt und harmonisch geordnet sind, dort ist das vollkommenste Wesen, nämlich Gott."[1] In dieser doppelten Beziehung der drei Attribute, zum immanenten und transeunten Leben Gottes ist der schöne Gedanke ausgesprochen, dass mit der Welt und der Beziehung Gottes zu ihr sich im grunde genommen keine wesentlich neuen Gesichtspunkte im göttlichen Wesen ergeben, dass also Gottes Vollkommenheit von der Existenz der Welt vollkommen unabhängig ist. — Immerhin werden diese Eigenschaften, wenn sie in Beziehung gebracht werden zur geschaffenen Welt, vom menschlichen Geiste in einem etwas anderem Sinne aufgefasst, als wenn sie das immanente dreipersönliche Wesen Gottes an sich ausdrücken sollen. Dies zeigt sich schon in der äusseren Anordnung dieser Eigenschaften. Während nämlich unter den göttlichen Attributen die Macht die erste Stelle einnimmt und hier den kraftvollen Urgrund und das Princip der anderen Personen ausdrückt, weist ihr Hugo unter den transeunten Eigenschaften Gottes mit Recht die letzte Stelle an; denn hier ist sie begrifflich nur eine Folge der beiden anderen als Ausführung des allweisen und allheiligen göttlichen Weltplanes. Allerdings wenn Hugo gleich Abälard jene Eigenschaften als das constitutive Merkmal der göttlichen Personen betrachtet hätte, so wäre eine solche Umstellung für ihn einer Störung der innergöttlichen Beziehungen gleichgekommen; aber da er sie von vorneherein als menschliche Erklärungsversuche, als inadäquate Analogien der Trinität erklärte, so konnte er sie sowohl als naturgemässe Verbindung zwischen dem dreipersönlichen Innenleben Gottes und seinem Wirken nach aussen benützen als auch nach demselben die Art dieses Wirkens in übersichtlicher Weise zusammenfassen. Wenn übrigens der Viktoriner unter den Eigenschaften des göttlichen Wirkens

---

[1] S. Sent. tract. I. c. 10 pag. 58: Ubi enim concurrunt ista tria: posse, scire, velle, nihil deest. Cf. De Sacr. lib. I. prs. III. c. 28 pag. 230.

der Weisheit die erste Stelle einräumt, so thut er dies nicht nur vom Standpunkte der objektiven Entwicklung, wie sie der Idee nach im innergöttlichen Wesen sich vollzieht, also nicht nur, „weil bei allem, was die Trinität wirkt, das Vorauswissen dem Akte vorangeht",[1]) sondern, wie er stets auf praktische Erfassung und selbstthätige Verwirklichung der Wahrheit dringt, auch vom Standpunkte der praktischen Gotteserkenntnis, weil nämlich „die Weisheit in den Werken der Schöpfung am klarsten ausgedrückt ist und deshalb von einer vernünftigen Naturbetrachtung zuerst und vor allem wahrgenommen wird." [2])

§ 1.
Hugos Lehre über das göttliche Erkennen. Praedestination.

Dass Gott Erkenntnis besitzt, hat Hugo schon in seinem ersten, „mikrokosmologischen" Beweise hinreichend dargelegt, und dass diese Erkenntnis bei Gott in einem ausserordentlich hohen Grade vorhanden sein muss, ergibt sich für ihn klar aus den Werken der Schöpfung, die trotz ihrer ungeheueren Masse und Verschiedenheit doch nach einem einheitlichen Plane geordnet sind. Denn es wäre „ganz absurd und jeglicher Vernunft widersprechend, zu glauben, derjenige, welcher die Quelle und der Ursprung der Weisheit ist, besitze selbst die Weisheit nicht, oder er besitze sie nicht dauernd und vollkommen, so dass er auch nur einmal ohne Weisheit hätte sein können." [3])

Doch noch mehr, Gott besitzt nicht nur von Ewigkeit her die Erkenntnis, sondern er ist das Erkennen selbst: „Das Sein ist bei ihm nichts anderes als das Weise-Sein"[4]). Hugo folgert dies aus der absoluten Einfachheit Gottes, und wenn er auch das göttliche Denken noch nicht als das eigentliche Constitutivum des göttlichen Wesens ausdrücklich bezeichnet, noch

---

[1]) S. Sent. tract. I. c. 12. pag. 61.
[2]) Erud. did. lib. VII. c. 16 pag. 823: Illud invisibile prius in contemplatione comprehenditur, quod in suo visibili simulacro expressius et manifestius declaratur... Invisibilis sapientiae simulacrum est creaturarum decor... Unde constat, quod plus evidens simulacrum est creaturarum decor, qui ad solam spectat essentiam.
[3]) Erud. did. lib. VII. c. 31 pag. 831: Hoc absurdissimum est et ab omni ratione alienum credere, eum qui est fons et origo sapientiae, aliquando sine sapientia exstitisse.
[4]) S. Sent. tract. I. c. 11 pag. 60: Esse est ei, quod sapientem esse.

163

auch zur klaren Erkenntnis durchgedrungen ist, dass zwischen dem göttlichen Erkennen und Sein nicht einmal ein virtueller Unterschied bestehe, so fasst er doch thatsächlich beide Begriffe als identisch, indem er dem göttlichen Erkennen dieselben Eigenschaften beilegt wie dem göttlichen Sein. Insbesondere betont er dessen allumfassende Einheit nach Zeit und Raum¹), oder vielmehr seine absolute Erhabenheit über diese beiden Kategorien, und mit welcher Klarheit und Vollständigkeit er jede Art von Wandlung im göttlichen Erkennen zurückweist, haben wir bereits genugsam erkannt, als wir seine Lehre über die Unveränderlichkeit Gottes im Allgemeinen uns vor Augen stellten²).

Alles also, was überhaupt Objekt des Denkens sein kann, ist von Ewigkeit her dem göttlichen Geiste gegenwärtig; denn „demjenigen, der alles schafft, alles regiert, alles durchdringt, alles trägt, kann nichts verborgen sein, und der allem gegenwärtig ist durch seine Gottheit, kann nirgends fehlen in seinem Schauen"³).

Und hiemit gibt Hugo zugleich den Grund der göttlichen Allwissenheit an, nämlich die klare Selbstkenntnis Gottes, vermöge deren er in sich und durch sich auch alle übrigen Dinge sieht, da diese im göttlichen Geiste als ihrer vorbildlichen, bewirkenden und Zweckursache enthalten sind. „Nichts anderes also, als was in Gott selbst ist, sieht er voraus, schaut er und hält er fest; sondern was in der Zeit sich ereignet, das war in seinem Schauen, und was in der Zeit dahingeht, das bleibt seinem Verstande gegenwärtig"⁴).

Diese hier angedeutete Unterscheidung von **primärem** und **secundärem** Erkenntnisgegenstande in Gott ist noch deutlicher enthalten in der vom Viktoriner so lichtvoll durchge-

---

¹) Erud. did. lib. VII. c. 20. pag. 830: Omnia simul et semel sub uno visionis radio comprehendit.

²) So hat Hugo bereits klar erkannt und durchgeführt, was der heilige Thomas mit bewunderungswürdiger Einfachheit in dem Satze ausspricht: Si divinum intelligere est ejus esse, necesse est, quod intelligere ejus sit simplex, aeternum et invariabile et actu tantum exsistens et omnia, quae de divino esse probata sunt. Contr. Gent. I. 45.

³) Erud. did. l. c.

⁴) Erud. did. l. c. pag. 830.

führten Bestimmung des „Verbum intrinsecum und extrinsecum." Unter Ersterem versteht Hugo nicht nur, wie dies bei den Vätern gewöhnlich der Fall ist, den eingeborenen Sohn, der von Ewigkeit im Schoosse des Vaters war, sondern es ist ihm auch ganz allgemein die göttliche Weisheit, das vollkommenste Abbild des göttlichen Wesens selbst [1]). Als der Ausdruck der höchsten, allseitigen Vollkommenheit kann es nur von dem allervollkommensten Wesen ganz erfasst und begriffen werden. Um jedoch auch anderen Wesen Teilnahme an der im Besitze allseitiger Vollkommenheit bestehenden Seligkeit zu gewähren, hat Gott die Welt geschaffen, deren zahllose Wesen in verschiedenen Abstufungen die Vollkommenheit des höchsten Urbildes zum Ausdrucke bringen.

„So war in Gott das innere, verborgene, unsichtbare Wort des Herzens, und seine Weisheit war dieses Wort, und es war unsichtbar, bis es geoffenbart wurde durch das äussere sichtbare Wort, welches sein Werk war" [2]). Das innere Wesen Gottes und die Nachbildung dieses Wesens in der äusseren Welt verhalten sich also zu einander wie der innerlich concipierte Gedanke zu seinem äusseren Ausdruck, wie das „Wort des Herzens" zum „Wort des Mundes" [3]), und gleichwie diese letzteren beiden nur einen einzigen Erkenntnisakt zur Voraussetzung haben, so umfasst auch Gott sein Wesen und dessen äusseren, mehr oder minder vollkommenen Ausdruck in ein und demselben Denkakte, oder, wie die spätere Theologie dies näher bestimmt hat, indem Gott sich selbst vollkommen erkennt, sieht er zugleich auch alle wirklichen und möglichen, gegenwärtigen und zukünftigen Weisen der Nachahmbarkeit seines Wesens.

Übrigens liegt dem Viktoriner, der ja in seiner ganzen theologisch-wissenschaftlichen Darstellung vorzugsweise praktische Zwecke verfolgt, nichts ferner als eine dialektisch genaue Unterscheidung, Gliederung und Erklärung des innergöttlichen Erkenntnisvorganges. Er begnügt sich damit, im allgemeinen zu erklären, dass in Gott das Erkennen durchaus einheitlich, allum-

---

[1]) De Sacr. l. I. prs. III. c. 20 pag. 225: Erat ipsa sapientia Verbum, sed quasi intrinsecum et absconditum.

[2]) De Sacr. l. c.

[3]) Ib. Sicut per verbum oris manifestatum est verbum cordis, sic loquitur omnis natura ad auctorem suum.

fassend und mit dem göttlichen Wesen identisch ist, ohne noch im einzelnen die Frage nach der Species visibilis eigens zu behandeln oder speciell noch zu betonen, dass das göttliche Denken kein diskursives und kein unbestimmtes, vages Erkennen der Dinge sein könne, Fragen, die wir übrigens auch bei P. Lombardus noch nicht erörtert finden.

Um so sorgfältiger und ausgiebiger wird die **ethisch-praktische** Seite des göttlichen Erkennens hervorgehoben. **Wie äussert sich die göttliche Allwissenheit in der Welt überhaupt und insbesondere im menschlichen Leben?** das ist die Frage, deren Beantwortung Hugo bei Behandlung dieses Punktes der Gotteslehre vor allem im Auge hat. Er findet die verschiedenartigen Beziehungen zwischen dem göttlichen Intellekte und den geschaffenen Denkobjekten ausgedrückt in den verschiedenen **Bezeichnungen**, mit welchen das eine göttliche Denken je nach der Beschaffenheit seiner Objekte benannt wird. Obwohl nämlich dasselbe einfach ist wie das göttliche Wesen selbst, so hat es doch wegen seiner verschiedenen Wirkungsweisen (propter diversos effectus) verschiedene Namen[1]). Insofern es aufgefasst wird als die Kenntnis des in der Gegenwart thatsächlich Bestehenden, nennt es Hugo „Wissen" schlechthin (scientia), in bezug auf zukünftig eintretende Dinge: Vorauswissen (praescientia), in Hinsicht auf das gegenseitige Verhältnis der Weltdinge: Anordnung (dispositio) in Anbetracht der Zielstrebigkeit derselben: Vorsehung (providentia), in Rücksicht auf das endliche Schicksal der Menschen: Vorherbestimmung (praedestinatio).

Wie wir sehen, fasst Hugo das göttliche Erkennen hier im allerweitesten Sinne als souveräne Erhabenheit über jedes geschaffene Denken und jede geschöpfliche Thätigkeit, indem er unter diesem Ausdrucke auch Begriffe vereinigt, die gewöhnlich dem ganzen göttlichen Wesen, dem Erkennen in Verbindung mit dem Willen und der Schöpfermacht zugeschrieben werden. Doch scheint der Viktoriner in der näheren Ausführung und Erörter-

---

[1]) S. Sent. tract. I. c. 12 pag. 61: Et est sciendum, quod sapientia Dei propter diversos effectus pluribus appellatur nominibus .... scientia est existentium, praescientia futurorum, providentia gubernandorum, dispositio faciendorum, praedestinatio salvandorum. Cf. De Sacr. l. I. prs. II. c. 9 pag. 210. Ganz dieselbe Einteilung bei P. Lomb. Sent. lib. I. dist. 35, 1.

ung dieser seiner Disposition gleichsam unbewusst manche der zu weit gehenden Begriffsbestimmungen modificiert und eliminiert zu haben, so dass sich alles, was er von dem sog. secundären Wissen Gottes sagt, wesentlich zurückführen lässt auf folgende drei Punkte:

    a) das Wissen Gottes schlechthin, d. i. die Erkenntnis der thatsächlich bestehenden Welt und Weltordnung: **scientia existentium**[1]);

    b) das Wissen Gottes, insofern es sich bezieht auf Objekte, die noch nicht wirklich **sind**, aber in der Zukunft wirklich **werden** oder wirklich werden **können**: **praescientia futurorum**;

    c) das Wissen Gottes, insofern es die sittlichfreien Handlungen des Menschen mit aller Bestimmtheit voraussieht und ordnet: **praedestinatio salvandorum**.

Ad a) **Scientia existentium.** Dass Gott alle thatsächlich bestehenden Weltdinge wie mit dem Wesen, so auch mit der Erkenntnis vollständig durchdringt und beherrscht, hat Hugo, wie wir gesehen haben, bereits bei seiner Darlegung der göttlichen Unveränderlichkeit nachgewiesen.[2]) Im Einzelnen führte er dort aus, dass Gottes Erkennen „nicht gemehrt werden könne, weil es vollständig und allumfassend sei", dass es nicht vermindert werden könne wegen seiner untrennbaren Einfachheit, und dass es auch nicht von der Potenz zum Akte übergehen könne, da die höchste Vollkommenheit reine Aktualität sei. „Alles also sieht Gott, und von allem sieht er alles, er sieht es immer und überall in einem einzigen, ewigen und unwandelbaren Strahl des Schauens."

Dem auf grund der hl. Schrift hiegegen erhobenen dialektischen Einwand gegenüber, dass die göttliche Weisheit ihre Grenzen habe, da sie ja von einer „Grenzlinie zur anderen" (a

---

[1]) So wenig Hugo formell und ausdrücklich zwischen primärem und secundärem Objekte des göttlichen Erkennens unterscheidet, so scheint er doch im allgemeinen bei der Durchführung dieser Eigenschaft die Norm eingehalten zu haben, die er bei Erklärung einer Stelle des ersten Corintherbriefes (I. Cor. 12, 8.) gibt: Sapientiam vocat (apostolus) cognitionem de aeternis, scientiam vero cognitionem de humanis. Migne 175, 534.

[2]) Erud. did. lib. VII. c. 20 pag. 830.

fine usque ad finem) reiche, macht der Viktoriner geltend[1]), dass der Begriff „Finis" hier nicht im relativen Sinne als Scheidung und Absonderung von anderen Dingen gebraucht werde, sondern absolut als eine Ausdehnung, „über die hinaus es überhaupt nichts mehr gibt."[2]) Hugo erkennt also wohl, dass mit diesem Schriftworte nicht die Grenzen der göttlichen Weisheit angegeben, sondern vielmehr die Wirksamkeit dieser Weisheit in der gesamten Schöpfung dargelegt werden soll. Die Grenzpunkte, die ihr hier gesteckt werden, sind Grenzen, die niemals ausgemessen werden, Grenzen, die „keine Grenzen haben werden."[3])

Aber trotz dieser unermesslichen Ausdehnung der göttlichen Erkenntnissphäre sieht Gott die Dinge doch nicht etwa blos im Allgemeinen oder in ihren bedeutenderen Erscheinungen, sondern das Grösste wie das Kleinste, die gewaltigsten Naturgesetze wie die scheinbar unbedeutendsten Insekten umspannt er in einem einzigen lichten Erkenntnisakte. Dies hält Hugo ausdrücklich aufrecht gegenüber einer zu seiner Zeit, wie es scheint, viel missbrauchten Stelle des hl. Hieronymus[4]): „Es ist abgeschmackt, die Majestät Gottes soweit zu erniedrigen, dass wir glauben, Gott wisse in den einzelnen Zeitmomenten, wie viel Mücken entstehen und vergehen, wie gross die Zahl der Fliegen sei, wie viel Fische in den Gewässern schwimmen und ähnliches. Seien wir nicht so thörichte Lobredner Gottes, dass wir, während wir seine Macht bis zum Geringsten herabziehen, gegen uns selbst ungerecht werden, indem wir bei den unvernünftigen Geschöpfen die gleiche Vorsehung[5]) Gottes annehmen, wie bei den vernünftigen!"

Der Sinn dieser Stelle ist in ihrem Zusammenhang nicht unschwer zu erkennen: Hieronymus warnt vor jeder kleinlichen und unwürdigen Vorstellung von Gottes Erkennen und Denken. Wir sollen uns freihalten von der naiven Ansicht, als werde Gott in seinem Erkennen fortwährend beeinflusst und beunruhigt durch jede auch die unbedeutendste Veränderung im Universum, son-

---

[1]) In Ecclesiasten hom. XI. Migne 175 pag. 183—90.
[2]) Finis supra quem nihil l. c. 183.
[3]) Ib. pag. 190: Maximus ille et supremus Sapientiae excursus a fine usque ad finem . . . et fines ipsi nunquam habebunt finem.
[4]) Hieronym. Comm. in Habacuc lib. I. c. 1. Migne P. lat. 25 col. 1286.
[5]) Eandem irrationabilium et rationabilium providentiam esse dicentes.

dern wenn wir uns einigermassen einen Begriff von seiner unendlichen Erhabenheit bilden wollen und doch die Vollkommenheit des einen allumfassenden Denkaktes nicht fassen können, so sollen wir lieber die grossen Thaten betrachten, die er zum Heile der Menschheit gewirkt hat und noch fortwährend wirkt; denn diese Art der göttlichen Thätigkeit scheint uns entsprechender und würdiger, wenn sie natürlich auch ebensowenig als die erste geeignet ist, Gottes Erkenntniskraft vollkommen zu beschäftigen, da diese nur in ihrem eigenen Wesen ein adäquates Objekt hat. — Ganz ähnlich lauten auch die beiden Erklärungsversuche, die Hugo hier angibt[1]; „Die einen sagen, Hieronymus bekämpfe an der erwähnten Stelle die falsche Anschauung von einer Wandelbarkeit des göttlichen Erkennens, und betonen, dass Gott nicht im Nacheinander der Zeit, nicht per momenta erkenne, sondern alles zugleich auf einmal schaue, die anderen wollen von einer Sorgfalt Gottes gegenüber so unbedeutenden Dingen überhaupt nichts hören, indem sie sich auf das Wort der hl. Schrift berufen: „Sorgt Gott etwa (durch seine Heilsordnung) für die Tiere?"[2] und als Antwort hinzufügen: „Nein, sondern für die Menschen."

Übrigens ist die unbeschränkte Allwissenheit Gottes gegenüber der ganzen thatsächlich bestehenden Welt so unmittelbar mit dem Beweise für Gottes Allgegenwart gegeben und dem christlichen Denken so naheliegend, dass eine ernstliche Schwierigkeit hier nicht entstehen kann. Es genügt also dem Viktoriner, die Einfachheit, Unermesslichkeit und vollendete Klarheit des göttlichen Erkenntnisaktes deutlich und bestimmt ausgesprochen und kurz auch auf den völlig genügenden Grund derselben hingewiesen zu haben, nämlich auf die Allgegenwart des göttlichen Wesens und die vollkommene Einheit von Gottes Wesen und seiner Erkenntnis. — Anders allerdings verhält es sich mit der Thatsache, mit dem Begriff des göttlichen Vorauswissens, unter welchem Hugo Gottes Erkenntnis, nicht nur des Zukünftigen, sondern auch des nur Möglichen versteht.

Ad. b) **Praescientia futurorum.** Schon durch den Beweis für die göttliche Ewigkeit hat der Viktoriner jeden zeit-

---

[1] S. Sent. tract. I. c. 12 pag. 62.
[2] I. Cor. 9, 9.

lichen Unterschied und damit auch jeden zeitlichen Begriff in Gott ausgeschlossen. Was aber von Gottes Wesen gilt, das gilt auch von der mit demselben identischen Erkenntnis. Wenn wir also trotzdem hier von einem Vorher und Nachher sprechen, so ist sich Hugo wohl bewusst, dass solche Ausdrücke in Gott nur uneigentlich (improprie) gebraucht werden, nämlich nicht vom überzeitlichen Standpunkte Gottes aus, sondern mit Rücksicht auf unsere mangelhafte, an die Kategorien der Zeit und des Raumes gebundene Auffassungskraft. Obwohl also bei ihm „nichts vergangen, nichts zukünftig ist", müssen wir doch die Dinge, sobald wir sie mit seinem Erkennen in Beziehung bringen, irgendwie unter dem Verhältnisse der diesen eignenden Kategorien, also auch unter dem Begriffe der Zeit auffassen[1]). Wie wir demnach von unserem menschlichen Standpunkte aus in Gott von einem Festhalten der Vergangenheit sprechen, so sagen wir, dass Gott das, was uns als Zukunft erscheint, vorauswisse, und unter diesem Gesichtspunkte des Vorherwissens können wir uns schliesslich das ganze secundäre Wissen Gottes vorstellen, da ja der Schöpfer dem Schöpfungswerke und das primäre Wissen dem secundären wenigstens begrifflich vorausgehen muss.

Damit ist zugleich die Frage erledigt, ob es ein Vorauswissen in Gott gäbe, wenn der Begriff der Zeit, also auch der zukünftigen Zeit überhaupt nicht existierte, dh. nicht von Gott durch Hervorbringung endlicher und wandelbarer Wesen geschaffen worden wäre. Fasst man nämlich, wie dies gewöhnlich geschieht, diesen Ausdruck als die Beziehung geschöpflich-zukünftiger Dinge und Zustände zu Gottes Erkennen, dann wäre allerdings, wenn es keine zukünftigen Dinge gäbe, auch eine Beziehung derselben zum göttlichen Wissen nicht vorhanden; legt man aber hiebei den Hauptnachdruck auf das eigentliche Wesen und den Inhalt der göttlichen Präscienz, versteht man also unter derselben „das Wissen, durch welches Gott das Zukünftige im Voraus erkennt", so ist dasselbe identisch mit dem

---

[1]) S. Sent. tract. I. c. 12 pag. 61: Praescientia improprie dicitur in Deo. Apud eum namque nihil futurum nihil praeteritum, in eo nec prius est nec posterius. Sed quantum ad res, quae nobis futurae sunt, dicimus eum futura praescire, quod quantum ad eum est, est ea tamquam praesentia scire.

göttlichen Wesen, also völlig unabhängig von der Schöpfung und deshalb auch ohne dieselbe vorhanden[1]).

In welchem Verhältnisse aber steht das ewige Vorauswissen Gottes zu den in der Zeit entstandenen Weltdingen? Hugo will, wie es scheint, zwischen beiden gar keinen causalen Zusammenhang annehmen. Auf die Frage nämlich, ob das göttliche Erkennen die Ursache der Dinge sei, oder ob umgekehrt die Dinge selbst Ursache des göttlichen Vorauswissens derselben seien, antwortet er mit Boëthius, beide Ansichten seien zu verwerfen[2]). Gegen das erste Glied der Disjunktion wendet er ein: „Wenn die Dinge deshalb wären, weil sie von Gott vorausgewusst werden, so wäre, da ja auch das Böse vorausgewusst wird, dieses Vorauswissen Gottes auch Ursache des Bösen; und das ist vollständig widersinnig." Gegen die letztere Annahme macht er geltend, dass „wenn die Dinge deshalb von Gott gewusst würden, weil sie in der Zukunft thatsächlich eintreten werden, dann ja das Zeitliche Ursache dessen wäre, was ewig ist". Wenden wir uns zunächst diesem letzteren Gliede der aufgestellten Disjunktion zu, welches von Hugo hier in so einfacher Weise ad absurdum geführt wird, aber dem Viktoriner nichts destoweniger, wie es scheint, ernstliche Schwierigkeiten bereitet hat! Vor allem ist es eine Stelle des hochgefeierten Origenes, welche eine Beeinflussung des göttlichen Erkennens durch die Dinge und Ereignisse der geschöpflichen Welt, also eine Abhängigkeit Gottes von der Welt, deutlich auszusprechen scheint. „Nicht deshalb", so sagt der grosse Alexandriner, „ist etwas, weil Gott es als zukünftig kennt, sondern deshalb, weil

---

[1]) In ep. ad Rom. Migne 175, 484 q. 216: Si dicatur: ... si nulla essent futura, subjecta divinae scientiae nulla essent, unde ipsa diceretur praescientia, verus est intellectus; si autem sic intelligatur: si nulla essent futura, praescientia non esset in Deo, id est scientia, qua praescit futura, falsa est intelligentia.

[2]) S. Sent. tract. I. c. 12 pag. 61: De praescientia solet quaeri, utrum ipsa sit causa rerum, vel ipsae res causa praescientiae. Sed ut Boetius in libro de cons. philos. ostendit, neutrum est concedendum. Si enim quia praesciantur a Deo, ideo essent, cum et mala praesciantur, jam esset praescientia causa malorum, quod penitus caret ratione. Item si res, quia futurae sunt, ideo praesciuntur a Deo, tunc, quod temporale est, causa est eius, quod aeternum est.

es zukünftig ist, wird es von Gott gewusst, bevor es geschieht[1])." Doch dieser Ausspruch will, wie Hugo gleich dem hl. Thomas[2]) richtig erkannt hat, die geschöpflich-zukünftigen Dinge nicht als bewirkende Ursachen des göttlichen Vorauswissens darstellen, sondern vielmehr vom authropocentrischen Standpunkte aus uns belehren, dass, wenn etwas in der Zukunft eintritt, dies im göttlichen Erkennen notwendig enthalten gewesen sein muss[3]). In diesem Sinne ist allerdings das zukünftige Eintreten von Dingen und Ereignissen Ursache der göttlichen Präscienz, insofern wir nämlich ohne diese zukünftige Wirklichkeit von einem Vorauswissen Gottes nicht reden könnten.[4]) Doch noch weit schwieriger als diese mehr äusserliche, formale Einwendung erscheint dem Viktoriner ein inneres Bedenken, das sich zugleich gegen die Freiheit des Schöpfungsaktes richtet. Zum Begriff des Wissens, so calkuliert Hugo[5]), gehört, wie ein Subjekt, welches weiss, auch ein Objekt, das gewusst wird; denn „jeder, der weiss, weiss etwas, und wer nicht etwas weiss, der weiss eben nichts". Ohne Erkenntnisobjekt also keine Erkenntnis. Nun aber gab es vor der Schöpfung kein aussergöttliches Objekt. „Wenn also nichts erschaffen oder zu erschaffen gewesen wäre, so wäre im Schöpfer nichts Gewusstes oder Vorausgewusstes vorhanden gewesen und deshalb auch kein Wissen oder Vorauswissen". Nun aber ist Gottes Wissen nichts anderes als sein Wesen. Hätte also Gott einmal, weil kein Denkobjekt, auch kein Wissen gehabt, so hätte er überhaupt nicht existiert. Es scheint demnach, als ob Gottes Existenz von einer zu schaffenden Welt abhängig gedacht werden müsse, so dass also

---

[1]) Origenes super ep. ad Rom. lib. VII. Non propterea aliquid erit, quia scit Deus esse futurum, sed quia futurum est, ideo scitur a Deo, antequam fiat.

[2]) S. Thom. S. theol. I. q. 14 a 8 ad 1.

[3]) Summ. Sent. tract. I. c. 12 pag. 61: Quia futurum est, i. e. quod futurum est Deus praescivit.

[4]) Eine mit der des hl. Thomas ganz übereinstimmende Erklärung gibt Hugo in seinem Commentar des Römerbriefes q. 217. Migne 175 pag. 484.

[5]) De Sacr. lib. I. prs. II, c. 14 pag. 212: Omnis, qui scit, aliquid scit ... Si creatum nihil vel creandum fuisset, nihil in Creatore scitum vel praescitum fuisset.

das Geschaffene als Ursache des göttlichen Denkens und Wesens eher wäre als der Schöpfer selbst[1]).

Diese ganze von Hugo selbst erhobene Einwendung[2]) wäre dem Viktoriner erspart geblieben, wenn er den Unterschied von primärer und secundärer Erkenntnis in Gott deutlicher betont und bestimmter festgehalten hätte. Allerdings gab es vor der Schöpfung ausser Gott keinen Erkenntnisgegenstand; aber hatte nicht Gott in sich selbst, in seinem eigenen Wesen den Urgrund und die Quelle aller Erkenntnis, den Inbegriff jeglicher Wahrheit, von der die geschaffene Wahrheit nur ein gar schwacher Widerschein, ein gar unvollkommenes Spiegelbild ist? Diesem Gedanken gibt denn in der That die Lösung[3]) des Einwandes Ausdruck, die allerdings mit einer schüchternen Frage eingeleitet wird. „Werden wir vielleicht sagen, dass alles im Schöpfer von Ewigkeit her ungeschaffen gewesen ist, was von ihm in der Zeit erschaffen wurde, und dass es also dort gewusst wurde, wo es war, und auf eben diese Weise gewusst wurde, wie es war, und dass Gott nichts ausser sich erkannte, da er alles in sich hatte? und nicht deshalb ist es dort (sc. im göttlichen Geiste) gewesen, weil es hier (sc. in dieser Welt) einmal thatsächlich werden sollte, aber auch nicht deshalb gerade ist es in der Welt verwirklicht worden, weil es im göttlichen Erkennen war, gleich als ob die göttlichen Ideen ohne ihre Verwirklichung in dieser Welt nicht hätten sein können. Denn diese wären trotzdem im göttlichen Wesen vorhanden gewesen, auch wenn die Weltdinge, die nach ihnen gebildet wurden, nicht eingetreten wären."

Alles also, was ausser Gott ist und sein kann, hat im göttlichen Erkennen sein Urbild, die ganze geschöpfliche Welt ist nur ein schwacher Abglanz der ewigen göttlichen Ideen. Dennoch weist Hugo, wie wir gesehen haben, mit aller Bestimmtheit den Ausdruck zurück, das göttliche Wissen sei die Ursache der Dinge. Höchstens will er dieses Wort noch insofern gelten lassen, als die göttliche Weisheit Ursache alles

---

[1]) De Sacr. l. c. Si ergo ex creaturis pendet praescientia Creatoris causaliter, prius esse videbitur, quod creatum est, ipso, qui creavit illum.

[2]) Dass dieser Einwand nicht als dialektisches Spiel bei Hugo zu nehmen ist, zeigt uns sein eigenes Geständnis: L. c. pag. 211: animum pulsat et cogitationem perturbat.

[3]) L. c. c. 15 pag. 212.

Guten in der Welt sei[1]), und in diesem Sinne deutet er auch den Ausspruch des hl. Augustin[2]): Alle Creaturen, die geistigen wie die körperlichen erkennt Gott nicht deswegen, weil sie sind; sondern deswegen sind sie, weil er sie erkennt." Wie in vielen anderen Punkten, so ist dem Viktoriner auch hier P. Lombardus getreulich gefolgt, und zwar aus eben demselben Grunde, den auch Hugo angibt, weil nämlich Gott in diesem Falle Ursache des Bösen sein müsste[3]); aber der scharfsinnige Thomas[4]) hat mit Recht die Behauptung zugleich mit der Begründung verworfen. Treffend macht der grosse Meister der Schule darauf aufmerksam, dass das Böse als solches eigentlich gar keine Realität hat, also auch keinen Schöpfer voraussetzt, der ihm das Dasein gab. Es ist nach ihm nur ein am Seienden sich findender Defekt, und wird als solcher von dem alles durchdringenden Geiste Gottes an dem Guten und durch das Gute erkannt[5]). Deshalb hält der englische Lehrer entschieden daran fest, dass das göttliche Erkennen, allerdings vereinigt mit dem göttlichen Willen[6]), in eigentlicher Weise Ursache der Geschöpfe sei, und er stützt sich hiebei auf die einfache Erwägung, dass, da Gott Baumeister, Bildner der Welt ist, seine Weisheit sich zur Schöpfung ebenso verhalten muss wie der Verstand des Künstlers zu seinem Werke. Wie also jedes Kunstwerk seinen letzten Grund und die eigentliche Ursache seines Daseins im Geiste seines Schöpfers hat, so muss auch der Kosmos, der Inbegriff aller geschöpflichen Schönheit in letzter Linie zurückgeführt werden auf eine absolute, allwaltende Vernunft, auf den göttlichen Intellekt.[7])

---

[1]) In ep. ad Rom. q. 217. Migne 175 pag. 484 B. Quandoque accipitur notitia pro beneplacito, et tunc est causa futurorum, sed tantum bonorum.

[2]) S. Aug. De Trinit. l. XV. c. 13: Universas creaturas, et spirituales et corporales, non quia sunt, ideo novit; sed ideo sunt, quia novit (Migne 42, 1076).

[3]) P. Lomb. Sent. l. I. dist. 38, 2. Si enim Dei scientia vel praescientia causa esset malorum, esset utique Deus auctor malorum.

[4]) S. th. I. q. 14 a 8.

[5]) S. th. l. c. a. 10 ad 2. Scientia Dei non est causa mali, sed est causa boni, per quod cognoscitur malum.

[6]) Ib. a. 8. Scientia est causa rerum, secundum quod habet voluntatem conjunctam; cf. Sent. I. d. 38 q. 1 a 1.

[7]) Ib. Sic enim scientia Dei se habet ad omnes res creatas, sicut scientia artificis se habet ad artificiata. Scientia autem artificis est causa artificiatorum, eo quod artifex operatur per suum intellectum.

Übrigens hat auch Hugo dieser Wahrheit, so sehr er aus Furcht vor scheinbar unlöslichen Widersprüchen sich scheut, dieselbe offen auszusprechen, sich nicht ganz verschliessen können. Haben wir ja bereits gesehen, wie er die Welt nur als das nach aussen sich offenbarende **Wort Gottes**[1]), als den Ausdruck und das Abbild des innergöttlichen Wortes, das nichts anderes ist als seine Weisheit, bezeichnet. Es müssen also die Weltdinge im göttlichen Wissen wenigstens als ihrer Causa exemplaris vorhanden gewesen sein. Überdies erklärt Hugo bei der Frage, ob Gott seine Weisheit um ihrer selbst willen liebe oder wegen ihres **Werkes**, ausdrücklich: „Die Weisheit sei immer wertvoller als **ihre Werke** und immer um ihrer selbst willen zu lieben"[2]). Wenn er daher auch als erste Ursache der Schöpfung den göttlichen Willen bezeichnet, so ist er sich doch bewusst, dass diesem Willen Gottes begrifflich sein Erkennen vorangehe, durch welches er sein eigenes Wesen und die Weisen der Nachahmbarkeit desselben erkennt. Von der vernünftigen Creatur hebt dies der Viktoriner ausdrücklich hervor, wenn er sagt, dass diese ihren Grund darin habe, „weil Gott in seiner Güte ihr seine eigene Seligkeit mitteilen **wollte**, von der er **sah**, dass sie mitgeteilt werden könne und doch dabei sich nicht vermindere"[3]). Wenn Hugo ferner unter den „Primordialursachen" der Weisheit Gottes die erste Stelle anweist[4]), was sagt er da anderes, als dass diese Eigenschaft der erste Grund aller Dinge sei, und wenn er die ganze Creatur so oft als Bild des Schöpfers bezeichnet, was will er damit anderes sagen, als dass die Gedanken des Ewigen hier widerstrahlen? Wir sehen also, oft und mannigfach sieht sich Hugo genötigt, eine Wahrheit vorauszusetzen, die er im Prinzip nicht unumwunden auszusprechen wagt, da er mit den mangelhaften philosophischen Hilfsmitteln seiner Zeit sie nicht allseitig zu stützen vermag.

---

[1]) De Sacr. l. I. prs. III. c. 20 pag. 225.

[2]) Erud. did. lib. VII. c. 22. pag. 832.

[3]) De Sacr. lib. I. prs. II. c. 4 pag. 208 . . . . . voluit Deus suae beatitudinis participes fieri, quam vidit et communicari posse et minui omnino non posse.

[4]) S. Sent. tract. I. c. 12 pag. 61.

Durch diese scheinbare Beschränkung der göttlichen Wirkungsmacht, die jedoch durch die vom Viktoriner so entschieden betonte, absolute Souveränität des göttlichen Beneplacitums sofort wieder aufgehoben wird, erleidet übrigens das Wissen Gottes weder intensiv noch extensiv irgendwelche Verkümmerung oder Abschwächung. Vielmehr „verhält sich dieses" — als lebensvolle Gegenwart in allen wirklichen und möglichen Zeiten und Räumen „ganz gleichmässig gegenüber dem Guten und dem Bösen,"[1]) und kennt nicht nur diese thatsächlich bestehende, sondern noch unzählige andere Welten, die seine Allmacht hervorbringen könnte. Denn „zwei Arten von Erkenntnis liefen in Gott von Ewigkeit her neben einander, nämlich das, was in der Zukunft wirklich eintreten sollte, und das, was hätte eintreten können, aber nicht eintreten sollte"[2]), d. h. das Wirkliche und das Mögliche.

Gegen die Erkenntnis des Letzteren von seiten Gottes wurde zu Hugos Zeiten ein Einwand erhoben, der sehr charakteristisch ist für die spitzfindige Dialektik mancher damaligen Theologen, aber in seiner Widerlegung uns einen überaus lichtvollen Einblick in die unendliche Vollkommenheit des göttlichen Wesens eröffnet.[3]) „Es ist einer, der niemals lesen wird, aber doch die Fähigkeit besitzt, lesen zu lernen und folglich auch die Möglichkeit, zu lesen. Es fragt sich nun, ob Gott von diesem weiss, dass er lesen wird, oder ob er dies nicht weiss. Das Erstere können wir von Gott nicht behaupten, denn es entspricht nicht der Wirklichkeit; sagen wir aber: Gott weiss nicht, dass der Betreffende lesen wird, so kann man einwenden: Es ist möglich, dass er lesen wird, also auch möglich, dass Gott dies weiss; sonach wäre es möglich, dass Gottes Vorauswissen erweitert wird, was jedoch der allseitigen, absoluten Unwandelbarkeit des göttlichen Erkennens widerspricht."

Auffallender Weise behandelt Hugo diesen Einwand als einen durchaus schwierigen, so dass er kaum wagt, an die Lösung

---

[1]) In ep. ad Rom. q. 217, pag. 484. M. 175: notitia Dei aeque se habet ad bona et ad mala.

[2]) De Sacr. lib. I. prs. II. c. 17 pag. 213: Et currebant simul ab aeterno duo haec: quod futurum fuit, et quod esse potuit, quod futurum non fuit.

[3]) S. Sent. tract. I. c. 12 pag. 62; denselben Einwand s. In ep. ad Rom. q. 218. M. 175 p. 484; ebenso P. Lomb. Sent. l. I. dist. 38,5.

desselben heranzutreten; und doch ist der Gedanke, den er zur Erklärung der Schwierigkeit anführt, der einzig richtige und naturgemässe[1]): Von einem Nichtwissen, so sagt er, dürfen wir in Gott überhaupt nicht sprechen, da alles, was Denkobjekt sein kann, ihm gegenwärtig ist, ein Gedanke, den der hl. Thomas[2]) nur verallgemeinert, wenn er sagt, dass alle Namen, welche eine Vollkommenheit ohne irgendwelchen Defekt ausdrücken, wie Güte, Weisheit, Sein, von Gott in eminentem Sinne und nach allen Beziehungen hin ausgesagt werden, also einer Negation in Gott überhaupt nicht fähig sind. Die obige Frage ist also inhaltlich ganz ungerechtfertigt und steht formell noch dazu ganz ausserhalb des logischen Zusammenhangs mit der Prämisse, auf welcher sie sich aufbaut. Kein Glied der unvermittelt aufgestellten Disjunktion kann bejaht werden: „Man darf nicht sagen: Gott weiss, dass er lesen wird, und ebensowenig: Gott weiss nicht, dass er lesen wird, sondern der richtige Ausdruck lautet: Gott weiss, dass er nicht lesen wird."

Es gibt also überhaupt bei Gott eigentlich keine Möglichkeit, wenn man dieselbe fasst als ein Schwanken des Erkennens gegenüber zukünftig eintretenden Ereignissen. Denn Gott, der vermöge seines überzeitlichen Wesens die Zukunft ebenso klar überschaut wie die Vergangenheit und Gegenwart, sieht auch hier nur Thatsachen, die nicht minder feststehen wie die Ereignisse der Vergangenheit. „Wenn also Gott etwas als Wirklichkeit vorausgesehen hat, so tritt diese Wirklichkeit unfehlbar ein, und umgekehrt, alles was in der Zeit eintritt, ist in Gott mit unzweifelhafter Sicherheit von Ewigkeit vorhergesehen worden"[3]). Trotzdem aber bleibt den Dingen und Zuständen der geschaffenen Welt die Contingenz und Zufälligkeit. Sie sind nicht notwendig für Gott, weil er mit höchster Freiheit den Weltlauf bestimmt und geordnet hat, und sie sind nicht notwendig für den

---

[1]) S. Sent. l. c. Potest et alia difficilis oppositio hic fieri .... Huius quaestionis solutionem aliorum judicio relinquo. Mihi tamen videtur, quod neutra illarum sit concedenda .... non dicam: scit eum lecturum vel nescit eum lecturum, sed scit eum non lecturum.

[2]) Contr. Gent. lib. I. c. 36, 1.

[3]) S. Sent. l. c. pag. 63: Si praescitum est, non potest non evenire; quia non potest esse, ut praescitum sit et non eveniat; et tamen hoc, quod praescitum est, potest non evenire.

Menschen, da dieser nur auf grund der secundären Ursachen seine Schlüsse bilden kann. Diese Ursachen aber sind, weil selbst abhängig und contingent, den mannigfaltigsten Zufälligkeiten ausgesetzt. „Deshalb sagen wir oft, dass etwas sein kann und auch nicht sein kann, weil die niederen, geschöpflichen Ursachen beides zulassen[1]), nach den höheren Ursachen aber — d. i. nach dem göttlichen Wissen und Willen — kann nur eines sein, nämlich, was Gott will, was er anordnet, was er von Ewigkeit vorausgewusst und durch sein Wort vorausgesagt hat, und nichts kann das Eintreten desselben hindern."

Indem nun aber Hugo das göttliche Wissen, allerdings verbunden mit der göttlichen Willensmacht, in seiner zeitlich räumlichen Manifestation, in seinen weltschaffenden und welterhaltenden Wirkungen vorführt, scheinen ihm nicht alle Zustände und Ereignisse der Welt in gleicher Weise von der göttlichen Weisheit abhängig[2]). Entsprechend seiner bereits erwähnten Distinktion, wornach Gottes Vorherwissen nur Ursache des Guten sein kann, zerfällt ihm alles, was Gottes Allwissenheit als zukünftig wirklich schaut, in solches, was Gott selbst anordnet und bestimmt, und in solches, was er blos zulässt. Ersteres, nämlich die weisheitsvolle Anordnung und Vorherbestimmung des physisch und moralisch Guten in der Welt, nennt Hugo allgemein Prädestination im weiteren Sinne[3]), die allerdings der göttlichen Präscienz als ein Teil derselben untergeordnet ist, aber in sich wiederum auch die Providenz und Disposition begreift. Jene ordnet mehr die Zielstrebigkeit und das Ziel der geschaffenen Wesen[4]), während diese die Mittel und Kräfte, die im grossen Weltganzen und im einzelnen Weltwesen thätig

---

[1]) In ep. ad Rom. q. 218. Migne 145 col. 485.

[2]) De Sacr. lib. I. prs. II. c. 18 pag. 213: Praescivit (Deus) omne quod futurum fuit; in quo quaedam futura fuerunt, quae facturus fuit, quaedam, quae permissurus; propter hoc aliquid amplius praescientia habere videtur quam praedestinatio, quia praescientia etiam de alieno est, praedestinatio nisi de proprio esse non potest.

[3]) Ib. c. 21 pag. 214: Potest autem praedestinatio generaliter aliquando intelligi ipsa faciendorum dispositio, ut dicatur Deus, quidquid sic facturus fuit, ab aeterno praedestinasse; quod autem facturus non fuit, sed permissurus, non praedestinasse, sed praescisse solum.

[4]) Ib. c. 19 pag. 213: Providentia est cura eorum, quae exhibenda sunt subjectis et quae commissis convenit impertiri.

sind, planmässig verteilt und gegenseitig compensiert¹). Soweit diese gut sind, stammen sie sowohl in ihrem Sein wie in ihrer Wirkungsweise unmittelbar von Gott; das Böse dagegen hat zwar seinen Grund in der Defektibilität des geschaffenen Guten, kann aber in seiner Auswirkung sich der göttlichen Allursächlichkeit nicht entziehen, sondern wird dem Weltzwecke dienstbar gemacht. Gott nämlich thut nicht das Böse, aber wenn es gethan ist, so lässt er es nicht ungeordnet"²).

Die ganze Welt also in ihrer harmonischen Gesamtheit sowohl wie in ihren einzelnen, mannigfachen Gestaltungen sehen wir durchdrungen und getragen von der allwaltenden, ordnenden und ausgleichenden göttlichen Weisheit. Was wir aber so mittelbar durch abstrakte Ideen erkennen oder in den Wirkungen des uns mehr oder minder fernstehenden grossen Kosmos bewundern, das suchen und finden wir unmittelbarer in der Betrachtung des eigenen Lebens und Lebensschicksales. Von solchen Erwägungen ausgehend schliesst Hugo an die Darstellung des göttlichen Wissens im allgemeinen und nach einem kurzen Überblick über die Wirkungen der göttlichen Weisheit in der geschaffenen Welt unmittelbar an die weisheits- und liebevolle Fürsorge Gottes für seine Auserwählten, die Prädestination im engeren und eigentlichen Sinne.

Ad c) **Praedestinatio salvandorum**. Die Praedestination, wie sie seit den grossen pelagianischen Kämpfen als ein ebenso interessanter wie schwieriger Gegenstand in der christlichen Theologie behandelt wird, ist nach Hugo jene Seite des göttlichen Vorherwissens, welche sich auf die sittlich freien Handlungen und insbesondere auf das denselben entsprechende endgiltige Schicksal der einzelnen Menschen bezieht³). Dieses Wissen aber ist kein thatenloses, unbeteiligtes

---

¹) L. c. c. 20 pag. 212: Bona dispositionem desuper habent: et ut sint, quia bona sunt et ut sic sint, quia ordinata sunt. Mala vero ex dispositione superna non habent, quae sunt, quia mala sunt, et tamen habent, quod sic sunt, quia ordinata sunt.

²) Deus enim malum non facit, sed cum factum est, inordinatum esse non permittit; quia malorum auctor non est, sed ordinator. Hugos Versuch, das Böse in der Welt mit der Allwirksamkeit Gottes zu vereinbaren, werden wir bei der Darstellung des göttlichen Willens näher kennen lernen.

³) S. Sent. tract. I c. 12 pag. 61.

Zuschauen, sondern, wie es der ersten Ursache und dem letzten Endziele aller Dinge zukommt, unabhängige selbstherrliche Bestimmung der Weltordnung, ein heiliger und liebevoller Einfluss Gottes bezüglich des menschlichen Lebens und des menschlichen Schicksals. Deshalb definiert der Viktoriner die Prädestination mit dem hl. Augustin als „gnadenvolle Zubereitung" [1]), als den Ratschluss Gottes, nach welchem er seinen Auserwählten Gnade zu verleihen beschlossen hat, oder vielmehr als die Auserwählung selbst, die Vorherbestimmung derer, welche zum Heile gelangen sollen (praedestinatio salvandorum). In diesem Sinne wird Prädestination unterschieden von dem gewissermassen als objektiv und unbeteiligt gedachten Erkenntnisakte, mit dem Gott, wie alle Dinge, so auch das endgiltige Schicksal der Menschen, der Auserwählten sowohl als der Verworfenen voraussieht. „Dieser Unterschied besteht zwischen Präscienz und Prädestination, dass die Präscienz sich auf die zu Rettenden und auf die zu Verdammenden erstreckt, die Prädestination nur auf die zu Rettenden" [2]).

Schon hieraus ersieht man, dass, wenngleich Hugo die Prädestination stets unter den Eigenschaften des göttlichen Wissens aufführt, dieselbe doch auch einen Akt des göttlichen Willens einschliesst, ja auf diesem ganz wesentlich beruht.[3]) Dies scheint der Viktoriner auch als selbstverständlich vorauszusetzen, wenn er die Frage aufwirft, ob die Präscienz Ursache der Prädestination sei und sich jener Richtung zuneigt, welche die Frage in bejahendem Sinne entscheidet. Denn „wenn auch beides — Präscienz und Prädestination — ewig ist, so kann doch das eine die Ursache des anderen sein, wie der Sohn ja auch Ursache des hl. Geistes ist, wenngleich beide göttliche Personen ewig sind"[4]). Durch dieses Zurückführen der Prädestination auf das allumfassende, unparteiische göttliche Denken

---

[1]) S. Aug. De Praedest. Sanct. c. 10 no. 19. M. 44 pag. 974: Praedestinatio est gratiae praeparatio. Cf. De Sacr. l. c. pag. 213; In ep ad Rom. q. 10. M. 175, 434. Ebenso Petr. Lomb. Sent. 1. 1. dist. 35. Migne 192 pag. 185.

[2]) S. Sent. l. c. pag. 62: Hoc distat inter praescientiam et praedestinationem, quod praescientia de salvandis et damnandis, praedestinatio de salvandis tantum.

[3]) Cf. S. Thom. Contr. Gent. l. III. c. 164.

[4]) In ep. ad Rom. q. 214. M. 175 pag. 483.

ist der Prädestinationslehre bereits jener Stachel genommen, der früher bei Gottschalk und später bei Calvin so unheilvoll zu tage trat, nämlich die Furcht vor einseitiger Härte und Willkür. Wie auch immer dereinst das Schicksal sich gestalten mag, soviel wissen wir mit aller Bestimmtheit, dass niemand sich über ein ungerechtes, unverdientes Los gegenüber dem von der wesenhaften Wahrheit und Heiligkeit geleiteten göttlichen Willen wird beklagen können.

Im Einzelnen nun lassen sich in der Prädestination begrifflich folgende Stadien nach Hugo unterscheiden:

1) Auf grund des allumfassenden göttlichen Erkennens, das unzählige Mittel und Wege weiss, um die geschöpfliche Welt zur Vollendung zu führen, bestimmt der göttliche Wille aus Gründen, die jedenfalls höchst gerecht, aber in letzter Instanz dem menschlichen Denken verborgen sind, für die höchste Art geschöpflicher Vollendung, nämlich die selige Vereinigung des Geschöpfes mit seinem Schöpfer eine ganz bestimmte Art und Zahl von Menschen (Praedestinatio) und sondert dieselben zu dem Zwecke aus der Masse des Menschengeschlechtes aus (electio).

2) Die Erwählung nun zeigt sich dem Erwählten gegenüber darin, dass Gott ihn schon auf Erden zum Dienste des Gottesreiches beruft (vocatio), ihn durch seine Gnade rechtfertigt (justificatio), und ihn endlich auf grund der im Gnadenstande erworbenen Verdienste zur Seligkeit führt (magnificatio)[1]. — So ist also „die Präscienz Ursache der Prädestination, diese Ursache der Erwählung, diese der Berufung (nicht der allgemeinen, welche an alle Menschen ergeht, sondern der speciellen[2]), die Berufung hinwiederum ist Ursache der Rechtfertigung und diese der Verherrlichung".

---

[1] In ep. ad Rom. qq. 209—225. M. 175 p. 482—87; pag. 483: Praescientia est causa praedestinationis; — Ib. praedestinatio pertinet ad electionem; Ib. pag. 487: nullus vocatur nisi electus et praedestinatus; Ib. pag. 483: Vocatio causa justificationis, justificatio magnificationis. Das Ganze ist nur eine nähere Ausführung der vom hl. Augustin gelehrten praeparatio ad gratiam et ad gloriam.

[2] Ib. pag. 487: Vocatio alia est communis, quae fit praedicatione exterius et etiam quandoque interius per inspirationem, alia est specialis, quae fit secundum propositum etc.

Gegenüber dieser Entwicklung des Prädestinationsgedankens, die ihren Ausgangspunkt zunächst im göttlichen Erkennen nimmt und dann als eigentlichen Akt der Vorherbestimmung den Willen Gottes anführt, findet der hl. Thomas scheinbar gerade umgekehrt die Prädestination in einem Akte des Erkennens, allerdings des praktischen Erkennens Gottes, welcher jedoch abhängig ist von einem bestimmenden und deshalb der Idee nach vorangehenden Willensakte[1]). Während also nach Hugo das Erkennen, so geht nach Thomas der Wille dem eigentlichen Prädestinationsakte voraus. Aber wie nahe trotzdem Beider Anschauungen sich berühren, folgt schon daraus, dass, wie der Viktoriner die Prädestination stets im Zusammenhang mit der göttlichen Anordnung (dispositio) und Vorsehung (providentia) behandelt, so auch der hl. Thomas dieselbe geradezu als Teil der göttlichen Providenz bezeichnet. Der Unterschied in der Zurückführung des Prädestinationsbegriffes auf göttliche Grundeigenschaften erklärt sich daraus, dass Hugo überhaupt nicht formell das primäre Wissen Gottes von dem secundären, das speculative von dem praktischen trennt, und deshalb folgerichtig auch keine Erkenntnis annehmen kann, die erst unter Voraussetzung eines Willensaktes besteht. Beim Viktoriner ist eben in Gott als der absoluten Vernunft jeder Willensakt, und als solchen fasst er doch im letzten Grunde auch die Prädestination[2]), abhängig von dem Intellekte, während Thomas bei fortgeschrittener Unterscheidung das praktische Erkennen auch von der Willensfreiheit Gottes beeinflusst sein lässt, die dann allerdings im allumfassenden, mit dem göttlichen Wesen auch virtuell identischen Erkennen Gottes ihren höchsten Grund und ihr unerschütterliches Fundament besitzt.

Immerhin ist auch von Hugo der Begriff der Prädestination mit grosser Genauigkeit und Klarheit festgestellt worden, sodass aus dieser Definition die weiteren Fragen sich leicht und unge-

---

[1]) S. Thom. S. theol. I. q. 23 a 4: Praedestinatio est pars providentiae, providentia autem sicut et prudentia est ratio in intellectu existens praeceptiva ordinationis aliquorum in finem. Unde praedestinatio aliquorum in salutem aeternam praesupponit secundum rationem, quod Deus illorum velit salutem.

[2]) In ep. ad Rom. l. c. pag. 483: Praedestinatio pertinet ad electionem, electio ad voluntatem.

zwungen beurteilen lassen. Denn wie auf der einen Seite der
göttliche, unabänderliche Willensakt der Prädestination unwandelbare Sicherheit und Bestimmtheit gibt, so erhält sie auf der
anderen Seite auch wieder ihre vernunftgemässe Begründung,
indem sie von vornherein als ein Ausfluss des göttlichen Wissens,
als Akt der absoluten Vernunft bezeichnet wird. Dementsprechend können wir in der That alle Erörterungen, die Hugo
über diesen schwierigen Gegenstand anstellt, nach zwei grossen
Gesichtspunkten ordnen, je nachdem dieselben

    1) die Thatsächlichkeit und absolute Sicherheit der Prädestination nachzuweisen suchen, oder

    2) dieses Geheimnis durch vernunftgemässe Begründung
dem menschlichen Denken als probabel darstellen und irrtümliche
Vorstellungen zurückweisen wollen.

    Indem wir im allgemeinen diesem Ideengange folgen,
hoffen wir das, was wir an verschiedenen Stellen Hugonischer
Werke über diesen Gegenstand gefunden haben, zu einem möglichst klaren und allseitigen Bilde gestalten zu können.

    Was nun zunächst die Existenz der Prädestination betrifft, so hält es Hugo für überflüssig, dieselbe durch ausdrückliche Beweise darzuthun. Sie ist ihm hinreichend verbürgt
durch das Wort der Schrift, das ihm ja zu seiner eingehendsten
Behandlung dieses Themas[1]) Veranlassung gegeben hat, und
erscheint ihm als integrierender Teil der göttlichen Weltordnung,
die wie in der unvernünftigen, so auch in der vernünftigen Welt
nach unabhängigem, weisheitsvollem Plane waltet. Angedeutet
findet er sie bereits in der Schöpfung des fünften Tages, an
welchem nach dem Viktoriner aus ein und demselben Stoffe sowohl die stummen, freudlosen Ungeheuer des Meeres als auch
die sangesfrohen, farbenprächtigen, leichtbeschwingten Bewohner
der Lüfte geschaffen wurden. „So entsteht aus der einen
Masse verweslicher und in ihrer Wandelbarkeit dahinflutender
Natur das ganze menschliche Geschlecht; aber während die
einen in der Niedrigkeit ihrer angeborenen Verderbnis nach
dem gerechten Ratschluss Gottes belassen werden, hebt die
anderen das Geschenk der Gnade empor zum Glücke der

---

    [1]) In ep. ad Rom. q. q. 209 ss. pag. 482 ss. (M. 175).

himmlischen Heimat, ohne dass jedoch hiebei irgendwie die Gerechtigkeit verletzt würde" ¹).

Wie also die Schöpfung, so gründet auch die Vorherbestimmung zum Heile auf dem freien, allwirksamen Willen Gottes und ist deshalb wie dieser selbst **unwandelbar** und **unwiderruflich**. Von den Prädestinierten kann keiner verdammt, von den Reprobierten keiner gerettet werden" ²) Daraus folgt, dass eine ganz bestimmte Anzahl von Menschen zum Heile erwählt ist, während die übrigen verloren gehen; und diese Zahl der Auserwählten „kann nicht vermehrt und nicht vermindert werden" ³). Dies ist jedoch nicht in der Weise zu fassen, als ob Gott irgendwie **genötigt** sei, den einen Menschen die Gnade der Prädestination mitzuteilen und den anderen zu entziehen; denn Gott handelt den Geschöpfen gegenüber mit vollkommenster Freiheit; aber nachdem er einmal von Ewigkeit her seinen Willensentschluss bestimmt hat, verlangt seine Unveränderlichkeit, dass derselbe auch voll und ganz zur Durchführung komme.⁴) Nichtsdestoweniger kann man von jedem Menschen sagen: er kann gerettet werden, nicht nur, weil uns der Ratschluss der Prädestination in diesem Leben noch verborgen ist, sondern auch weil den Verworfenen ihre Schuld nicht zurechenbar wäre, wenn sie dieselbe nicht hätten vermeiden können⁵). Dieses Meiden der Sünde aber hindert Gott bei den Reprobierten nicht, da die Reprobation nicht zu fassen ist als göttliche **Vorherbestimmung**, sondern nur als **vorausgesehene**, wenn auch unfehlbar eintretende Folge menschlicher Verschuldung⁶).

---

¹) De Sacr. l. I. prs. I. c. 27 pag. 203: Sic de una massa corruptibili naturae et sua mutabilitate defluentis universa generis humani propago trahitur, sed aliis deorsum in ea, qua nati sunt, corruptione juste derelictis, aliis sursum dono gratiae ad sortem coelestis patriae elevatis, judicii servatur aequitas.

²) S. Sent. tract 1. c. 12 pag. 62. De praedestinatis nullus damnari, de reprobis nullus potest salvari.

³) Praedestinatus electorum numerus nec potest augeri nec minui (Ib.).

⁴) Per se enim verum est, iste potest damnari; quod ideo verum est, quia posset non esse praedestinatus; sed non est verum: iste praedestinatus potest damnari; quia non potest utrumque esse, ut praedestinatus sit et damnetur. Ib. pag. 63.

⁵) Ib. Omnes possunt salvari; nisi enim possent salvari, non imputandum esset eis, quod damnantur.

⁶) Ib. pag. 62: Hoc distat inter praescientiam et praedestinationem, quod praescientia de salvandis et damnandis, praedestinatio de salvandis tantum.

Und deshalb weil Gott die Verdammung mancher Menschen nur als die gerechte Strafe ihrer Sünden will, ebendeshalb nimmt er bei der Bestrafung Rücksicht auf die Art und Schwere ihrer Vergehen und lässt ihnen durchaus nicht alle ihre Handlungen zum Bösen gereichen. Vielmehr werden sie „für das Gute, das sie bisweilen thun, weniger bestraft."[1]) Umgekehrt jedoch ist die Erreichung der Seligkeit von seiten der Prädestinierten ganz und voll das Werk der Gnade, die allerdings den freien Willen nicht ausschliesst, sondern ihn vielmehr anregt, erhebt und der höchsten sittlichen Energie und Ausdauer fähig macht. Denn der „gute Wille", die hohe sittliche Thatkraft, welche dem hohen, übernatürlichen Ziele der Auserwählung entspricht, ist auch Werk des Menschen, aber in diesem als dem Empfangenden, in Gott aber als dem Geber und Urheber.[2]) — Ganz den gleichen Gedanken hat später der hl. Thomas in wissenschaftlichere Form gefasst, wenn er so oft betont, dass das Wirken der Universalursache nicht Aufhebung, sondern notwendige Voraussetzung des Wirkens der Particularursache sei, und wenn er den Unterschied von Prädestination und Reprobation in Rücksicht auf ihre Causalität dahin bestimmte, dass letztere nur Ursache der Strafe sei, nicht jedoch auch der Schuld, erstere aber sowohl Ursache der Gnade als auch der Glorie.[3])

Diese Wahrheit von dem massgebenden Einfluss der Gnade im Leben des Prädestinierten macht der Viktoriner besonders auch dadurch deutlich und anschaulich, dass er die Worte des Apostels: „Denen, die Gott lieben, gereicht alles zum Besten", ausschliesslich von den Prädestinierten gelten lassen will.[4]) Selbst die Unbilden, die sie von den Schlechten erdulden, die Laster, deren Abscheulichkeit sie an anderen sehen, ja sogar die eigenen Fehler müssen dazu dienen, sie zu ihrem ewigen Ziele hinzuführen. So erschloss ein Nero dem hl. Petrus, ein Dezius dem hl. Laurentius unmittelbar die Pforten des Himmels[5]), und eine hl. M. Magda-

---

[1]) In ep. ad Rom, q. 213; M. 175 pag. 483: Damnandis non omnia cooperantur in malum, quia pro bonis, quae quandoque faciunt, minus punientur.

[2]) Ib. q. 241. pag. 492: Voluntas bona et hominis est, sed tamquam accipientis, et Dei, sed tamquam dantis et auctoris.

[3]) S. theol. I. q. 23 a 3 ad 2.

[4]) In ep ad Rom. q. 209. M. 175 pag. 482.

[5]) Sum. Sent. l. c, p. 64.

lena wurde durch ein vorhergehendes Leben der Sünde hingeführt zum göttlichen Seelenarzte und empfänglich gemacht für seine Gnade.[1]) Es ist dies eben das allumfassende, weisheitsvolle Walten der ersten Ursache, die alles nach ewigem Plane ordnet, und der nichts sich zu entziehen vermag, da alles nur in ihr Sein und Bestand hat. Deswegen hätte der Ausdruck: „Die Zahl der Prädestinierten könne gemehrt oder gemindert werden", oder koncret gesagt: Dieser Prädestinierte könne verdammt, dieser Reprobierte könne gerettet werden, nur in dem einzigen Sinne seine wahre, eigentliche objektive Bedeutung: Gott hätte vermöge seiner absoluten Freiheit diesen Prädestinierten auch nicht prädestinieren, diesen Reprobierten auch nicht reprobieren können.

Nachdem aber der göttliche Willensakt einmal gesetzt ist, — welche Setzung allerdings mit dem ewigen Sein Gottes zusammenfällt —, so ist derselbe unwandelbar wie das göttliche Wesen, mit dem er real identisch ist.[2]) Aber da der Mensch nur die secundären Ursachen kennt, nach welchen manches an sich möglich wäre, was jedoch durch die Primärursache bereits ausgeschlossen ist,[3]) so können und müssen wir von jedem Menschen, solange wir betreffs seines endgiltigen Schicksals nicht volle, unzweifelhafte Gewissheit haben, sagen: Dieser Mensch kann gerettet werden; denn die secundären Ursachen schliessen dies unter Voraussetzung der Primärursache nicht aus; keineswegs aber kann ich sagen: Dieser Reprobierte kann gerettet werden, da in diesem Falle der unabänderliche göttliche Ratschluss negiert würde. — Dies die beständige und gewiss zutreffende Antwort auf den öfters bei Hugo wiederkehrenden Einwand, als ob die souveräne Freiheit Gottes, vermöge deren er bei Austeilung seiner Gnaden an keinerlei Notwendigkeit gebunden ist, eine un-

---

[1]) In ep. ad Rom. q. 211. M. 175 p. 483; cf. S. Aug. De corrept. et grat. c. 9. no 24. M. 44 pag. 930: Talibus (sc. praedestinatis) Deum diligentibus omnia cooperantur in bonum, usque adeo prorsus omnia, ut etiam si qui eorum deviant et exorbitant, etiam hoc ipsum eis faciat proficere in bonum, quia humiliores redeunt atque doctiores.

[2]) In ep. ad Rom. q. 215. M. 175 pag. 483: In Deo quantum ad essentiam idem est praescientia et praedestinatio.

[3]) Ib. q. 22 pag. 486: Quod est possibile secundum causas inferiores forsitan impossibile est secundum causas superiores.

abänderliche Vorherbestimmung der Erwählten nach Zahl und Individualität ausschliesse.[1] Übrigens findet der Viktoriner nach dem Vorgange des hl. Augustin bereits in der hl. Schrift die unwandelbar feststehende, bestimmte Zahl der Prädestinierten angedeutet, nämlich durch die Stelle der Apocalypse (III. 11.): Halte, was du hast, damit nicht ein anderer deine Krone empfange. „Denn wenn ein anderer diese Krone nur in dem Falle erhält, dass sie der eine verliert, so muss die Zahl der Auserwählten genau bestimmt sein."[2]

Aus all dem ersehen wir, dass Hugo in der rücksichtslosen Hervorhebung der göttlichen Allwirksamkeit auch bezüglich jener Gebiete, die am meisten der menschlichen Freiheit zu unterstehen scheinen, durchaus nicht hinter seinem Lehrmeister, dem hl. Augustin zurückgeblieben ist, welcher „die Lehre von der unbedingten Prädestination und dem particulären Heilswillen vorzugsweise in der letzten Periode seines Lebens ausgebildet und bis zu seinem Tode festgehalten hat."[3] Wie er die Definition der Prädestination dem grossen Verteidiger der göttlichen Allwirksamkeit gegenüber menschlicher Willkür nachgesprochen hat, so gelangt er auch in der näheren Entwicklung dieser Definition zu den nämlichen Resultaten. Auch ihm ist wie dem Bischof von Hippo die Prädestination ein Akt des freien göttlichen Willens[4], durchaus unabhängig vom Willen des Menschen, genau bestimmt, sowohl nach der Zahl als nach der Individualität der Auserwählten und mit unfehlbarer Gewissheit wirksam.

Wenn nun aber auf der einen Seite die Aseität Gottes nach Sein und Wirken jede Beeinflussung seines Willens durch geschöpfliche Ursachen ausschliesst, so scheint doch auf der anderen Seite Gottes Heiligkeit, Güte und Gerechtigkeit auch zu verlangen, dass die Menschen nicht für das verantwortlich

---

[1] Ib. cf. S. Sent. l. c. pag. 63.

[2] S. Sent. tract. I. c. 12 pag. 62: Si enim alias non est accepturus, nisi iste perdiderit, certus est electorum numerus. Cf. S. August. De corrept. et grat. c. 13 no 39. M. 44 p. 940.

[3] Odilo Rottmanner: Der Augustinismus, Münch. 1892 S. 5.

[4] S. Aug. De praed. Sanct. c. 10 no 19. M. 44 p. 975. Praedestinatione Deus ea praescivit, quae fuerat ipse facturus. Id. Contr. Jul. l. V. c. 4 no 14. M. 44 p. 791: Ex isto numero electorum et praedestinatorum etiam, qui pessimam duxerunt vitam, per Dei benignitatem adducuntur ad poenitentiam.

gemacht werden, was sie nicht vermeiden konnten. Es fragt sich also: Wo liegt der gerechte, vernünftige, hl. Grund, der bei der Prädestination, bez. Reprobation entscheidet? — Den eigentlichen Grund, der allein den Glauben vollkommen befriedigen kann, haben wir schon kennen gelernt: Es ist nichts anderes als der göttliche Wille selbst, der von der absoluten Vernunft geleitet, Quelle jeder Heiligkeit und Gerechtigkeit, also doch auch im eminenten Sinne heilig und gerecht ist. Auch der hl. Thomas spricht dies deutlich aus, wenn er sagt: „Warum Gott diese zur Glorie erwählt und jene verworfen hat, dafür haben wir keinen anderen Grund als den göttlichen Willen."[1]) Aber nur wenige Menschen sind demütig genug, ihren Verstand in dieser höchsten Frage des Lebens rückhaltlos gefangen zu geben. Immer wieder versucht der Menschengeist die Ratschlüsse des Ewigen zu ergründen; aber die Resultate, welche der menschliche Scharfsinn gerade auf diesem Gebiete der Prädestination zu verzeichnen hat, offenbaren nur zu deutlich, dass Gottes Gedanken nicht unsere Gedanken sind. Wir werden uns daher nicht wundern, wenn wir auch Hugos Begründung der Gnadenwahl nicht ganz einwandfrei finden werden.

Vor allem löst der Viktoriner die Schwierigkeit, welche gegen die particuläre Auserwählung aus der allgemeinen Liebe Gottes zu seinen Geschöpfen erhoben werden könnte. Die Stelle des Weisen Sap. 11, 25: „Du liebest alles, was da ist und hassest nichts von dem, was du gemacht hast", will Hugo nur von dem natürlichen Wesen der Geschöpfe gelten lassen, wie es aus der Schöpferhand Gottes hervorgegangen ist. In diesem Sinne ist die Liebe Gottes gegenüber allen Menschen gleich gross, weil alle in der menschlichen Natur das gleiche Ebenbild Gottes besitzen; doch steigert sich dieselbe bei den Auserwählten je nach dem Grade der Vollendung, für welche er sie bestimmt hat, während der „Hass" Gottes gegenüber den Verworfenen sich lediglich nach der Grösse der auf eigener Schuld beruhenden Verdammungswürdigkeit und infolge dessen nach dem vorausgesehenen Masse der Verdammnis bemisst.[2]) Wir sehen also

---

[1]) S. Thom. S. theol. I. q. 23 a 1 ad 3.
[2]) S. Sent. l. c. pag. 64: Omnes tam bonos quam malos secundum naturam aequaliter diligit, non tamen aequaliter bonos diligit secundum prae-

hier einen ganz bedeutenden Unterschied zwischen dem Motiv der Liebe und des Hasses. Von Ewigkeit hat Gott, wie Hugo dies erläutert, den hl. Paulus in ganz besonderer Weise geliebt, selbst damals als derselbe die Kirche Christi verfolgte, nicht als ob er jemals das Böse hätte lieben können, aber er liebte sein auserwähltes Werkzeug, das er sich vor aller Zeit erwählt hatte.[1]) Ebenso hasste er von Ewigkeit den Judas, also schon bevor er seinen schmählichen Verrat beging, aber nicht weil er ihn von jeher zur Sünde bestimmt hatte, sondern weil er „von ihm vorhersah, dass er ein solcher Mensch werden würde."[2]) Jenen also liebte er, weil er ihn von Ewigkeit erwählt hatte, diesen hasste er, weil er dessen Ruchlosigkeit voraussah.

Auch hier finden wir demnach den Gedanken der einfachen Prädestination in der deutlichsten Weise ausgesprochen, gegenüber der extremen Prädestinationslehre eines Gottschalk, der, wie später Calvin, in verhängnisvoller Missdeutung des hl. Augustin die zweifache Prädestination (gemina praedestinatio) lehrte und rundweg behauptete, „wie Gott einen Teil der Menschen zum Leben, so habe er (ita omnino, plane) den anderen zum Tode bestimmt."[3]) Überhaupt vermeidet Hugo durchweg jeden Ausdruck, der die Verdammung des Reprobierten irgendwie als ein voraussetzungslos bestimmtes, unentrinnbares Verhängnis erscheinen lassen könnte, und insofern ist er wenigstens im Worte etwas milder als der hl. Augustin, welcher sich nicht scheut, von dem Sünder geradezu auszusprechen, dass derselbe — eben auf grund seiner Sünden — für die Verdammnis, für den ewigen Tod vorherbestimmt, prädestiniert sei.[4]) Hugo, der sonst seinem

---

miorum praeparationem, nec malos aequaliter odit secundum poenarum praevisionem.

[1]) Ib. Non dilexit eum plus ab aeterno, quam quando persequebatur ecclesiam Dei; quia quod erat futurum de eo, ei erat praesens, et hoc non secundum merita, sed secundum praemia, quae ei ab aeterno paravit.

[2]) Cf. S. Aug. De corrept. et grat. c. 7 n. 16. Qui perseveraturi non sunt ac sic a fide christiana et conversatione lapsuri sunt, ut tales huius vitae finis eos inveniat, procul dubio nec illo tempore, quo bene pieque vivunt, in istorum numero computandi sunt. Non enim sunt a massa illa perditionis praescientia Dei et praedestinatione discreti.

[3]) Alzog: Kircheng. 10. Aufl. Mainz 1882, I. Bd. p. 659.

[4]) S. Aug. De civ. Dei l. XXII. c. 24 no 5: Quid dabit eis, quos praedestinavit ad vitam, qui haec dedit etiam eis, quos praedestinavit ad

Lehrer oft wortgetreu zu folgen pflegt, spricht hier nie von einer Vorherbestimmung, sondern nur von einem Vorauswissen,[1]) da ersterer Ausdruck leicht im Sinne einer doppelten Prädestination missbraucht werden kann. Dem Viktoriner ist die Reprobation überhaupt nur insofern ein positiver Willensakt, als Gott im allgemeinen zur Strafe der Sünde den ewigen Tod bestimmt hat; in bezug auf den einzelnen Reprobierten aber schliesst die Reprobation keinen positiven göttlichen Willensakt ein, sondern sie ist einfach die Unterlassung des Prädestinationsaktes, sie ist nichts anderes als „nicht erwählen, nicht zur Seligkeit vorherbestimmen, die unverdienten Himmelsgüter nicht bereiten."[2])

Fragt man nun aber, warum es überhaupt einen Unterschied im endgiltigen Schicksal der Menschen gibt, warum Gott einem Teil der Menschen verweigert, was er einem anderen Teile zugesteht, so ist der Viktoriner sich wohl bewusst, dass der letzte Grund hiefür bei Gott zu suchen ist. Demgemäss lautet auch seine Erklärung: „Wenn Gott alle prädestinieren würde, so würde die göttliche Gerechtigkeit verborgen bleiben, da dann nicht bekannt würde, was von Rechts wegen der Sünde gebührt; wenn er aber alle reprobieren würde, so zeigte sich nicht die göttliche Güte. Es hat aber die Weisheit Gottes für besser erachtet, dass Gutes und Böses zugleich sei als nur Gutes, obwohl Gott selbst nichts anderes als Gutes hervorbringt."[3])

Wir sehen, dieser Lösungsversuch bemüht sich vor allem, die Unabhängigkeit und absolute Freiheit des göttlichen Weltplanes gegenüber jeder pelagianischen Herabwürdigung der ersten Ursache unter die secundären Willensakte der Geschöpfe entschieden zu wahren. „Gott hat es so für besser gehalten", dh. er hat es so gewollt, das ist die principielle Erklärung des

---

mortem? Cf. De anima et ejus origine l. IV c. 11 no 16. M. 44 p. 533: Deus, qui et illis, quos praedestinavit ad mortem, justissimus supplicii retributor etc.

[1]) S. Sent. 1. c. pag. 62: Reprobi sunt praesciti ad mortem; Ib. pag. 64: secundum poenarum praevisionem.

[2]) In ep. ad Rom. q. 233. Mign. 175 pag. 489: Reprobatio non aliquid ponit; quia non est aliud Deum aliquem reprobare nisi non eligere et non praedestinare, bona gratuita non praeparare.

[3]) Ib. q. 234. Judicavit autem melius esse sapientia Dei bonum et malum esse quam tantum bonum, quamvis ipsa non fecerit nisi bonum

Glaubens für die ganze thatsächlich bestehende Welt. Die Glaubenswissenschaft sucht auch den vernünftigen Grund dieses Wollens, und Hugo findet diesen wiederum in Gott, nämlich in einer möglichst allseitigen Offenbarung seines Wesens, die ja überhaupt höchster Zweck der Weltschöpfung ist. Dass aber dieser Grund für den göttlichen Willen keine Nötigung herbeiführen konnte, ergibt sich schon daraus, dass derselbe selbst wieder bedingt ist durch die Thatsache des Sündenfalles, wie Hugo ausdrücklich hervorhebt. Mit dem „Magister Gillebertus" stimmt nämlich der Viktoriner darin überein, dass die Prädestinierten schon vor dem Sündenfalle, dazu bestimmt gewesen seien, die Plätze der gefallenen Engel im Himmel einzunehmen. Hätten nun die Stammeltern nicht gesündigt, so hätten überhaupt nur diese Menschen das Dasein erhalten, eine Reprobation hätte es in diesem Falle für die Menschen gar nicht gegeben, also auch keine Manifestation der göttlichen Gerechtigkeit im obigen Sinne[1]).

Wie aber im allgemeinen der Unterschied von Prädestination und Reprobation in letzter Linie auf den freien göttlichen Willen zurückzuführen ist, so steht auch für den Einzelnen der letzte Grund seiner Erwählung bei Gott. „Einige sagten zwar, Gott könne nicht anders thun als er thut, aber dass dies nicht wahr ist, liegt auf der Hand"[2]); die nähere Begründung dieses Satzes wird uns Hugo bei der Behandlung der göttlichen Macht angeben. Noch weniger aber kann der vorzeitliche Willensakt Gottes abhängig gedacht werden vom künftigen Verdienst oder Missverdienst der Geschöpfe: „Denn dann wäre, was zeitlich ist, Ursache dessen, was ewig ist"[3]). Gott hat also diesen oder jenen Menschen nicht desshalb zur Seligkeit bestimmt, weil er von ihm voraussah, dass er derselben

---

[1]) S. Sent. l. c. col. 64: Nisi homo peccasset, nullus damnandorum nasceretur; sed quia peccavit, simul damnandi cum salvandis nascuntur. Salvandi loco eorum, qui tunc nascerentur, damnandi nullorum loco, sed ad exercitium et coronam bonorum.

[2]) In ep. ad Rom. qu. 238. M. 175 col. 490: Quidam dicebant Deum non posse facere, nisi quod facit; quod non esse verum constat.

[3]) Ib. qu. 235 col. 489: Non enim potest dici, quod propter futura merita bona vel mala alter sit electus et alter sit reprobatus; sic enim, quod est temporale causa esset eius, quod est aeternum.

würdig sein werde[1]), auch nicht auf Grund „ganz geheimer Verdienste"[2]), auch nicht weil in diesen Menschen schon von Natur aus ein Keim der Tugend (seminarium virtutis)[3]) sich vorfand, der durch die göttliche Gnade zur Entwicklung gebracht wurde, sondern lediglich auf grund seines eigenen, durchaus unabhängigen Heilswillens, der zwar nach dem hl. Hieronymus niemals unvernünftig sein kann[4]), aber dessen Motive doch in ihrem letzten Grunde unsere beschränkte Denkkraft übersteigen. Dennoch „bei aller Ehrfurcht vor den Geheimnissen Gottes und ohne den Anspruch unumstösslicher Gewissheit" möchte Hugo einen entsprechenden Grund der göttlichen Gnadenwahl im Bonum universitatis, in der Rücksicht auf das Wohl der Gesamtheit erblicken. So war es z. B. für die allgemeine Weltbetrachtung ein grösseres Gut, dass Jakob erwählt und Esau verworfen wurde; denn bei diesem als dem Jüngeren war die Meinung ausgeschlossen, als ob er auf seine Bevorzugung, etwa auf grund der Erstgeburt, irgendwie ein Recht gehabt habe[5]).

Doch, wenn wir von diesem Optimismus, der überhaupt in Hugos Theodicée häufig wiederkehrt, vorläufig absehen, so

[1]) S. Sent. 1. c. col. 63.
[2]) Ib.
[3]) In ep. ad Rom. 1. c. col. 490.
[4]) Ib.
[5]) In ep. ad Rom. qu. 235/36. M. 175 col. 490: Salva secretorum reverentia et absque supercilio assertionis possumus dicere, quod ideo potius elegit, Jacob quam Esau, quia praescivit majorem utilitatem provenire bono universitatis ex electione Jacob quam Esau .... Si enim maior natu eligeretur, videretur, quod privilegio nativitatis hoc fieret. — Mit Unrecht behauptet Mignon (Les origines de la Scolastique I, 251), obige Erklärung „sei ganz unvereinbar mit der Lehre Hugos in seinen übrigen Werken". Die einzige hier in Betracht kommende Stelle (S. Sent. 1. c. 12) lässt die ganze Frage unentschieden und schliesst sich durchaus nicht den Erklärungsversuchen Augustins an, wie Mignon irrtümlich annimmt (L. c. p. 254). Im Gegenteil erklärt Hugo auch in seinem Hauptwerke — De Sacramentis — die Existenz des particulären, physischen und moralischen Uebels, und damit auch die Thatsache der Reprobation aus der Rücksichtnahme auf ein höheres, allgemeines Gut. Cf. De Sacr. I, 4 c. 23. M. 176, 243: Permitti itaque mala debuerunt ut essent, quoniam ut essent, id bonum erat, ex quibus bonum futurum erat. Praecepit itaque Deus, quod bonum erat singulis, et permisit, quod bonum erat universis; quoniam et maius erat bonum universitatis, quod impediri non debuit.

können wir sagen: Der Viktoriner ist bemüht, die Allwirksamkeit Gottes bis ins innerste Heiligtum der menschlichen Seele hinein mit aller Entschiedenheit, wie es die kirchliche Lehre verlangt, zur Darstellung zu bringen. Wenn also Liebner[1]) behaupten möchte, Hugo habe die Augustinische Lehre im semipelagianischen Sinne abgeschwächt, so kann er dies nur vom Standpunkte des einseitigen extremen Calvinismus, der die vollständig voraussetzungs-, sozusagen grundlose Verdammung des Reprobierten lehrt und die menschliche Mitwirkung zum Heile geradezu für überflüssig erklärt. Bei Hugos ethisch-praktischer Richtung ist eine solche unpraktische, für Geist und Herz in gleicher Weise unbefriedigende Anschauung allerdings von vornherein undenkbar, abgesehen davon, dass sie bereits auf grund der Gottschalkischen Wirren von der Kirche verworfen worden war[2]). Wir haben bereits gesehen, das Hugo klar die Wahrheit erkannte, wenn er sie auch noch nicht mit dieser formellen Bestimmtheit aussprach: dass das Wirken der Universalursache die Freiheit der particulären Kräfte nicht aufhebe, sondern vielmehr bedinge. Deshalb ist beim Heilswerke der „gute Wille sowohl in Gott als im Menschen, dort gebend, hier empfangen"[3]), und es wäre demnach ebenso ungerecht, „alles der Gnade zuzuschreiben und nichts dem Verdienste zu überlassen", wie diese beiden Gebiete als völlig getrennte und unzusammenhängende Faktoren zu betrachten[4]). Vielmehr ist praktisch daran festzuhalten, dass der Gnade zwar das eigentlich Bestimmende, Führende im Heilswerke zukommt, dass aber auch

---

[1]) Liebner, Hugo v. S. V. S. 398: Es lag im ganzen Geiste der dialektisierend ausgleichenden Methode (der Scholastiker), dass sie die Härten des Augustinischen Systems mildern mussten, und diese Milderungsversuche mussten mehr oder weniger, bewusst oder unbewusst zum Semipelagianismus führen... Hugo gehörte — im Gegensatz zu Anselm — mehr zu den Milderen.

[2]) Für Hugo wie für jeden kathol. Theologen ein ausschlaggebender Grund. Vgl. In ep. ad Rom. l. c. col. 490: Quia hoc contra ecclesiam est, omnino praetermittatur.

[3]) Ib. qu. 241 col. 492.

[4]) Ib. qu. 238 col. 491. Hi totum gratiae attribuunt, et nihil merito relinquunt... haec sententia dividit inter meritum et gratiam... propterea cum praedicta est cavenda. Potest autem dici, quod gratia Dei aeque bono et malo i. e. praedestinato et reprobo proponitur, quam tamen unusquisque non apprehendit vel trahentem sequitur; imo ille cui gratiae radius infunditur, oculos claudit, et sic radium quo tangitur repellit etc.

der Mensch, um zum beseligenden Ziele zu gelangen, sich führen lassen muss, wie etwa „das Kind an der Hand der Mutter sicher dahinschreitet", oder wie derjenige, der dem Lichte das Auge öffnet, leicht den eingeschlagenen Weg einhalten kann, während er anderenfalls es sich nur selbst zuschreiben muss, wenn er vom Ziele abirrt und in einen Abgrund stürzt. So wird „die göttliche Gnade in gleicher Weise dem Guten und dem Schlechten, d. i. dem Prädestinierten und Reprobierten angeboten, aber nicht jeder ergreift sie oder folgt ihr, wenn sie zieht. Mancher nämlich, auf den der Strahl der Gnade fällt, schliesst die Augen und weist so den Lichtstrahl, der ihn berührt, zurück, weshalb ihm dann auch mit Recht die Gnade entzogen wird, weil er selbst sich ihr entzieht. Wenn übrigens Hugo das Verhältnis von göttlicher Vorherbestimmung und menschlicher Freiheit hier nicht ausdrücklich feststellt und eingehender erörtert, so werden wir ihm das umso weniger verargen können, als diese Frage trotz der eifrigsten Cultivirung dieses Feldes bis zum heutigen Tage noch nicht zu einem allseits befriedigenden Abschlusse gelangt ist. Ebensowenig wird es uns wundern, wenn der Viktoriner in seinem angestrengten Streben nach vernunftgemässer Erklärung des particulären Heilswillens Gottes nicht zu einem durchaus einwandfreien Endresultate gelangt ist. Denn dies ist ein Gebiet, welches unserem beschränkten, geschöpflichen Blicke stets nur bis zu einem gewissen Grade offen steht, und deshalb auch vom hl. Thomas im letzten Grunde als Glaubensgeheimnis erklärt wird[1]). Doch dies Unvermögen der menschlichen Vernunft hat auch Hugo hier erkannt und, wie wir sahen, mehr als einmal ausgesprochen; ihm war es bei diesen Erörterungen besonders zu thun um Abweisung irriger und häretischer Vorstellungen, um eine möglichst allseitige und richtige Würdigung des christlichen Prädestinationsbegriffes. In der That hat der Viktoriner im steten Kampfe mit älteren und neueren Irrtümern die katholische Wahrheit in allen ihren Hauptpunkten unentwegt im Auge behalten und mit einer für seine Zeit wohl einzigartigen Meisterschaft vertreten[2]), so insbesondere die einfache, unbedingte,

---

[1]) S. Thom. S. th. I. 23, a. 5 ad 3; cg III, 59.
[2]) Man vergl. z. B. des Lombarden Leistungen auf diesem Gebiete, die zudem noch fast wörtlich dem Viktoriner entlehnt sind. P. Lomb. Sent. l. 1, dist. 35.

voraussetzungslose Bestimmung der Prädestinierten für Gnade und Glorie, die Vorausbestimmung der Reprobierten zur ewigen Strafe jedoch nur auf grund der vorhergesehenen Schuld, ferner die Allgemeinheit der Gnade und die Freiheit des Menschen trotz, ja durch den Einfluss der Gnade.

Dadurch aber, dass er die Weltregierung im Ganzen und die Leitung des Menschenlebens im Einzelnen unter dem grossen Gesichtspunkte der göttlichen Weisheit betrachtet, hat der Viktoriner diese göttliche Weltordnung selbst schon in der für das gläubige Gemüt überzeugendsten Weise gerechtfertigt und, vielleicht nicht unbewusst, den inhaltreichen Satz der Schrift durchzuführen gesucht, dass die göttliche Weisheit von einem Ende bis zum andern reiche. Entsprungen im Schose der ewigen Gottheit, deren adäquates Abbild sie ist, weiss und kennt diese Weisheit alle Dinge, bevor sie ins Dasein treten, ordnet ihr gegenseitiges Verhältnis, wenn sie geschaffen sind, und steckt ihnen das ihren Kräften und Wirkungsweisen einzig entsprechende Ziel, zu dem sie sichere Wege kennt und vorzeichnet. — Doch an sich sind es nur Ideen, was die Weisheit hervorbringt. Das, was diese Ideen trägt, hält und bestimmt, das, was sie in Wirklichkeit umsetzt, nennen wir die göttliche Willensmacht.

§ 2.
Hugos Lehre vom göttlichen Willen. Theodicée.

Fast noch weniger als bei der Behandlung der göttlichen Weisheit hat Hugo in seinen Erörterungen über den göttlichen Willen den eigentlichen Grund und die Stellung dieser Eigenschaft im innergöttlichen Wesen und Wirken hervorgehoben. Aber auch hier wie dort konnte er auf frühere Ausführungen verweisen, als deren Erläuterung und praktische Anwendung auf die empirische Weltbetrachtung die folgenden Darlegungen anzusehen sind. Indem nämlich der Viktoriner in seiner Trinitätslehre dem dritten Princip der Gottheit, der Vollendung und dem Abschluss der ganzen Trinität, das Attribut der allgütigen und allheiligen Willensmacht zuschrieb, hat er nicht nur den Ausgang des hl. Geistes näherhin als den der Willensbewegung gekennzeichnet, sondern auch den göttlichen Willen selbst als das Princip der thatkräftigen Verwirklichung des innergöttlichen Wesens sowohl, als auch seiner Offenbarung nach aussen angedeutet;

und deshalb ist es nur eine naturgemässe Folge seiner vorausgehenden Erörterungen, nicht aber, wie Liebner[1]) meint, ein unvermittelter Gedankensprung, wenn Hugo in seinem Hauptwerk „De Sacramentis" nach der Behandlung der Trinität unmittelbar zur Darlegung des göttlichen Willens schreitet; denn das, was dort in hl. Notwendigkeit die absolute, höchste Vollkommenheit fortwährend trägt und eint, lässt in dieser Welt der Zeitlichkeit nach freiem Ermessen sein eigenes, ewiges Wirken widerstrahlen: „Die erste Ursache aller Dinge ist der Wille des Schöpfers."[2])

Daraus ergibt sich unmittelbar, dass der göttliche Wille durchaus unzugänglich ist für jede Beeinflussung von seiten aussergöttlicher Dinge, da diese ja erst durch ihn Sein und Wirken erhalten. Ebendeshalb aber, weil er von aussen her nicht bestimmt werden kann, ist er sich selbst höchste Norm und Bestimmung. „Wenn man also sagt: Das ist so, weil Gott es wollte, so kann man nicht mehr fragen, warum er es wollte; denn die erste Ursache hat eben keine Ursache."[3]) Consequenter Weise lässt sich auf die Frage, warum Gott die Welt geschaffen habe, nur antworten: Weil er es so für gut fand, weil er wollte; und dies ist auch Hugos Gedanke, wenn er das zeitliche Wirken des göttlichen Schöpferwillens in folgender Weise begründet: „Die erste Ursache aller Dinge hat ihr Werk nach sich und wegen sich geschaffen, nach sich, weil sie die Form oder das Vorbild der zu schaffenden Dinge nicht anderswoher, sondern von sich selbst genommen hat, wegen sich, weil eine fremde Zweckursache sie nicht zum Handeln bestimmen konnte."[1]) Als höchste, selbstständige Ursache des Seins und Wirkens der Geschöpfe ist aber der göttliche Wille auch das höchste Gesetz ihrer Strebungen, eine Norm, auf welcher alle geschöpfliche Gerechtigkeit unerschütterlich begründet ist. Denn „was Gott wollte, ist schon

---

[1]) Liebner: Hugo v. S. V. Leipz. 1832, S. 385. Anders ist es freilich mit der Frage, ob die Art der Einteilung in De Sacr. auch den Anforderungen einer systematischen Behandlung der Gotteslehre durchgehends entspricht. Die Begründung unserer Einteilung s. oben Seite 35!

[2]) De Sacr. lib. I. prs. IV. c. 1 pag. 233: Prima rerum omnium causa est voluntas Creatoris.

[3]) S. Sent. tract. I. c. 13 pag. 64: Cum dicitur: hoc ideo est, quia Deus voluit, non est quaerendum, quare voluit; primae enim causae nulla est causa. Cf. P. Lomb. Sent. I. d. 45, 4.

[4]) De Sacr. lib. I. prs. II. c. 3 p. 207.

deshalb gerecht, **weil** er es wollte, und was ausserdem gerecht ist, kann dies nur sein in Übereinstimmung mit dem göttlichen Willen, der höchsten Quelle jeden Rechtes. Wenn man also fragt, warum etwas gerecht ist, so lautet die entsprechendste Antwort: Weil es gemäss ist dem Willen Gottes, der gerecht ist."[1]) Der göttliche Wille ist das absolute Princip alles Seienden, die absolute Norm alles Guten.

Wenn nun aber der Viktoriner diese seine kurze, apriorische Darlegung des Verhältnisses zwischen dem göttlichen Wollen und dem geschöpflichen Sein mit dem thatsächlichen, empirischen Weltlaufe vergleicht, so ergibt sich für ihn sofort die grosse, folgenschwere Frage: Ist der göttliche Wille Universalursache aller Dinge, warum sehen wir ihn dann in der Welt so oft nicht erfüllt, und ist er die Güte und Gerechtigkeit selbst, woher dann das Unrecht, woher das Böse? — Die Beantwortung dieser Frage gibt Hugo Veranlassung zu einer ziemlich ausführlichen und eingehenden Theodicée, über deren Wert oder Unwert allerdings die Meinungen gewaltig auseinander gehen.

Liebner,[2]) der nach meiner Ansicht gerade in diesem Punkte Hugos Gedanken am besten wiedergegeben hat, nennt diesen Versuch einer Theodicée „zwar **sehr scharfsinnig**", aber nichtsdestoweniger, „wie dies aller Theodicée notwendig widerfahren muss, **verunglückt**." Ersterer Behauptung kann man unbedingt beistimmen, die zweite scheint mir in ihrem allgemeinen, wie speciellen Teile übertrieben. Denn wenn auch die menschliche Wissenschaft niemals das Geheimnis des Bösen und sein Verhältnis zum guten Gott in allseits befriedigender Weise aufhellen wird, so ist sie doch nicht ohne Erfolg bemüht gewesen, an der Hand der Offenbarung über dieses Geheimnis einiges Licht zu verbreiten; und Hugos Leistungen in diesem Punkte scheinen mir des grossen Lehrers nicht unwürdig.

---

[1]) De Sacr. l. I. p. IV. c. 1, 234: Quod (Deus) voluit, idcirco justum fuit, quia ipse voluit. Suum enim ac proprium voluntatis eius est esse justum, quod est, et ex eo, quod in ea justum est, (quod?) ex ea justum est. Quoniam secundum eam justum est, quod justum est, quod utique justum non esset, si secundum eam non esset. Cum ergo quaeritur, quare justum est, quod justum est, convenientissime respondetur: quoniam secundum voluntatem Dei est, quae justa est. — Cf. S. Anselm. Monol. c. 16: Nihil differt in illa (sc. in summa natura) sive dicatur: est justitia, sive est justa.

[2]) Hugo v. S. Victor etc. S. 385 ff.

Mignon,[1]) der einem Versuch der Theodicée im allgemeinen nicht skeptisch gegenübersteht, findet Hugos „Traktat über all diese Punkte von einer offenbaren Inferiorität." Insbesondere tadelt er die missbräuchliche Anwendung der Antithese und „eine Unordnung in der Disposition der einzelnen Punkte, welche die Lektüre dieser ganzen Partie sehr peinvoll (pénible) macht." Doch auch dieses Urteil scheint mir durchaus unzutreffend. Zwar hat Hugos Theodicée ihre Schwierigkeiten, und diese Schwierigkeiten lassen sich nur zum Teile aus der Natur des Gegenstandes erklären; aber nur bei einer ganz oberflächlichen Betrachtung dieses Traktates kann man verkennen, dass Hugo allen Ernstes bemüht war, die Schwierigkeiten zu lösen, welche das Problem des Bösen dem gewissenhaften Theologen stellt; und bei diesem ernsten Lösungsversuche verfuhr Hugo durchaus nicht willkürlich und ordnungslos, sondern er folgte dabei einem ganz bestimmten, und zwar einem genialen, weil selbsterfundenen Plane. Hugo selbst weist nach seiner gewöhnlichen Art am Schlusse des Traktates auf den leitenden Grundgedanken hin, indem er von seiner Theodicée folgendes Resumée gibt: „Das sind die fünf Themata (proposita): Absoluter Wille (beneplacitum), Zulassung (permissio), Thätigkeit (operatio), Gebot (praeceptio) und Verbot (prohibitio)... Und bei allem, was über den Willen Gottes zu sagen war, steht fest (ist festzuhalten, constat), dass es einen absoluten Willen gibt und ein Zeichen des absoluten Willens."[2])

Diese Unterscheidung zwischen dem göttlichen Beneplacitum und den Signa beneplaciti hat Hugo zuerst in die Theologie eingeführt, und er legt auf dieselbe hohen Wert — wie mir scheint, mit vollem Rechte. Denn ich weiss nicht, wie wir zu einer einigermassen befriedigenden Theodicée gelangen können, ohne genaues Auseinanderhalten des theocentrischen und des

---

[1]) Les origines de la Scolastique etc. pp. 271 s. Le traité des Sacrements sur tous les points dont nous avons parlé dans ce chapitre est d'une infériorité manifeste... nous devons lui reprocher aussi cet abus de l'antithèse, ce désordre dans la disposition des différents points de son sujet, qui rendent si pénible la lecture de toute cette partie.

[2]) De Sacr. I, 4 c. 25, 245: Et haec sunt quinque proposita, beneplacitum et permissio, operatio et praeceptio et prohibitio.... Et constat in his omnibus, quod de voluntate Dei dicendum fuerat, quod est beneplacitum eius et signum beneplaciti eius.

anthropocentrischen Standpunktes, d. h. ohne dass wir den absoluten Willen Gottes, den wir als heilig, gut und allwirksam auf grund des göttlichen Wesens anerkennen, ohne dass wir diesen Willen genau unterscheiden von dem, was wir von unserem partikulären, und darum nur relativ berechtigten menschlichen Standpunkte aus als Willensäusserung aufzufassen gewohnt sind. Aber was man auch von dieser Unterscheidung halten mag, Thatsache ist, dass Hugo dieselbe seiner Theodicée zu grunde legt, und die Ängstlichkeit, mit welcher er die einzelnen Zeichen des göttlichen Willens auseinanderhält, ist der Hauptgrund der zahlreichen Wiederholungen und somit der scheinbaren Unordnung in dem diesbezüglichen Traktate seines Hauptwerkes. Doch gehen wir über zur positiven Betrachtung dieser vielumstrittenen Theodicée.

Wenn man vom göttlichen Willen spricht oder in der hl. Schrift diesen Ausdruck liest, so muss man nach dem Viktoriner, ähnlich wie bei der göttlichen Weisheit, unterscheiden zwischen dem eigentlichen, ewigen Wesen desselben, das einfach und unwandelbar und mit der göttlichen Natur identisch ist, und den zeitlichen Wirkungen des göttlichen Willens in dieser Welt oder vielmehr den Beziehungen, in welchen die mannigfachen, wechselvollen, geschöpflichen Dinge zum einen, allumfassenden, göttlichen Ratschlusse stehen. Denn „die hl. Schrift pflegt vom Willen Gottes in verschiedenartiger Weise zu reden; aber nicht der Wille ist verschieden, sondern nur die Ausdrucksweise. Denn manchmal wird im hl. Sprachgebrauche unter göttlichem Willen das verstanden, was in Gott selbst ist, identisch mit ihm und ihm gleichewig; manchmal aber wird auch in übertragener Redeweise Wille Gottes genannt, was nur — bei uns Menschen und für uns Menschen — Zeichen des Willens zu sein pflegt, wie man auch Anzeichen des Zornes — Zorn, Anzeichen der Liebe — Liebe nennt." [1]) Daher kommt es auch, dass die hl. Schrift

---

[1]) S. Sent. tract. I. c. 13 pag. 64: Cum voluntas Dei una sit (quae est ipse Deus, qui unus est), propter effectus tamen diversos dicuntur plures voluntates Dei.... Nam voluntas in sacra Scriptura aliquando accipitur ipsa quae idem est cum Deo, et ipsi coaeterna est et haec voluntas semper impletur.... aliquando praeceptio et prohibitio voluntas Dei dicitur, quia signa sunt divinae voluntatis; ut signa irae appellantur ira, ita signa dilectionis dilectio. — Cf. De Sacr. l. I prs. IV. c. 2: 235. Ib. c. 25 col. 245.

den Ausdruck „göttlicher Wille" zuweilen in der Mehrzahl gebraucht, wenngleich dieser, sowenig als das göttliche Wesen, vielfach oder auch nur wandelbar, veränderlich sein kann.¹) Aber deutlich unterscheidet die Offenbarung von solchen Willensströmungen oder Willenszeichen diesen einen, innergöttlichen Willensakt, der von Ewigkeit her die thatsächliche Weltordnung bestimmt hat, dem alle geschaffenen Wesen ihr Dasein verdanken, der weder aufgehoben, noch vereitelt werden kann.²) Ebendeshalb aber, weil die erste Ursache von keiner anderen irgendwie abhängig zu denken ist,³) dürfen wir in der bestehenden Welt nichts annehmen, was den absoluten Willen dieser höchsten, universalen Ursache beeinflussen oder gar ihm entgegentreten könnte.

Da aber hier auf Erden durchaus nicht alle Zustände und Ereignisse derartig sind, dass sie an sich mit dem Begriff der absoluten Güte vom geschöpflichen Standpunkte aus in Einklang gebracht werden können, so unterscheidet der Mensch unter den geschaffenen Dingen zwischen dem, was unmittelbar den Stempel der göttlichen Güte trägt und dem, wass ihm gewissermassen den Gegensatz zu dieser Güte verkörpert, und indem er seine eigenen Willenszeichen auf Gott überträgt, nennt er das Verhältnis des göttlichen Willens zum Guten: Thätigkeit, zum Bösen: Zulassung. Diese beiden Begriffe sind also „gleichsam die Consequenzen des obersten Willens, eine Erklärung, ein Effekt desselben und ihm gleichbedeutend, nicht jedoch gleichewig. Denn was in jenem immer ist, das ist in diesen nur zuweilen; was aber in diesen nicht irgendeinmal, das ist auch in jenem — soweit er sich auf diese Welt bezieht — niemals . . . . weil nämlich nichts sein kann ohne Gottes Willen und zugleich nichts werden kann ohne seine Thätigkeit oder Zulassung"⁴). Alles also, was überhaupt geschieht, kann Wille Gottes genannt werden, nämlich als die zeitliche Erscheinung des vor- und über-

---

¹) De Sacr. l. c. c. 3: quae et primum et principaliter voluntas Dei dicitur, est illa, quae vera est voluntas eius; et haec est una nec multiplicitatem recipit nec mutabilitatem.

²) Ib. c. 8 pag. 237.

³) Ib. c. 1 p. 235: Primae causae causa nulla est.

⁴) De Sacr. l. l. prs. IV. c. 4 pag. 235: Harum voluntatum una permittens vocatur, altera faciens, hoc est permissio et operatio etc

zeitlichen, innergöttlichen Willensaktes, kraft dessen Gott von Ewigkeit her beschlossen hat, die Welt ebenso zu schaffen und zu lenken, wie wir sie jetzt sehen, und wie sie fortwährend vor unseren Augen sich entfaltet[1]). So zeigt sich in der Weltentwicklung „gleichsam unaufhörlich ein anderer und wieder ein anderer göttlicher Wille, weil wir stets neue Zeichen, stets neue Erscheinungsformen des einen göttlichen Willensaktes sehen"[2]).

So wenig jedoch die absolute Souveränität der Erst- und Allursache eine ihr fremde oder gar feindliche Macht im Universum zulässt, so wenig kann man leugnen, dass in der thatsächlich bestehenden Weltordnung sich manches findet, was mit unseren Begriffen von der physischen und moralischen Vollkommenheit, wie sie den Werken des absolut vollkommenen Wesens entsprechend wäre, in Widerspruch zu stehen scheint. Der Unterschied von Gut und Böse in dieser sichtbaren Erfahrungswelt liegt dem Viktoriner viel zu nahe und drängt sich zu unmittelbar auf, als dass er noch eines Beweises bedürfte; ebensowenig unterscheidet Hugo ausdrücklich zwischen physischen und ethischen Defekten. Beide erscheinen ihm in gleicher Weise von der göttlichen Willensvollkommenheit ausgeschlossen. „Man darf also durchaus nicht sagen, Gott wolle das Böse; denn er billigt es nicht und erachtet es nicht für gut; vielmehr betrachtet er es als einen Gegensatz zu sich dem Guten, als etwas, was ihm fremd ist, und er wünscht es nicht als etwas Entsprechendes oder etwas, was in Übereinstimmung stünde mit dem, was Gott selbst ist, und mit dem, was von ihm ist, und mit dem, was ihm ähnlich ist, sondern es steht ausser ihm, fern von ihm und in jedmöglicher Disharmonie zu seiner vollkommenen Güte"[3]). — Für diese Wahrheit, die dem Viktoriner unmittelbar, gleichsam instinktiv zum Bewusstsein kommt, hat die spätere Theologie auch den naheliegenden Grund gefunden,

---

[1]) Ib. c. 6 pag. 236: Voluit sic esse omnia ut bonum fuit, quia ita bonum fuit, ut vidit et voluit, quod futurum fuit.

[2]) De Sacr. l. c. c. 7. pag. 236: Ideo ipsum, quod fit, dicitur voluntas eius, quia signum est voluntatis eius; et apparet quasi alia et alia voluntas, quia signa sunt alia et alia unius voluntatis.

[3]) De Sacr. l. c. pag. 239; cf. S. Sent. l. c. pag. 65 D. Vult bonum i. e. approbat, judicat sibi concordare; non vult mala i. e. non approbat, non judicat sui similia.

nämlich in der Natur des Bösen, das seinem Wesen nach nichts ist als Mangel, Defekt, Privation, und deshalb zur reinsten Realität, zur lautersten Thatkraft des göttlichen Willens an sich nicht mehr Beziehung haben kann als die Finsternis zum Lichte, der Tod zum Leben[1]) Und doch muss der Wille Gottes irgendwie sich auch auf das Böse erstrecken, da dieses ja ohne jenen einzigen Urgrund alles Daseins überhaupt keine Existenz hätte. Deshalb erscheint dem Viktoriner als der entsprechendste Ausdruck für das Verhältnis des göttlichen Willens zum Bösen dieser: „Gott will nicht das Böse, aber er will, dass Böses sei"[2]). Wenn nun aber Gottes Wille, die absolute Güte und Norm aller Heiligkeit, die Existenz des Bösen nicht nur nachträglich sanktioniert, sondern von vorne herein anordnet, will, so folgert Hugo schon daraus, dass dieselbe, wie und soweit Gott sie will, gut sein müsse. „Zwar blieb auch für den göttlichen Willen das Gute gut und das Schlechte schlecht, und das Gute war nicht schlecht, noch das Schlechte gut, aber gut war es, dass Gutes und Schlechtes sei; und deshalb wollte Gott nichts Schlechtes, indem er wollte, dass auch Schlechtes sei"[3]).

Doch diese Ausdrucksweise, dass Gott die Existenz des Bösen wolle und dass diese Existenz etwas Gutes sei, weist schon P. Lombardus zurück und der hl. Thomas stimmt ihm hierin entschieden bei[4]). Nach dem englischen Lehrer will Gott weder, dass das Böse geschieht, noch will er, dass es nicht geschieht, sondern er will zulassen, dass das Böse geschieht. Da aber auch der Viktoriner den Willensakt Gottes gegenüber dem Bösen als Zulassung bezeichnet und die Disharmonie, die Unvereinbarkeit des Bösen mit dem göttlichen Wesen, wie wir gesehen haben, in den denkbar schärfsten Ausdrücken hervorhebt, so glauben wir nicht, dass sein Standpunkt von dem des Aquinaten sich allzuweit entferne. Wenn freilich der Viktoriner aus der Thatsache, dass Gott die Existenz des Bösen zulässt, sofort die Folgerung zieht, dass das Dasein des Bösen demnach

---

[1]) S. Thom. S. theol. I. q. 14. a. 11; q. 19. a. 9.
[2]) S. Sent. p. 65: Quamvis non vult mala, tamen vult mala esse.
[3]) De Sacr. l. c. c. 5 pag. 236: Et fuerunt bona bona et mala mala, nec bona fuerunt mala nec mala bona; sed bonum fuit esse et bona et mala.
[4]) Petr. Lomb. Sent. l. I. dist. 46, 4; hiezu S. Thomas q. 1 a. 4! — S. Thom. S. theol. I. q. 19. a. 9. ad 3. Deus neque vult mala fieri, neque vult mala non fieri, sed vult permittere mala fieri; et hoc est bonum.

auch gut sein müsse, so macht der hl. Thomas mit Recht dagegen geltend, dass nur der göttliche Akt der Permissio hier zunächst als gut beseichnet werden könne, nicht aber der Gegenstand, auf welchen dieser Akt sich bezieht [1]).

Übrigens wendet sich der hl. Lehrer nicht so fast gegen den Ausdruck selbst: „Gott will, dass Böses sei", als gegen dessen Begründung; „weil, was in sich schlecht ist, zu irgend einem Gute hingeordnet ist"[2]), eine Ansicht, die mit dem ersten Augustinus allerdings auch der zweite vertritt und eingehend erörtert.

Auf die Frage nämlich, warum Gott das Böse zuliess, gibt Hugo zur Antwort: „Es war ein grösseres Gut, dass Gutes aus dem Guten und dem Bösen sei, als aus dem Guten allein"[3]), und er erläutert diesen Satz ungefähr mit folgender Erwägung: Wie die göttliche Erkenntnis alldurchdringend ist, so ist Gottes Wille allbeherrschend; sowenig also seiner Weisheit von Ewigkeit her etwas unbekannt sein konnte, so wenig konnte seinem gleichewigen und gleichvollkommenen Willen jemals irgend etwas missfallen, da er ja alles als erste Ursache selbst bestimmt und geordnet hat[4]). Indem nun aber Gott unter den Dingen, die seine Erkenntnis ihm als möglich darstellte, in freier Selbstentscheidung das auswählen wollte, was dereinst zur Verwirklichung kommen sollte, da fand er, dass diese Dinge nach ihrer sittlichen Qualität in drei Klassen zerfielen: Die einen waren gut in sich und in Beziehung auf anderes, die anderen zwar gut in sich, nicht aber in Beziehung auf anderes, die dritten endlich waren in sich nicht gut, liessen aber gute Wirkungen für anderes, für das Universum erhoffen[5]). In welcher Weise nun der göttliche Wille diesen Möglichkeiten gegenüber

---

[1]) S. die angef. Stelle! Uebrigens unterscheidet auch hier der hl. Thomas zwischen physischem und moralischem Uebel: l. c. Malum culpae. quod privat ordinem ad bonum divinum, Deus nullo modo vult; sed malum naturalis defectus vel malum poenae vult …

[2]) S. Thom. l. c. a. 9. ad 1: quia ea, quae in se mala sunt, ordinantur ad aliquod bonum.

[3]) De Sacr. l. c. c. 6 pag. 236: Fuit maius bonum esse bonum ex bono et malo quam ex solo bono.

[4]) Ib. Sicut aeternae sapientiae illius ignotum esse non potuit omne quod futurum fuit, sic coaeternae voluntati eius displicere non potuit omne quod fuit.

[5]) S. Sent. l. c. p. 65; De Sacr. l. c. c. 20 pag. 242.

sich entschieden hat, zeigt der thatsächliche Weltlauf¹). Das nämlich, was gut ist für sich und für anderes, will Gott schlechthin, er billigt es und will, dass es geschehe; es ist dies alles Gute, das in der Weltentwicklung wirklich zu stande kommt. — Das, was gut ist in sich, nicht aber für anderes, will Gott zwar auch, d. h. er billigt es und erkennt es an als etwas, was ihm ähnlich und seiner absoluten Güte conform ist: aber er will nicht, dass dieses sei, weil in seinem Kosmos nichts ohne Beziehung, nichts ohne Zusammenhang, nichts ohne Grund und Zweck bestehen soll. Was endlich schlecht ist in sich und gut für anderes, das will Gott nicht, d. h. er approbiert es nicht, und doch will er, dass es sei, weil gut ist, dass es sei, ja sogar besser, als wenn statt dessen ein beziehungs- und wirkungsloses Gut eintreten würde. Denn während dieses nur den Einzelnen nützte, hat das Böse seine guten Wirkungen für die Gesamtheit, indem durch dasselbe das Gute „empfohlen", d. i. in seinem Werte erkannt wird und „schöner erscheint im Vergleich mit seinem Gegenteil", indem ferner dadurch manche Tugenden ermöglicht, die Guten geprüft und geläutert werden u. dgl. mehr²). „Ein grösseres Gut aber ist das, von dem ein grösseres Gut kommt, und nicht darf in Rücksicht auf ein geringeres Gut ein grösseres gehindert werden von dem, der im höchsten Grade gut ist"³). Doch wie lässt sich dieser Erklärungsversuch des Übels mit der absoluten Willensfreiheit Gottes vereinbaren? gründet er nicht vollständig auf dem optimistischen Gedanken Abälards⁴), den Hugo doch im Prinzip so entschieden zurück-

---

¹) S. S. l. c. p. 65: Ea quae sunt bona in se et ad aliud, vult Deus, i. e. approbat; et vult ea esse, quia ad aliud bona sunt, sicuti omnia bona quae fiunt. Bona in se et non ad aliud, ut bona, quae possent fieri et non fiunt, ea vult Deus, quia vult omne bonum i. e. approbat; sed non vult bona esse ... qui sine causa nihil vult esse. Quae sunt mala in se et ad aliud bona, sicut mala. quae fiunt, ea non vult Deus, i. e. non approbat et tamen vult ea esse, quia bonum est ea esse.

²) De Sacr. l. c. pag. 236: Consideravit Deus, quod his malis adjunctis bona commendarentur et pulchriora fierent etc. Cf. lb. c. 20 pag. 242: Malum bonis ad bonum.

³) De Sacr. l. c. c. 23 pag. 243: Maius bonum est esse illud a quo maius bonum est. Non debet autem in compensatione minoris boni impediri, quod maius est bonum ab illo, qui optimus est.

⁴) Abael. Theol. christ. lib. V. M. 178 pag 1325: Necesse est, ut Deus omnia, quae vult, ipse velit.

weist, dass Gott in seinem Wirken nach aussen stets das relativ Vollkommenste wählen müsse? Wird die Existenz des Bösen wegen ihrer guten Wirkungen wirklich gut? — Der hl. Thomas gibt darauf eine negative Antwort[1]): „Das Schlechte nämlich ist zum Guten hingeordnet nicht an sich, sondern per accidens, selbst gegen die Intention dessen, an dem es sich findet; nichts aber wird beurteilt nach dem, was ihm accidenteller Weise zukommt, sondern alles wird nach dem beurteilt, was ihm von Natur aus eigen ist".

Aber wie diese begrifflichen Mängel einerseits aus dem damaligen Stande der philosophischen und theologischen Speculation eigentlich naturgemäss sich ergeben, so ist andererseits auch nicht zu übersehen, dass sie im grunde sich nicht auf principielle Wahrheiten erstrecken, sondern nur auf den aposteriorischen Erklärungsversuch eines Satzes, der schon aus apriorischen Gründen in überzeugender Weise nachgewiesen worden war. Schon der Begriff Gottes als der Erst- und Allursache hatte nämlich dem Viktoriner gezeigt, dass nichts gegen, nichts ausser, nichts ohne den absoluten, göttlichen Willen geschehen könne, wie er auch als die absolute Güte und der Urquell alles Guten weder im Sein noch im Wirken einem physischen oder moralischen Defekte unterliegen kann. Anstatt aber hieraus die Folgerung zu ziehen, das, was Gott thut, müsse schon deshalb, weil er es thut, im absoluten Sinne gut sein, betrachtet er das Wirken Gottes in dieser Welt mehr vom Standpunkte der secundären Ursachen aus und kommt zu dem umgekehrten Resultate: dass Gott auf grund seiner Güte unter verschiedenen von aussen sich ihm darbietenden Möglichkeiten jene wählen müsse, die verhältnismässig das grösste Gut in sich begreife. Es wäre also hier eine deutlichere Unterscheidung von theocentrischer und anthropocentrischer Weltbetrachtung notwendig gewesen, von welch letzterer aus es eine Disharmonie, einen Gegensatz, einen Widerspruch, ein Übel überhaupt nur geben kann.[2]) — Aber diese Notwendigkeit hat der Viktoriner bereits selbst gefühlt und ihr principiell auch Rechnung getragen, indem er zum erstenmale den absolut guten und absolut wirksamen göttlichen Wil-

---

[1]) S. Thom. S. theol. I. q. 19. a. 9. ad 1.
[2]) Cf. S. Thomas, S. th. I. q. 49 a 3!

lensakt, das göttliche Beneplacitum, unterschied von seinen relativen Erscheinungsformen im Reiche der Secundärursachen, von seinen Zeichen.

Zwei dieser Willenszeichen haben wir bereits kennen gelernt: Thätigkeit und Zulassung. Sie sind dem Viktoriner der adäquate zeitliche Ausdruck dessen, was von Ewigkeit im göttlichen Willen beschlossen war, und der göttliche Wille verhält sich zu ihnen ähnlich wie der Gedanke zum Worte, wie die innere Gesinnung zur entsprechenden äusseren That. „Wenn also Gott etwas Gutes thut oder etwas Böses zulässt, so zeigt sich uns sein diesbezüglicher Willensakt, der jedoch nicht erst mit dem Eintreten des Ereignisses beginnt, da er ewig ist, sondern nur sich äusserlich kundgibt, nachdem er früher verborgen war."[1]

Diesen seinen verborgenen Willen aber, den die Naturkräfte unbewusst vollbringen, musste Gott den vernünftigen Geschöpfen in einem gewissen Sinne schon zum voraus offenbaren, da sie als freie secundäre Ursachen von ihm die Richtschnur ihres Thuns erhalten mussten; so hat er in der That im Sittengesetz ihnen die Regel ihrer Freiheit gegeben, indem er sie verpflichtete, unter stetem Kampfe gegen die geschöpflichen Mängel, der reinen Vollkommenheit ihres unerschaffenen Urgrundes und Endzieles zuzustreben. Auch dies ist also eine göttliche Willensäusserung und zerfällt wie die erwähnte in eine positive und negative, Gebot und Verbot; aber von jener unterscheidet sie sich sowohl durch eine **beschränktere Ausdehnung** als auch durch eine **beschränktere Gewissheit**.[2] Während nämlich Thätigkeit und Zulassung auf alle Dinge und Ereignisse der Welt sich erstrecken, wenden sich Gebot und Verbot nur an die **vernünftige Natur**, „weil sie allein, eben vermöge der ihr eingepflanzten Vernunft, für beides empfänglich

---

[1] De Sacr. l. c. c. 7 pag. 236: non incipit tunc cum illo, quod fit, voluntas eius, quae aeterna est, sed ostenditur ex illo, quando fit, quae occulta est.

[2] Ib. c. 10 pag. 237: Non enim sicut operatio eius et permissio eius per omnia tenduntur, quia sine illis non fit aliquid, sic et praeceptum eius et prohibitio eius; sed ad rationalem creaturam diriguntur hic (?) duo tantum quae sola capax est praecepti et prohibitionis cauta secundum insitam rationem ad utrumque.

ist; und während erstere Art von göttlichen Willenszeichen das ewige Beneplacitum sicher und wahrhaft angeben, machen letztere uns noch nicht durchaus sicher über das, was im ewigen Beneplacitum enthalten ist, bis es nämlich durch die Thätigkeit oder Zulassung thatsächlich gezeigt wird, bis der Effekt es zur Evidenz bringt."

Wenn nun aber Gottes ewiger Willensakt und sein zeitliches Gebot nicht immer miteinander identisch sind, so scheint es entweder, dass Gott etwas anderes wolle als er vorschreibt, also die Menschen betreffs seines Willens, den sie doch zu erfüllen haben, im Irrtum lasse, oder aber, und das ist scheinbar die einzig mögliche Alternative, als sei Gott nicht allmächtig, als vermöge er, was er will, nicht immer auszuführen.[1]) Aber wie soll der Mensch, der doch in seinem ganzen Sein und Wirken von der Erstursache abhängt, wie soll er imstande sein, sich ernstlich und erfolgreich jenem absoluten Willen entgegenzusetzen, in dessen Kraft er allein besteht? „Was also geschehen ist, geschah mit seinem Willen; denn Gott konnte weder gezwungen werden, gegen seinen Willen zu handeln, noch auch etwas zuzugeben ohne seinen Willen."[2])

Will also Gott nicht, was er gebietet, oder will er, was er verbietet, will er das Böse? Einen solchen Ausdruck weist Hugo schon deshalb zurück, weil er dem „frommen Gefühl" widerstreitet. Denn „wenn man sagt: Gott will das Böse, so versteht man darunter nach dem gewöhnlichen Sprachgebrauche: Gott will das Böse, weil der Gute das Böse liebt, weil er billigt, was verkehrt ist und die Schlechtigkeit als etwas Befreundetes ansieht und darüber sich freut als über sein Ebenbild, kurz, weil er für gut hält was böse ist; und deshalb weist ein frommes Gemüt solche Ausdrucksweise zurück, nicht weil, was gesagt wird, nicht gut gesagt wird, sondern weil, was gut gesagt wird, nicht gut verstanden wird."[1])

---

[1]) Ib. c. 11. pag. 238: Quid ergo consequitur ad haec nisi vel noluisse id quod praecipit, vel non potuisse, quod voluit.

[1]) Ib. pag. 239.

[2]) De Sacr. l. c. c. 12 pag. 239: Videtur enim hoc solum dici, cum dicitur: Deus vult malum, quia bonus malum diligit et approbat quod pravum est et amicam sibi reputat iniquitatem et gaudet quasi de consimili et bonum

Um aber zu diesem guten und richtigen Verständnis zu gelangen, muss man nach dem Viktoriner unterscheiden zwischen dem göttlichen Liebewillen und dem göttlichen Thatwillen, eine Unterscheidung, die so ziemlich mit der später gebräuchlichen einer voluntas antecedens und consequens identisch ist. Man kann nämlich auch von unserer anthropomorphen, gewöhnlichen Auffassung aus recht wohl allgemein sagen: Gott will das Gute und will nicht das Böse, insofern nämlich Gott das Gute, das er vorschreibt als übereinstimmend mit seiner eigenen, wesenhaften Güte erkennt und deshalb liebt, approbiert, von den Menschen ausgeführt wissen will und es denen, die dasselbe üben, lohnt, während er das Böse, das mit seinem Wesen im Widerspruche steht, in sich nicht liebt und an und für sich auch nicht wünscht, sondern verwirft, zurückweist, verbietet, bestraft.[1]) Indem aber Gott so den Menschen das Gesetz und die Richtschnur gibt, nach welcher sie in ihrer Weise freithätig zur Vereinigung und zur Gleichförmigkeit mit dem wesenhaften Gute gelangen können, wusste er zugleich vermöge seiner zeitlich räumlichen Allgegenwart voraus, inwieweit die Geschöpfe seinem allgütigen Heilswillen entsprechen würden, und indem er die von ihm gewollte geschöpfliche Freiheit mit ihrer naturgemässen Defectibilität in seinen Weltplan aufnahm, liess er um des allgemeinen Gutes der menschlichen Freiheit willen die wenn auch noch so häufigen, doch immer nur particulären Fälle des Missbrauches dieser Freiheit zu, die also nicht ausserhalb der göttlichen Weltordnung oder gar in Gegensatz zu derselben stehen, sondern vielmehr bei Festsetzung derselben in Berechnung gezogen sind und in ihrer Weise ihr dienen müssen.[2])

Aber wenngleich nun Gott mit seinem freien, ewigen Weltplane auch die Existenz der in denselben aufgenommenen phy-

---

putat, quod malum est; et ideo refutat hoc mens pia non quia, quod dicitur. non bene dicitur, sed quia, quod bene dicitur, non bene intelligitur.

[1]) De Sacr. l. c. pag. 240: Et ideo voluit bonum, quod praecepit et non voluit malum, quod permisit, quia suum sui bonum et de suo, et amicum sibi et de suo: et dilexit suum et approbavit et concupivit ad se et amavit in se desiderio aeterno etc.

[2]) Ib. c. 10 pag. 238: Praeceptum autem et prohibitio innuunt tantum, quod ita est in voluntate jubentis ut fiat, sive non fiat. Et demonstrationem faciunt. quod justum est et pium non aliud credere illum cui fit, etiam si aliud est in illo, a quo fit.

sischen und ethischen Defekte vorausweiss und -will, so ist es doch ganz unvereinbar mit dem Begriffe eines von Gott gegebenen Gesetzes, dass es etwas in sich Schlechtes vorschreiben könnte. „Denn jedes Gebot oder Verbot wird gegeben entweder wegen dessen, dem es gegeben wird, oder wegen dessen, der es gibt, oder wegen eines anderen, für den es gegeben wird.[1]) — Aber wie sollte Gott seinetwegen, d. i. zu seinem Nutzen etwas vorschreiben, da er doch eines Zuwachses nicht bedarf, noch durch ein fremdes Gut unterstützt werden kann, er, die absolute Güte, bei welchem eine Mehrung der Vollkommenheit schlechthin unmöglich ist?"[2]) Ebensowenig kann auch zu gunsten eines Dritten ein göttliches Gesetz gegeben sein, da ja alle Menschen durch dasselbe verpflichtet sind, also niemand den Nutzen desselben für sich allein beanspruchen kann. Gott hat also sein Gebot zu gunsten dessen gegeben, dem er es gab, und da überdies der gute Gott seinem Geschöpfe nicht Urheber des Bösen sein kann, ja da er überhaupt das Böse in sich niemals wollen kann, so „schreibt er dem Menschen nur vor, was ihm gut ist, so dass wie seine Erschaffung ohne Fehl war, so auch seine Erziehung und Anleitung rein und lauter ist."[3])

Daraus ergibt sich von selbst die Schuld und Verantwortlichkeit des Sünders; er frevelt nicht nur gegen sich selbst, indem er das seiner Natur entsprechende und vom Herrn der Natur ihm bestimmte Gut schnöde abweist, sondern auch gegen Gott, indem er die innige Verbindung, in welcher er zu ihm steht als sein Geschöpf und Unterthan, soviel an ihm liegt, freiwillig zerstört, indem er seine Lebensaufgabe der sittlichen Vereinigung mit dem höchsten Gute, die ihm vom Schöpfer als erhabenes Vorrecht, aber auch als ernste Pflicht gestellt ist, nicht nur nicht erfüllt, sondern auch direkt unmöglich macht, „indem er liebt und annimmt, was Gott nicht liebt, was er hasst und

---

[1]) De Sacr. l. c. c. 16 pag. 241: Omne enim praeceptum vel prohibitio aut propter ipsum fit, cui fit; aut propter ipsum, a quo fit; aut propter alium pro quo fit.

[2]) Ib. c. 21 pag. 243.

[3]) Ib. c. 22 pag. 243: Quoniam igitur Creator nulli creaturae suae auctor mali esse potest, hoc solum illi praecipere habet, quod bonum est illi, ut sincera sit eius instructio, quemadmodum conditio incorrupta fuit. Cf. S. Sent. tract. l. c. 13 pag. 67; cf. Petr. Lomb. Sent. 1. dist. 47, 3.

verabscheut."¹) Aber dieser Gegensatz besteht lediglich im schlechten Willen des Sünders, seine schlechte That vermag die Absichten des Ewigen nicht zu durchkreuzen, eine Wahrheit, die Hugo, wie auch später P. Lombardus durch das Beispiel des Kreuzesopfers Christi zu erläutern sucht.²) Obgleich hier die Juden in ihrer Bosheit und hartnäckigen Verblendung den Frevel des Gottesmordes auf sich luden, haben sie gerade dadurch, wenn auch gegen ihren Willen, dem göttlichen Heilsplane dienen müssen. So tritt überhaupt infolge des scheinbaren, geschöpflichen Widerstandes die Offenbarung Gottes als des Allheiligen und Gerechten deutlicher hervor: „Der Wille Gottes wird immer erfüllt", so spricht Hugo mit dem hl. Augustin, „wenn nicht von uns, dann an uns"³); und wenn auch der schlechte Wille, durch den der Sünder etwas anderes will als Gott, schuldbar ist, so bleibt doch gut und gerecht die göttliche Fügung (facultas, occulta dispositio), wonach auch die schlechte That dem Guten dienen muss.⁴)

Wir sehen also, der Viktoriner hat den schwierigen Versuch der Theodicée mit ebensoviel Geist als Herz, mit ebensoviel speculativer Gründlichkeit als praktischem Fernblicke und im allgemeinen auch nicht erfolglos durchgeführt. Seine Darlegungen, in ihren Gedanken vielfach vom hl. Augustin, der auch öfters citiert wird, abhängig, sind der Hauptsache nach Muster geworden für die Behandlung dieses Gegenstandes in der späteren Theologie. Dies geht schon daraus hervor, dass die von Hugo eingeführte Unterscheidung zwischen dem absoluten, ewigen Willensakte, dem göttlichen Beneplacitum, und den in der Zeit sich offenbarenden Zeichen desselben von nun an in den Gesamtschatz der Dogmatik übergegangen ist: auch

---

¹) De Sacr. l. c. c. 15, 240: Voluntate sua mali judicantur, quia Dei voluntati contrarii sunt; non quidem voluntati eius resistendo, ut fiat, quod non vult, quia non possunt, sed resistere volendo, quia mali sunt; et ipsa mala voluntas culpa est, qua aliud volunt, facultas autem justa, qua aliud non possunt.

²) S. Sent. I, 13 col. 66.

³) Ibidem.

⁴) De Sacr. l. c.: Non sua voluntate (mali) ad implendam Dei voluntatem diriguntur, sed occulta ipsius dispositione, qua aliud non possunt, ad implendam voluntatem eius conducuntur.

P. Lombardus legt, gerade so gut als Hugo, diese Unterscheidung seiner Darstellung des göttlichen Willens zu grunde.¹)

Aber wie klar auch der Viktoriner den unwandelbaren, unabhängigen, ewigen Willen Gottes in der Theorie von seinen wechselnden, zeitlichen Erscheinungsformen unterschieden hat, so müssen wir doch zugeben, dass er bei der praktischen Durchführung seiner Theodicée diesen Unterschied nicht mit derjenigen Konsequenz festhielt, welche allein ihn zu einem einigermassen befriedigenden Resultate in dieser Frage hätte führen können. Hugo verkennt nicht, dass die erste und entscheidende Ursächlichkeit für alle Thatsachen dieser Welt und deshalb auch für das Böse, insofern es eine Thatsache ist, im allumfassenden und allwirksamen Willen des Schöpfers zu suchen ist;²) ebensowenig verkennt er, dass die absolute Güte und Heiligkeit des christlichen Gottesbegriffes eine sichere Bürgschaft bieten für den endgiltigen Triumph des Guten in der ganzen Schöpfung, und gerade deshalb betont er so nachdrücklich, dass der gesamte Weltenlauf trotz des Eingreifens so vieler böser und unheiliger Kräfte dennoch ein guter zu nennen sei.³) Aber anstatt diesen seinen hohen Gottesbegriff über die thatsächliche Weltentwicklung zu stellen und in dieser nur die Spuren der freien Güte Gottes zu verfolgen, zieht er umgekehrt bei seiner Theodicée den absoluten Gott in die bedingte Weltentwicklung herab, indem er ihm eine notwendige Rücksichtnahme auf eine möglichst allseitige Verwirklichung des Guten in der Schöpfung imputiert. Im Interesse des Gesamtgutes fordert Hugo die Notwendigkeit der particulären Übel, während die Theodicée nur die Vereinbarkeit derselben mit der Idee des absolut guten Gottes verlangt. Indem er also zuviel beweisen will, beweist er zu wenig; er kommt in Widerspruch mit der göttlichen Willensfreiheit, und gerät wider seine Absicht in den Optimismus, den er an anderen Stellen so entschieden bekämpft. Nur vom Standpunkte des Optimismus aus lässt sich die entscheidende Erklärung verstehen, welche

---

¹) P. Lomb. Sent. I. dist. 45—48. Der Lombarde fügt den von Hugo erwähnten Zeichen ein weiteres, den Rat (consilium) hinzu.

²) De Sacr. I, 4 c. 1: Prima rerum omnium causa est voluntas Creatoris.

³) De Sacr. I, 4 c. 6, 236: Voluit, ut esset totum, quia bonum fuit, ut esset totum.

Hugo auf die Frage der Theodicée: „Warum das Böse?" immer wieder gibt: „Ein grösseres Gut war es, dass Gutes aus dem Guten und Bösen entstehe, als aus dem Guten allein."[1]) — „Ein grösseres Gut ist die Existenz dessen, was gut ist für einen anderen, wenn es auch an sich nicht gut ist, als die Existenz dessen, was nur für sich, nicht aber für einen anderen gut ist."[2]) — „Weil es ein grösseres Gut ist, was dem Ganzen, als was nur dem Teile nützt, und weil das Übel eines einzelnen Teiles kleiner ist als das des Ganzen, deshalb will Gott nicht, was gut ist für den Einzelnen und nicht für die Gesamtheit, sondern er will das Sein dessen, was schlimm ist für den Einzelnen und gut für die Gesamtheit, damit das Gut des Universums nicht gehindert werde."[3]) — „Nicht darf in Anbetracht eines geringeren Gutes ein grösseres Gut gehindert werden von dem, welcher der Beste ist.[4])

Zwar könnte man zur Erklärung dieser und ähnlicher Stellen annehmen, Hugo habe hier stillschweigend supponiert, was er an anderen Stellen so oft ausspricht, dass Gott mit absoluter Freiheit das Dasein gerade der gegenwärtigen Welt gewollt habe und nun in Folge der Unwandelbarkeit seines Willensaktes gewissermassen genötigt sei, auch alle Übel die mit dem Dasein dieser Welt verbunden sind, zuzulassen; aber auch diese präsumierte Unterscheidung einer Voluntas simplex und ordinata würde der Hoheit des Gottesbegriffes nicht durchaus entsprechen, da „Gott kein idealer Gegenstand als Zweck näher steht als die Mittel, da Gott nicht Zwecke wählt und um ihretwillen in einem begrifflichen Später die Mittel, sondern den Zusammenhang dieses Zweckes mit diesen Mitteln, das Ganze als solches."[5])

Können wir also nicht leugnen, dass Hugo bei seiner Theodicée nach Inhalt und Ausdruck der absoluten göttlichen

---

[1]) L. c. Fuit majus bonum esse bonum ex bono et malo quam ex solo bono.

[2]) De Sacr. l. c. c. 20, 242.

[3]) S. Sent. I, 13, 67.

[4]) De Sacr. l. c. c. 23, 243: Non debet in compensatione minoris boni impediri, quod majus est bonum, ab illo, qui optimus est.

[5]) Schell, Kath. Dogmatik, I. Bd. 2. Buch S. 339; vgl. S. Thom. S. theol. I. q. 19 a. 5!

Willensfreiheit nicht durchaus gerecht geworden ist, so müssen wir doch auf der anderen Seite betonen, dass diese Mängel nicht aus falschen Principien hervorgingen, sondern sich als Inconsequenzen darstellen, welche in einem übertriebenen Anschluss an die populäre, anthropomorphe Anschauungweise, vielleicht auch in allzu grosser Conivenz gegen die Abälard'sche Einseitigkeit ihre Erklärung finden. Im Principe hat der Viktoriner die echt wissenschaftliche und kirchliche Lehre über Gottes Willensfreiheit wohl gekannt und in überzeugter Weise festgehalten; dies haben wir bereits aus Hugos allgemeinen Bestimmungen über den göttlichen Willen ersehen, und wir werden es neuerdings bestätigt finden, wenn wir uns seine Anschauung über das Verhältnis des Willens Gottes zu seiner **Macht** eingehender vorführen.

§ 3.
Hugos Lehre von der göttlichen Macht. Verhältnis derselben zum göttlichen Erkennen und Wollen. Gott und Welt.

Als die dritte Primordialursache ist dem Viktoriner die göttliche Macht das ausführende Princip dessen, was der Wille angeregt oder bestimmt und die Weisheit geordnet hat.[1] Mit Recht bildet also diese Eigenschaft den Übergang zur Kosmologie, da sie der unmittelbare Grund des Daseins und Bestehens der gesamten Schöpfung ist. Doch wie alle äussere Offenbarung Gottes nur ein schwaches Bild und Gleichnis seines unerschöpflichen inneren Lebens ist, so deuten auch die Wirkungen der göttlichen Macht nach aussen nur unvollkommen und ahnungsweise den bedingungslosen, ewigen Selbststand dessen an, der aus eigener Kraft- und Lebensfülle ist, war und sein wird.

Wie deshalb der Viktoriner in seinen Gottesbeweisen vor allem auf grund der Unselbstständigkeit, der Bedingtheit, der Abhängigkeit des Universums den selbstmächtigen, aus und durch sich bestehenden Urheber alles Seins erschlossen hat, so erscheint ihm auch das ganze Wesen dieses Schöpfergeistes in seiner unauflöslichen Einheit und allumfassenden Vollkommenheit

---

[1] De Sacr. l. I. prs. II. c. 6. pag. 208; lb. c. 22 pag. 216: Voluntas movet, sapientia disponit, potentia explicat.

hauptsächlich unter der Signatur der Macht.¹) Denn „magst du Gott unermesslich nennen oder unzerstörbar, ewig oder unveränderlich, stark oder unüberwindlich, so sind das alles nur Zeichen seiner Macht. Dementsprechend wurde auch in der göttlichen Trinität jener Person, aus welcher die übrigen als aus ihrem Principe hervorgehen, vor allem das Attribut der Selbstständigkeit, der Lebenskraft, der Macht zugeschrieben. Und wenn hier diese Eigenschaft als der Abschluss der ganzen Gotteslehre erscheint, so werden wir leicht in derselben gewissermassen eine Zusammenfassung der ganzen göttlichen Vollkommenheit entdecken und zugleich im Hinblicke auf die folgende Schöpfungslehre durch die formelle Hervorhebung der absoluten göttlichen Selbstmacht, welche den zeitlichen Werken Gottes gegenüber sich als Allmacht documentiert, die völlige Freiheit des Schöpfers von jeder geschöpflichen Schranke und jeder geschöpflichen Unvollkommenheit von vorn herein gewahrt und begründet finden.

Diesen doppelten Gesichtspunkt der unbegrenzten Schaffungskraft und der vollendeten Leidensunfähigkeit betont denn in der That Hugo schon bei der Definition dieser göttlichen Eigenschaft: „Die Macht“, so sagt er, „ist eine zweifache, einerseits etwas zu thun, anderseits nichts zu leiden. Nach beiden Beziehungen hin wird Gott im wahrsten und eigentlichen Sinne allmächtig genannt; denn es gibt nichts, was ihm zum Leiden Verderbnis bringen und nichts, was im Thun ihm ein Hindernis bereiten könnte; alles nämlich kann er thun, ausser einzig, was ohne Verletzung seines Wesens nicht geschehen kann“.

Zu diesen für Gott unmöglichen Dingen aber gehören abgesehen von dem, was einen begrifflichen Widerspruch in sich schliesst, vor allem alle physischen und moralischen Defekte.

---

¹) Ib. c. 6 pag. 208: Si immensum nominas, si incorruptum dicis, si aeternum, si incommutabilem et quaecunque horum similia, totum hoc potestatis est. Cf. Ib. prs. III. c. 29 p. 231; S. Sent. l. c. c. 10 p. 57. De Sacr. l. I, prs. II. c. 22 pag. 214; vgl. hiezu die fast wörtlich übereinstimmende Stelle des Lombarden: Sent. l. I. dist. 42, 5: Omnipotentia Dei secundum duo apparet, scilicet quod omnia facit, quae vult et nihil omnino patitur; secundum utrumque Dei omnipotentia verissime praedicatur, quia nec aliquid est, quod ei ad patiendum corruptionem inferre valeat nec aliquid ad faciendum impedimentum afferre. Ueberhaupt folgt P. Lombardus in seiner ganzen Darstellung der göttlichen Allmacht unverkennbar Hugos Spuren.

Gott kann also z. B. nicht leiden, nicht sterben, nicht ins Unglück geraten, nicht getäuscht, nicht besiegt werden; überhaupt kann er nichts Böses und besonders nicht sündigen; denn das alles ist ja nicht so fast Gegenstand der Kraft als Gegenstand der Schwäche, „es ist nichts von allem"[1]). — Ebenso werden auch die relativ, geschöpflich guten Arten der Bethätigung, wie z. B. „gehen" von Gott nicht im eigentlichen, sondern nur in einem übertragenen, höheren Sinne ausgesagt, nämlich als dem absoluten Urheber dieser relativen Vollkommenheiten. „Wenn man nämlich von unseren rein menschlichen Akten aus einen Einwand erheben will, so kann man sagen, dass sie zur Allmacht Gottes in Beziehung stehen, wenn gleich er sie in sich nicht haben kann; denn er kann zwar z. B. nicht gehen, aber er kann machen, dass wir gehen."[2]) — Jeder Mangel, jede, wenn auch nur relative Unvollkommenheit, ist also von der göttlichen Macht ausgeschlossen: „alles kann Gott, was zu können Macht ist; und deshalb ist er in Wahrheit omnipotent, weil er impotent nie sein kann."[3])

Von dieser einfachen, klaren, naturgemässen Bestimmung der göttlichen Allmacht aus wendet sich der Viktoriner mit einem bei ihm ganz ungewöhnlichen Unwillen gegen einige „Grübler, die erfolglos sich mit Hirngespinsten mühen, aufgeblasene Menschen, welche sich unterstehen, die Werke Gottes mit der Vernunft zu bekriteln und seine Macht in Schranken einzuengen. Indem sie nämlich sagen: Soweit geht sein Können und nicht weiter; was heisst das anderes als seine Macht, die unendlich ist, auf ein bestimmtes Mass beschränken und einschliessen? Sie sagen nämlich; Gott kann nicht anders thun als er thut, und er kann nicht Besseres thun als er thut."[4])

Dass der Viktoriner mit diesen scharfen, aber nicht unberechtigten Auslassungen sich hier gegen Abälard und seine An-

---

[1]) S. Sent. tract. I. c. 14 pag. 68.

[2]) Ib. non potest ambulare, et tamen potest facere, ut ambuletur.

[3]) De Sacr. l. I. prs. II. c. 22 pag. 214: Ideo vere omnipotens est, quia impotens esse non potest. Cf. S. Anselm. Proslog. c. 7. Migne 158 p. 230: Ergo, Domine Deus, inde verius es omnipotens, quia nihil potes per impotentiam et nihil potes contra te ... P. Lomb. l. c. dist. 42, 3.

[4]) De Sacr. l. c. Eant ergo nunc et de suo sensu glorientur, qui opera divina ratione se putant discutere et eius potentiam sub mensura coarctare ... Cf. Ib. p. 215.

hänger wendet, lässt sich schon daraus vermuten, dass er die Gegner eines übertriebenen, excessiven Rationalismus beschuldigt. In der That wurde dem stolzen Dialektiker auf dem Concil von Sens neben anderen Irrtümern auch dieser zur Last gelegt, „dass Gott nur das thun oder lassen könne, was er thun oder lassen will, und zwar nur in der Weise und zu der Zeit, wie er es thut und nicht anders."[1])

Aus den uns noch erhaltenen Werken Abälards ersehen wir auch den hauptsächlichsten Grund, mit dem er seinen Irrtum zu stützen suchte, es ist die Annahme, Gott, der absolut Gute, müsse stets das Beste thun; denn „wenn das, was Gott unterliess, in gleicher Weise ein Gut wäre wie das, was er that, so würde es keinen vernünftigen Grund geben, warum er dieses unterliess und jenes wählte."[2]) Daraus aber folgt notwendig, dass Gott nichts Besseres, ja überhaupt nichts anderes thun kann als er thut,[3]) dass also sein Wille gerade soweit sich erstreckt als seine Macht, und dass er, was er thut, mit Notwendigkeit vollbringt.[4])

Diese für den Gottesbegriff verhängnisvollen Behauptungen welche mit ihrer oberflächlichen und einseitigen Begründung zu Hugos Zeit augenscheinlich viel Aufsehen erregten und auch zahlreiche Anhänger fanden, weist der Viktoriner nicht nur in seinen beiden theologischen Hauptwerken eingehend zurück, sondern er hat auch die Frage nach dem Verhältnisse, in welchem die Macht Gottes zu seinem Willen stehe, zum Gegenstande einer eigenen, kurzen aber geistreichen Abhandlung gemacht.[5])

Gegenüber dem Grundirrtum der Abälard'schen Speculation, dass Gott vermöge seiner absoluten Güte genötigt oder wenig-

---

[1]) C. C. Abael. a Conc. Senonensi ... damnata: cap. 7: Quod ea solummodo possit Deus facere vel dimittere, vel eo modo tantum vel eo tempore, quo facit et non alio. Denzinger, Enchiridion 5. Aufl. S. 118.

[2]) Abael. Theol. christ. lib. 5. Migne 178. pag. 1324: Si aeque illud bonum, esset, quod dimisit facere, nulla profecto ratio fuit, cur illud dimitteret atque istud eligeret. Cf. Introd. ad theol l. 3 c. 5. p. 1114.

[3]) Introd. ad theol. l. 3. c. 5 pag. 1115: Ergo, ubi non est velle, deest posse. Deus quippe sicut immutabilis naturae, ita immutabilis est voluntatis.

[4]) Theol. christ. lib. 5. pag. 1330: Necessario itaque Deus mundum esse voluit ac fecit.

[5]) De voluntate et potestate Dei, utra major sit. Migne 276 pag. 839—42

stens verpflichtet sei, unter verschiedenen Möglichkeiten sich stets für das Beste zu entscheiden, bemerkt der Viktoriner treffend, dass von einer Pflicht überhaupt nur bei einem bedingten, abhängigen, geschöpflichen Geiste die Rede sein könne, weil dieser die Norm seiner Vollendung ausser sich habe und deshalb gehalten sei, das vom Schöpfer ihm gesteckte Ideal der Sittlichkeit und Seligkeit anzustreben. „Gott aber thut nichts infolge irgend einer Verpflichtung, sondern alles einzig aus Güte; nur die Menschen handeln pflichtmässig, weil sie dadurch besser werden, oder schlechter, wofern sie ihre Pflicht nicht thun."[1]) Genau denselben Gedanken führt auch der hl. Thomas zur Verteidigung der göttlichen Wahlfreiheit an, wenn er zwischen primärem und secundärem Objekte des göttlichen Willens unterscheidend, erklärt, Gott wolle zwar seine eigene Güte mit Notwendigkeit, nicht jedoch das, was er wegen seiner Güte will, weil sein unendlich vollkommenes Wesen auch ohne die Existenz anderer Dinge bestehen kann.[2]) Wenn also Gott durch die Schöpfung sich offenbart, so thut er dies lediglich aus freiem Willensentschlusse. An sich hätte er die Möglichkeit, sowohl auf die Weltschöpfung zu verzichten, als auch unzählige andere Welten hervorzubringen.[3])

Aber gerade darin, dass die Verteidiger der absoluten Willensfreiheit Gottes die göttliche Macht an sich unbeschränkt und unbestimmt, den göttlichen Willen dagegen auf ganz bestimmte Objekte determiniert annahmen, gerade darin erblickten die Gegner neue Einwände gegen Gottes bedingungslose Macht. „Wenn nämlich Gott mehr kann als er will, so erscheint seine Macht grösser als sein Wille. Wie aber ist er dann einfach, und ganz das, was er ist, wenn es bei ihm den Unterschied

---

[1]) S. Sent. tract. I. c. 14 pag. 69: nihil ipse ex debito, sed sola bonitate facit; homines ex debito faciunt, quia meliores inde fiunt, vel deteriores, si non faciunt.

[2]) S. Thom. S. theol. I. q. 19 a 3 ad 2: Licet Deus ex necessitate velit bonitatem suam, non tamen ex necessitate vult ea, quae vult propter bonitatem suam, quia bonitas eius potest esse sine aliis.

[3]) Institutiones in Decalogum c. 4. M. 176 pag. 16: Omnipotens Deus, qui nullo indiget, quia ipse summum et verum bonum est, qui nec de alieno accipere potest quo crescat, quoniam ex ipso sunt omnia, nec de suo amittere, quo decidat, quoniam in ipso immutabiliter consistunt universa, ipse rationalem spiritum creavit sola caritate, nulla necessitate, ut eum suae beatitudinis participem faceret.

von Grösser und Geringer gibt?" Diese Disharmonie sei nur dann beseitigt, wenn man annehme, Gott könne nur, was er wolle, und wolle nur, was er könne, Macht und Wille Gottes aber erstrecke sich gerade soweit als sein thatsächliches Wirken, als die bestehende Welt.[1])

Dieser Folgerung stimmt jedoch der Viktoriner schon deshalb nicht bei, weil „wenn Gott nichts anderes und nichts anders machen könnte als was er thut, er durch das Gesetz seiner Werke gebunden und von der Rücksicht auf diese beherrscht sei."[2]) Übrigens bestreitet er die Richtigkeit der Voraussetzungen des Einwandes. „Warum soll denn nach unserer Ansicht die göttliche Macht grösser sein als sein Wille?" — „Weil ihr behauptet, Gott könne mehr als er wolle." — „Nun wohl, wenn man die Macht grösser nennt, weil sie den Willen übersteigt, so möge man auch den Willen grösser nennen, weil er die Macht begrenzt. Aber so wenig die Macht eingeschränkt wird dadurch, dass sie nichts ohne den Willen wirkt, ebensowenig wird dieser von jener überragt dadurch, dass er sich nicht auf alles erstreckt, was im Bereiche derselben liegt."

In dem nämlich, so führt dies Hugo näher aus, in dem was allein Realität hat, im Sein und Wirken, im „Affekt und Effekt", sind beide Eigenschaften vollständig eins. Affektiv sind sie dadurch geeinigt, dass der Wille nicht ohne die Macht und die Macht nicht ohne den Willen ist. Ohne den Willen wäre die Macht, wenn Gott einmal eine Kraft, eine Fähigkeit hätte, die er nicht haben wollte, und ohne die Macht wäre der Wille, wenn er einmal etwas wollte nicht in Kraft, sondern aus Schwäche. Weil also seine Macht stets eine gewollte ist und sein Wille machtvoll, deshalb sind beide Eigenschaften im gött-

---

[1]) De Potest. et Volunt. Dei. M. 176 pag. 839: Si idem illi est et posse et velle, quidquid vult potest, et quidquid potest vult. Vult autem omne, quod facit etc.

[2]) Sed si hoc recipitur quod Deus aliud vel aliter nihil facere possit quam facit, necessitate operatur omnia, et alligatur atque constringitur lege operum suorum, ut dominetur ei conditio operis sui; sed hoc nefas est confiteri. . . . Videte, quid dicunt: Major, inquiunt, secundum vos potestas Dei est quam voluntas eius. Quare? Quia dicitis Deum plus posse quam velle. Intendite. Si idcirco major dici debet potestas Dei quam voluntas eius, quia multa facere potest, quae facere non vult: ergo et voluntas major esse dicatur quam potestas, quia multa, quae facere potest, non facit, quia facere non vult.

lichen Wesen unzertrennlich verbunden[1]). — Ebenso sind aber auch an der Thätigkeit Gottes nach aussen beide Eigenschaften in gleicher Weise beteiligt. „Was nämlich Gott mit seinem Willen thut, das thut er auch mit seiner Macht; und wiederum was er mit seiner Macht thut, das thut er auch mit seinem Willen . . . . In jedem Werke also bethätigt Gott sowohl seinen Willen als auch seine Macht, und nicht trennt sich im Werke, was im Wirkenden vereinigt ist." [2])

Wenn wir aber nun doch einen Unterschied der beiden Eigenschaften bezüglich ihrer Wirkungssphären festhalten müssen, so liegt dieser einzig und allein in der subjektiven Beziehung derselben auf angenommene, aussergöttliche Objekte, eine Beziehung, die jedoch im innergöttlichen Wesen keine Verschiedenheit begründen kann. „Weil man nämlich wahrheitsgemäss sagt, dass Gott nicht alles, was er kann, auch thatsächlich wolle — viel nämlich kann er thun, was er nicht thun will, nichts aber will er thun, was er nicht thun kann, — deshalb bezieht seine Macht sich auf Manches, worauf sein Wille sich nicht bezieht; auf alles aber, worauf sich sein Wille bezieht, erstreckt sich auch seine Macht." [3])

Mit dieser klaren, zutreffenden Unterscheidung erledigt sich zugleich auch ein anderer Einwand gegen Gottes unbeschränkte

---

[1]) Ib. pag. 839: Tria sunt, affectus, effectus et respectus. Voluntas ergo et potestas in Deo et affectu et effectu unum sunt, sed respectu ad unum non sunt. Quomodo haec duo in Deo affectu unum sunt? Quia in ipso nec voluntas sine potestate est, nec potestas sine voluntate. Potestas sine voluntate esset, si aliquando haberet potentiam, quam habere nollet. Rursus voluntas sine potestate esset, si aliquando non ex virtute, sed ex infirmitate aliquid vellet. Quia ergo potestas in ipso semper voluntaria est et voluntas potestativa, idcirco nec potestas sine voluntate est, nec voluntas sine potestate.

[2]) De Potest. et Vol. Dei, p. 840: Quidquid Deus voluntate facit. facit et potestate; et rursum quidquid facit potestate, facit et voluntate . . . . Ergo in omni opere suo Deus et voluntatem et potestatem exercet, nec se dividunt in opere. quae dividi non possunt in operante.

[3]) Ib. pag. 840: Sic igitur potestas Dei et voluntas, et affectu in ipso et effectu per ipsum indivisa perseverant, respectu extra ipsum dissimiliter se demonstrant. Quia enim Deus veraciter non omne, quod potest, velle dicitur, quia multa facere potest, quae facere non vult, nihil tamen facere vult, quod facere non potest: ideo ad quaedam respicit potestas eius, ad quae non respicit voluntas eius, ad omnia autem, ad quae respicit voluntas eius, respicit potestas eius.

Macht.[4] „Wenn Gott mehr thun kann als er will, so kann er auch gegen seinen Willen handeln, er kann gezwungen werden zu thun, was er nicht will." Diese Folgerung widerspricht dem oben aufgestellten Grundsatze, dass Gottes Macht und Wille in ihrem Effekt, in ihrem thatsächlichen Wirken stets geeint sind. Angenommen den faktisch unmöglichen Fall, Gott würde etwas thun, was er in seinen bestimmten Willensentschluss nicht aufgenommen hat, so würde daraus nur folgen, dass dieser Willensentschluss ein anderer wäre, „Gott würde dann eben wollen, was er in jenem Falle thun würde, wie er es jetzt, da er nicht will, es auch nicht thut."

Ist sonach die allgemein theologische Frage, ob Gott anders wirken könne, als er thut, im Sinne der absoluten göttlichen Willensfreiheit entschieden, so ist damit auch das andere, mehr für die praktische Weltbetrachtung berechnete Problem principiell erledigt: Kann Gott besser thun, als er thut? Hugos specielle Lösung dieser Frage ist überaus bündig und überzeugend, und kann auch heute noch als mustergiltig betrachtet werden.

„Der Ausdruck: Gott kann besser thun (Deus potest melius facere) ist an sich zweideutig. Soll er bedeuten: Gott kann in besserer Weise, dh. mit grösserer Weisheit wirken als er thut, so ist diese Redeweise falsch; denn Gottes Weisheit kann nicht gemehrt werden; bedeutet er aber: er kann Besseres, dh. ein besseres Ding hervorbringen, so ist er wahr; ... denn wie sollte man denken, das Objekt des göttlichen Willens könnte nicht besser sein? Entweder kann es deswegen nicht besser sein, weil es schon im höchsten Grade gut ist, und dann würde die Creatur dem Schöpfer gleich geachtet, oder es kann deshalb nicht besser sein; weil es, was ihm fehlt, nicht fassen kann; und dann würde es dadurch besser, dass es eines höheren

---

[1] De Potest. et Vol. Dei pag. 840: Sed dicunt: Si Deus aliquid facere potest, quod non vult, aliquid facere potest contra voluntatem suam ... non est omnipotens, qui cogi potest et duci ad id, quod non vult ... Non autem idcirco, quia aliquid facere potest, quod facere non vult, contra voluntatem suam facere potest, quia si id faceret, quod facere potest et non vult, jam illud facere vellet, quod faceret. Ganz die gleiche Lösung setzt Hugo einem analogen Einwand aus der Unfehlbarkeit der göttlichen Präscienz entgegen. De Sacr. l. I. prs. II. c. 22 p. 215.

Gutes fähig gemacht wird; das aber kann der thun der ihm das Sein gab."[1])

Auch dort also, wo der Viktoriner den überzeitlichen Gottesbegriff mit der zeitlichen Erscheinungswelt in Verbindung bringt, weiss er die transscendente Selbstmacht, die unabhängige Selbstbestimmung des höchsten Wesens gegen die Irrtümer eines rationalistischen Anthropomorphismus mit aller Entschiedenheit zu wahren. Weder in Gott, noch ausser Gott findet Hugo einen zwingenden Grund, der den ewigen Urquell alles Seins bestimmt haben könnte, durch die Schöpfung jene Vollkommenheit nach aussen hin erglänzen zu lassen, an deren Besitze sich der Ewige schon vor aller Zeit in unendlicher und darum unvermehrbarer Seligkeit im Denken und Lieben erfreute.[2]) Mit jenem vollendeten Denkakte, mit dem er auch sein wesensgleiches Abbild, die subsistierende Weisheit, das göttliche Wort immerdar zeugt, erkennt er klar die unergründlichen Tiefen seines geheimnisvollen Wesens, sowie alle Arten der teilweisen Nachahmbarkeit dieses absoluten Seins in der Erschaffung bedingter Teilwesen.[3]) Und da seine Macht wie seine Weisheit unendlich ist, so besteht für alle diese Ideen an sich in gleicher Weise die Möglichkeit der Verwirklichung, wenn auch hinwiederum keine einzige derselben verwirklicht zu werden braucht,[4]) da der Schöpfer durch die von ihm hervorgebrachten Weltwesen

---

[1]) S. Sent. tract. I. c. 14 pag. 70: Illa locutio est ambigua: Deus potest melius facere. Si enim ita opponatur, potest melius, i. e. majori sapientia aliquid facere, falsa est, quia non potest augeri sapientia ejus; sed hoc modo vera est: potest melius i. e. rem meliorem facere .... Quaerendum est, qualiter intelligant rem non posse esse meliorem. Sive ideo non potest esse melior, quia summe bona est; quod si esset, creatura suo Creatori aequaretur; sive ideo non potest esse melior, quia majus bonum, quod ei deest, ipsa capere non potest; quod si ita est, potest esse melior, si fiat capax majoris boni, quod ipse qui fecit potest. Wörtlich aufgenommen von P. Lomb. Sent. l. I. dist. 44, 2. Cf. S. Thom. S. th. I. 9. 25 a. 6.

[2]) Causa vero eius (sc. creaturae) alia nulla est nisi ipse, a quo ipsa est. De Sacr. lib. I. prs. II. c. 1 pag. 206.

[3]) Ib. prs. III. c. 20 pag. 225: Verbum intrinsecum et absconditum omnino sciri non posset, nisi per verbum extrinsecum manifestaretur.

[4]) S. Sent. tract. I. c. 14 pag. 68: Patet, quod multa possit Deus, quae non vult.

absolut keinen Zuwachs seiner Vollkommenheit erhalten kann.¹) Allerdings heisst Gott erst seit dem thatsächlichen Bestehen der Welt Herr und Schöpfer;²) aber diese Namen bezeichnen nicht eigentlich das göttliche Wesen selbst, sondern nur die Beziehung aussergöttlicher Dinge zu demselbem. Dass also gerade die gegenwärtige Welt ins Dasein getreten ist, und dass sie gerade so ist, wie wir sie jetzt sehen, das hat durchaus keinen anderen Grund als den freien göttlichen Willensentschluss³).

Aber so gewiss es ist, dass Gott, wenn er schafft, nicht der Notwendigkeit gehorcht oder einem Bedürfnisse seines sich selbst genügenden Wesens nachkommen will, ebenso gewiss ist es, dass auch das zeitliche Wirken Gottes keinen anderen Zweck haben kann als sein ewiges Dasein, nämlich den Bestand und die allseitige Anerkennung des höchsten, des einzig notwendigen Gutes, sei es auch nur, um dieses den Geschöpfen, je nach dem Grade ihrer Empfänglichkeit, mitzuteilen.⁵) Diese Hinordnung auf Gott aber als auf das letzte Ziel, welche durch die göttliche Providenz, Disposition und Prädestination bis in die einzelnen Teile des Universums hinein nach ewigem Plane geleitet wird, ist mittelbar oder unmittelbar, je nach der grösseren oder geringeren Ähnlichkeit des Geschöpfes mit Gott.⁶) Die vernunftlose Natur steht unmittelbar im Dienste des Menschengeistes, und erst dieser soll sie dem letzten Ziele unterordnen, indem er dieselbe als ein Mittel zur Erkenntnis Gottes und zur Verähnlichung mit ihm benützt. Der Mensch aber soll in Gott un-

---

¹) De Sacr. lib. I. prs. II. c. 1. pag. 206: Juvari Deus non potuit per creaturam. Cf. Institut. in Decalog. M. 176 p. 16.

²) S. Sent. tract. 1. c. X. pag. 58: Haec nomina: Dominus, Creator, Miserator ... respectu creaturae competunt Deo temporaliter.

³) De Sacr. lib. I. prs. IV. c. 14 pag. 240: Non factum est, nisi quod voluit, quia sic voluit.

⁴) Ib. prs. II. c. 4 pag. 208. Cf. De Sacr. leg. naturalis et scriptae dialogus: M. 176 pag. 22: Nullo igitur indigens, sed bonum, quod ipse erat, et quo beatus erat, cum aliis participare et alios in illo et per illum beatificare volens, nulla necessitate, sed sola caritate creavit etc. — cf. In hierarch. coel. I, 2. M. 175, 927.

⁵) Si causa mundi homo est, quia propter hominem factus est mundus, et causa hominis Deus est, quia propter Deum factus est homo ... Nam et homo factus est, ut Deo serviret, propter quem factus est, et mundus factus est, ut serviret homini, propter quem factus est. De Sacr. lib. I. prs. II. c. 1 pag. 205.

mittelbar das Ziel seines Daseins erstreben, nicht lohnsüchtig, indem er Gott nur wegen eines anderen Gutes, und wäre es auch die von ihm getrennt gedachte Seligkeit liebt, aber auch nicht in eingebildeter Uneigennützigkeit, die Gott zu lieben vorgibt, ohne ihn zu suchen, während doch das Wesen der wahren Liebe darin besteht, dass man zum geliebten Gegenstande sich hingezogen fühlt, mit ihm vereinigt sein möchte.[1])

Diesen Gedanken, dass die ganze Creatur dem Menschen nur deswegen unterworfen sei, damit er dieselbe zugleich mit sich selbst dem Dienste des höchsten Zieles weihe, finden wir jedoch bei Hugo nicht nur als eine Forderung des praktischen Lebens ausgesprochen, sondern mehr als einmal haben wir im Vorausgehenden diese Forderung auch in der wissenschaftlichen Erfassung des Gottesbegriffes durchgeführt gesehen. Wenn nämlich der Viktoriner, vielleicht zuerst unter den christlichen Theologen, seine Gotteslehre auf einem verhältnismässig umfassenden System natürlicher Gottesbeweise aufbaut, so sehen wir darin nur die praktische Anwendung des von ihm so oft ausgesprochenen Satzes, dass die Offenbarung, das Wort Gottes, nicht nur im Werke der Erlösung, sondern auch im Werke der Schöpfung dem Menschen sich darstelle;[2]) wenn wir ferner so oft bei ihm das Bestreben finden, die speculativen Wahrheiten der göttlichen Seinsvollkommenheiten insbesondere auch in ihrer Bedeutung für das ethisch-praktische Leben darzustellen, so begegnen wir eben auch hier im Reiche der Speculation, dem grossen, erwärmenden und belebenden Gedanken echter, christlicher Mystik, dass jede Wahrheit, die uns Gott enthüllt, für uns nur eine Mahnung ist zum Streben nach dem Urquell

---

[1]) „Die Ansicht, dass die Liebe durch Abtrennung von der Hoffnung zu reinigen und zu ihrer Vollkommenheit zu bringen sei, wurde zuerst im Mittelalter von Einigen vorgebracht, welche Hugo von S. Viktor widerlegt." H. Klee: Lehrb. der Dogmengesch. Mainz 1838 II. Bd. pag. 75. — Der Viktoriner wendet sich auch hier wieder gegen Abälard, der (ähnlich wie in unseren Tagen die Eiferer für die „reine Sittlichkeit") im Streben nach den ewigen Gütern einen „unsittlichen Eigennutz" finden wollte. S. Hist. litt. de la France XII. pag. 116. Wundervoll weist Hugo diese Ansicht zurück: De Sacr. lib. II. prs. XIII. c. 8. Migne 176 pag. 534/35: ... Cum enim diligis Deum tuum, diligis bonum tuum; .. et cum diligis bonum tuum, diligis teipsum.

[2]) De Sacr. lib. I. prs. III. c. 20 pag. 225; In Hierarch. coel. Migne 175 pag. 926: Duo enim simulacra erant proposita homini, in quibus invisibilia videre potuisset: unum naturae, et unum gratiae.

ewiger Wahrheit, dass jedes Gut, welches er uns zeigt, uns nur mit Liebe zum höchsten Gute, unserem erhabenen Endziele, entflammen soll. In wundervoller Weise bestätigt dies der Viktoriner am Schlusse seines Didascalicon nach einer längeren Erörterung über Gottes einfaches und dreipersönliches Leben. Die herrliche Lehre, die er hier an die Betrachtung der göttlichen Vollkommenheiten knüpft, möge auch den Schluss dieser bescheidenen Darstellung seiner Gotteslehre bilden:

„Nachdem wir hier nach den von Gott uns verliehenen Fähigkeiten vom Sichtbaren zur Erkenntnis des Unsichtbaren durchgedrungen sind, so kehre unsere Seele nun wieder zu sich selbst zurück und erwäge, welcher Nutzen ihr aus dieser Erkenntnis fliesse! Denn was hilft es uns, die Hoheit der göttlichen Majestät zu erkennen, wenn wir daraus keinen Nutzen ziehen? Doch was können wir wohl aus der Betrachtung göttlicher Geheimnisse zurückbringen? Was anders als Licht, da wir aus der Gegend des Lichtes kommen? Licht müssen wir mit uns nehmen zur Verscheuchung unserer Finsternisse; daran erkenne man, wo wir waren, und was wir schauten. Sahen wir dort die Macht, so nehmen wir mit uns das Licht der Furcht Gottes; sahen wir dort die Weisheit, so nehmen wir mit uns das Licht der Wahrheit; sahen wir dort die Güte, so nehmen wir mit uns das Licht der Liebe. — Seht, was ist Licht anders als Tag, und was ist Finsternis anders als Nacht? So gibt es denn drei Tage des unsichtbaren Lichtes, nach denen der Stand des inneren, geistigen Lebens unterschieden wird: Furcht, Weisheit, Liebe: und jeder von ihnen hat seine Sonne: Vater, Sohn, hl. Geist. — Selig sind diese Tage; in ihrem Lichte verklärt sich die Menschheit. Wenn der eine kommt, so entweicht der andere nicht; mit der Zahl wächst auch die Klarheit. — Unsere äusseren Tage gehen vorüber, auch wenn wir nicht wollen; diese inneren Tage dagegen bleiben uns, wenn wir wollen, in Ewigkeit. — Diese Tage lasset uns lieben, wo auf das Licht keine Finsternis folgt, wo der ewigen Sonne Glanz das Auge des reinen Herzens erleuchtet!"[1])

---

[1]) Didascal. lib. VII. c. 26. Migne 176 pag. 835/36. Vgl. auch die herrliche Nutzanwendung der Gotteslehre „in der Mahnung des höchsten Vaters an die Menschen, dass sie seinen Sohn hören sollen." L. c. c. 24. pag. 834.

Über die Bedeutung der Hugonischen Gotteslehre.

Als ein Hauptverdienst Hugos von S. Viktor bezeichnet Kaulich in einer kurzen Abhandlung über die beiden berühmtesten Vertreter der Viktorinerschule[1] „sein Streben nach wissenschaftlicher Bearbeitung der theologischen Lehren". Lässt sich die Richtigkeit dieser Bemerkung schon im allgemeinen aus der Thatsache erkennen, dass der Viktoriner zuerst unter den Scholastikern die christlichen Wahrheiten zu einer wissenschaftlichen Gesamtdarstellung vereinigte, so haben wir sie speciell für Hugos Gotteslehre in der vorstehenden Betrachtung derselben glänzend bestätigt gefunden. Denn nicht nur sehen wir dieselbe nach einem einfachen, klaren, einheitlichen Systeme geordnet, sondern auch die Beziehung zum leitenden Gedanken z. T. in origineller Weise gewahrt und durchgeführt. Von der Betrachtung der geschöpflichen, unselbstständigen Vollkommenheit erhebt sich der Viktoriner zum Gedanken der aus sich selbst bestehenden, absoluten, einzigartigen Vollkommenheit des höchsten Wesens, dessen allumfassende Einheit durch die Eigenschaftsbestimmungen der Einfachheit, Ewigkeit, Unermesslichkeit, Unveränderlichkeit näher erklärt und von jeder geschöpflichen Beschränkung streng geschieden wird. Aber diese unnahbare Hoheit des ewigen Selbststandes ist nicht starre Einförmlichkeit, sondern reiches Leben in der geheimnisvollen Wechselbeziehung der drei göttlichen Personen, Leben, das in den Attributen dieser drei Personen auch nach aussen sich ergiesst, schaffend, ordnend und zum beseligenden Ziele zurückführend. Wie naturgemäss und zweckentsprechend diese Einteilung ist, geht wohl am unzweideutigsten daraus hervor, dass sie während der ganzen späteren Scholastik im wesentlichen beibehalten wurde und auch heute noch in den fast stereotyp gewordenen Traktaten: De Deo uno, trino, creatore wiederkehrt. P. Lombardus, der unzähligemal commentierte Sentenzenmeister ist dem Viktoriner, wie in vielen

---

[1] Wilhelm Kaulich, Die Lehren des Hugo und Richard von S. Viktor. Prag 1864. S. 34.

anderen Stücken, so auch in dieser Einteilung unverkennbar gefolgt, nur dass er den Traktat von Gottes Wesenseinheit unverhältnismässig verkürzt oder vielmehr mit seiner ausgedehnten Trinitätslehre grösstenteils verschmolzen hat, was sicherlich keinen Fortschritt gegenüber Hugos Darstellung bedeutet. Die späteren Scholastiker und auch der hl. Thomas haben in ihren Summen die Eigenschaften des göttlichen Wirkens mit denen des göttlichen Seins verbunden, und im dritten Teile ihrer Gotteslehre, in der Behandlung des Schöpfungswerkes hauptsächlich auf die Schöpfungs- und Regierungsthätigkeit Gottes Nachdruck gelegt. Aber man erkennt leicht, dass der Unterschied mehr formell als sachlich ist, und dass Hugos Einteilung jedenfalls nicht von vornherein aller Berechtigung entbehrt.

Aus alldem ergibt sich, wie unrichtig es ist, den Viktoriner als einseitigen Mystiker, als Feind der Wissenschaft und Speculation darzustellen, wie dies in der neueren Zeit fast Gewohnheit geworden ist[1]). Vielmehr „reiht sich Hugo", wie Stöckl[2]) sagt, „ebenbürtig an Anselm von Canterbury an, indem er mit gleicher Tiefe wie dieser die höchsten Probleme erörterte und den inneren Zusammenhang der höchsten Wahrheiten unter sich zu erforschen suchte". Und wenn der edle, bescheidene Mönch von S. Viktor jenen grossen Lehrer und Bischof, den eigentlichen Begründer der scholastischen Theologie, auch als litterarischen Vorgänger hochschätzte und an manchen Stellen, wie wir constatieren konnten, seinen Spuren folgte, so hat er doch neben ihm seine selbstständige und durchaus nicht untergeordnete Bedeutung. Beide schöpften den Stoff ihrer Gotteslehre unmittelbar aus den unversiegbaren Quellen des christlichen Glaubens, aus den Werken der Väter und besonders des hl. Augustin: aber während Anselms durchdringender Geist nur im Reiche der Ideen sich wohl zu fühlen schien, während an ihm „die reine Speculation ihren Vertreter fand"[3]), gab sich

---

[1]) S. oben S. 39/40.
[2]) Stöckl, Gesch. der Philos. des M. Alt. Mainz 1864. I. S. 304.
[3]) Ib. In Anselm findet die reine Speculation ihren Vertreter . . . Dagegen geht bei Hugo der mystische Zug durch alle seine speculativen Ausführungen hindurch; es ist das mystische Element sozusagen die Tinktur, in welche seine gesamte Geistesarbeit getaucht ist, die Atmosphäre, in welcher sein ganzes Denken sich bewegt . . . . Hugos Schriften gehören, sowohl was

des Viktoriners sanftes, stillbeobachtendes Gemüt mehr den Eindrücken der vor ihm sich entfaltenden, inneren und äusseren Welt hin, welche für ihn nur eine Stufenleiter bildete zum erhabenen Throne des Ewigen, um dort Licht und Kraft zu schöpfen für das eigene sittliche Streben nach dem höchsten Ziele. Dieses gottsuchende und gotterfüllte, innige Gefühl, das auch schon aus Hugos Gotteslehre uns entgegenweht, ausgedrückt in der begeisterten und begeisternden, in ihrer Art klassischen Sprache des hl. Augustin, die eigentümlich sich abhebt von den zwar verstandesmässig-klaren, aber auch oft einförmig-trockenen Quästionen der späteren Scholastik: belebt und erwärmt die Hugonische Speculation und verleiht, wie Stöckl schön sagt, den Schriften dieses Mannes „etwas Anziehendes und Hinreissendes, dass durch die Lektüre derselben Verstand und Gemüt wahrhaft bezaubert werden"[1]. Wenn nun auch der Viktoriner naturgemäss diesen individuellen Geist der Gesamttheologie nicht einzuhauchen vermochte, wenn im Gegenteil die grossen Scholastiker der späteren Zeit, so wenig sie auch im Gegensatze zur Mystik standen, doch jedes mystische Element von ihren Schriften möglichst fernzuhalten pflegten, so hat er doch durch seinen engen Anschluss an die Natur, durch seine natürlichen Gottesbeweise, der Gotteslehre für immer eine feste Basis gegeben und speziell auch Gottes Wirken in der Natur, die Eigenschaften des göttlichen Wirkens, viel eingehender bereits als sein grosser Vorgänger, der hl. Anselm, behandelt.

Die Tiefe der Empfindung, die Wärme der Gottinnigkeit und ebenso auch die anmutige, „honigfliessende"[2] Rede lassen den Viktoriner in erster Linie geistesverwandt erscheinen mit seinem berühmtesten Zeitgenossen, dem Doctor mellifluus, dem hl. Bernhard. In der That werden beide Geistesheroen oft

---

den Inhalt, als auch, was die Form und den Stil angeht, zu dem Schönsten und Herrlichsten, was der christliche Geist des Mittelalters hervorgebracht hat.

[1]) Ib. pag. 305.
[2]) Jacobus de Vitriaco lib. II. hist. Occident. c. 24. Migne 175 pag. CLXVII: Citharista Domini, organum Spiritus scti, M. Hugo de S. Victore dictus. ... multos ad honestatem incitavit et mellifllua doctrina ad scientiam erudivit.

zusammengestellt und gefeiert als zwei „leuchtende Himmelsgestirne, welche die Vorsehung jener unglücklichen, von mannigfacher, inneren und äusseren Trübsal heimgesuchten Zeit erweckte, damit durch ihr Tugendbeispiel, ihre Weisheit, ihren Scharfsinn und ihre einzigartige Begabung in der Verkündigung des göttlichen Wortes neues Leben in den Herzen der Christen entfacht würde"¹). Doch während den einen sein hl. Feuereifer hinausführte auf den Wahlplatz der Schlachten Gottes zum unermüdlichen Kampfe gegen die inneren und äusseren, die sichtbaren und unsichtbaren Feinde des Gottesreiches, verzehrte sich der andere voll derselben Opferliebe im Dienste der hl. Wissenschaft, forschend, erwägend, lehrend durch Wort und durch Schrift. Aber bei aller Verschiedenheit ihrer Lebenswege waren beide Männer durch die Einheit des Zieles und die Gleichheit der Gesinnung in inniger Freundschaft verbunden, und es besteht kaum ein Zweifel, dass Bernhard sich hauptsächlich auf die Werke seines hochgefeierten, damals bereits heimgegangenen Freundes stützte, da er als Vorkämpfer der Orthodoxie die Reinheit des christlichen Gottesbegriffes gegen Abaelard und Gilbert de la Porrée verteidigte; war ja in jener Zeit der Ruhm des Viktoriners bereits über das Meer gedrungen, wie ein uns überliefertes Schreiben des Klostervorstehers von S. Alban beweist, der im Namen seiner Ordensbrüder an den Prior Richard von S. Viktor die Bitte stellt, ihre Sammlung Hugonischer Werke an der Quelle derselben vervollständigen zu dürfen.²)

Bei dieser allseitigen Bedeutung, bei dieser übereinstimmenden Hochschätzung, die „in Hugos Jahrhundert durch keine übelwollende Stimme gestört wurde",³) liegt wohl die Frage nahe, warum die Scholastiker, da sie nach einem mustergiltigen Grundplane ihres theologischen Systemes sich umsahen, nicht etwa

---

¹) Siehe die Vorrede des Garzonius zur Ausgabe der Hugonischen Werke Mainz 1617: Duo infelicitatis illius temporis solatia occurrerunt, Bernardus scilicet Clarevallensis Abbas et Parisiensis Hugo, quos veluti duo Coeli luminaria infausto illi saeculo omnipotens rerum Conditor providit, ut eorum virtutibus, scientia, ingenio, probitate ac singulari verbi Dei facundia totum reviviscere videretur.

²) Bulaeus Hist. Univ. Parisiensis. Paris 1665. II. pag. 160.
³) Hist. litt. de la France XII. pag. 4.

Hugos dogmatisches Hauptwerk „De Sacramentis" wählten, sondern die Sentenzen des P. Lombardus, die doch so vielfach von jenem Werke abhängen, und, wenigstens bezüglich der Gotteslehre, durchaus nicht jenen selbstständigen Wert beanspruchen können wie des Viktoriners Leistungen. Aber gerade diese individuelle Selbstständigkeit, diese subjektive Färbung der Hugonischen Theologie, so förderlich dieselbe für die lebendige Erfassung einzelner Wahrheiten ist, konnte sich doch für einen leichten und ruhigen Überblick über die ganze Glaubenslehre, für ein Schul- und Lehrbuch der Theologie naturgemäss weniger empfehlen als die einfache, objektive Zusammenstellung des Lombarden mit seinen klaren Definitionen, mit seinen knappen, übersichtlichen Distinktionen. Wenn wir trotzdem im Vorhergehenden auch auf grund der Schriften Hugos einen für jene Zeit auffallend vollständigen Entwurf der Gesamttheologie darbieten konnten, so ist nicht zu vergessen, dass der mannigfache Stoff eben aus verschiedenen Werken erst zusammengetragen werden musste. Obgleich nämlich des Viktoriners (drei) Hauptdarstellungen der Gotteslehre, wie wir dieselben in seinem Werke „De Sacramentis", in seiner Summa Sententiarum und im siebenten Buche seiner Eruditio didascalica gefunden haben, wesentlich nach dem nämlichen Systeme geordnet sind, so werden doch entsprechend dem individuellen Zwecke der einzelnen Werke und oft auch aus scheinbar zufälligen und willkürlichen Beweggründen in der einen Darstellung manche Punkte unverhältnismässig weit ausgeführt, die in der anderen kaum angedeutet sind, und hier wieder Wahrheiten, die uns auch dort schon entgegentraten, von einem ganz neuen Gesichtspunkte aus behandelt. Eine solche Darstellungsweise gibt allerdings keinen übersichtlichen Lehrplan, kein mechanisches, äusseres Schema; aber sie dringt vor zum Verständnis der Wahrheiten, in welche sie sich mit Liebe versenkt, sie wirkt anregend auf Geist und Herz, sie **enthält** Ideen und **erzeugt** Ideen. In der That hat sie auch ihren Eindruck auf die Zeitgenossen nicht verfehlt, die mit Bewunderung zu dem von der Wahrheit so lebendig ergriffenen Viktoriner emporschauten, die ihn voll Dank ihren „Lehrer" nannten und ihn mit Augustinus verglichen. Gleich ausgezeichnet an Geist und Gemüt war er, wie Harnack[1]) richtig

---
[1]) Harnack: Lehrb. d. Dogmengesch. Freib. 1890. III. S. 332.

bemerkt, „der sachlich einflussreichste Theologe des zwölften Jahrhunderts"; selbst der hl. Thomas noch betrachtete ihn als seinen Lehrer.[1]) So verdiente er wohl, dass der Eifer, welcher seit mehr als zwei Jahrhunderten von namhaften Kritikern zur Feststellung seiner echten Werke bethätigt wurde, auch auf den Inhalt dieser Werke, auf die Verbesserung der Ausgaben, auf die Würdigung der von ihm überlieferten oder angeregten Ideen sich ausdehne. Hat einst Trithemius[2]) mit Bezug auf die Unsicherheit der unter Hugos Namen überlieferten Schriften den Ausspruch gethan: „Wenn hier einmal das Echte vom Unechten klar geschieden sein wird, dann wird Hugo von S. Viktor gleichsam als Organ, als Mund des Herrn sich darstellen", so könnte man mit ebensoviel Recht in bezug auf den leider zu wenig gewürdigten Inhalt seiner vor der Kritik sich behauptenden Werke sagen: Wenn hier einmal Hugos Verdienst und sein bahnbrechender Einfluss allseitig erkannt und anerkannt sein wird, dann wird Hugo von S. Viktor wahrlich als Orakel seiner für die Entwicklung der mittelalterlichen Theologie so bedeutungsvollen Zeit erscheinen.

---

[1]) S. Thom. S. theol. 2. 2 q. 5 a. 1 ad 1.
[2]) Oudini Comm. de Scriptorib. antiqu. Lips. 1722. II. 1142.

Druck von A. Göb & Cie., Würzburg.